Waldemar Erdmann

# Einstellungstest Polizei Österreich

## Über 1.000 Aufgaben mit Lösungen

## Eignungstest im Auswahlverfahren bestehen

Ablauf Aufnahmetest, Sporttest, Fachwissen Allgemeinwissen, Logik, Konzentration, Sprache, Mathe,

plakos

**Herausgeber:**
Plakos GmbH
Vertretungsberechtigter Geschäftsführer: Waldemar Erdmann
Sitz: Willy-Brandt-Allee 31 B, D-23554 Lübeck

**Website und Kontakt**:
www.plakos-akademie.de
E-Mail: support@plakos.de

Facebook: plakosDE
YouTube: Plakos Akademie
Instagram: plakos_akademie
TikTok: plakos_akademie



ISBN: **978-3-948144-97-5**

# Einstellungstest erfolgreich bestehen

Die Plakos GmbH hat bereits tausende Bewerber mit Büchern, Online-Kursen und Apps auf Einstellungstests und Assessment Center vorbereitet. Die angesehenen Online-Tests von Plakos wurden millionenfach absolviert. Dieses Buch dient zur umfassenden Vorbereitung auf den Polizei-Einstellungstest in Österreich.

plakos

**Dein Feedback ist uns wichtig!**

Sollten dir Fehler in diesem Buch auffallen oder solltest du unzufrieden mit den Inhalten oder einem unserer Produkte sein, so schreibe uns gerne eine E-Mail an support@plakos.de. Wir antworten schnellstmöglich! Antworten auf häufig gestellte Fragen findest du auch auf der Webseite plakos-akademie/kundenservice/.

**Hinweis**: Aus Gründen der Lesefreundlichkeit wird weitgehend auf Gendering verzichtet. Die gewählte Personenform gilt wertfrei für beide Geschlechter.

1. Auflage
Waldemar Erdmann

# Danksagung

Unser Dank gilt vor allem den Bewerbern, die mit ihren zahlreichen Zuschriften, Erfahrungsberichten und Verbesserungsvorschlägen dieses Buch erst möglich gemacht haben. Vielen Dank für eure Kommentare und Nachrichten auf YouTube und Facebook und anderen Kanälen!

Außerdem bedanken wir uns bei allen internen und externen Mitarbeitern, welche einen wesentlichen Anteil an dem Buch hatten, dazu gehören insbesondere Marja Schiffer, Annika Miersen und Stephan Guerra Soleto.

# Inhaltsverzeichnis

# Über den Autor

**Waldemar Erdmann** ist Geschäftsführer der Plakos GmbH, die seit über einem Jahrzehnt erfolgreich Webseiten für Karriereberatung und Online-Tests betreibt. Er machte seinen Abschluss an der FH Würzburg zum Thema Skills Management Software und hat zahlreiche Bücher und Artikel zum Thema Eignungstests und Auswahlverfahren verfasst. Außerdem entwickelt Waldemar Apps und Online-Tests, die Bewerber auf verschiedenste Auswahlverfahren vorbereiten. Er lebt mit seiner Familie in der schönen Hansestadt Lübeck.

# Vorwort

Für viele Jugendliche ist es ein Traumberuf – Polizeibeamter oder Polizeibeamtin. Der Beruf ist abwechslungsreich und spannend und du genießt größtenteils Anerkennung und Vertrauen bei der Bevölkerung. Trotzdem ist gerade diese Berufsentscheidung genau zu hinterfragen und zu durchdenken, denn wer nur die positiven Seiten aus Kinofilmen und Fernsehen kennt, wird bald überfordert und enttäuscht sein.

Wenn du dich für den Beruf des Polizeibeamten entscheidest, solltest du dir über einige Dinge im Klaren sein:

- Der Beruf wird dich psychisch, aber auch körperlich immer wieder an deine Grenzen bringen.
- Du musst die Bereitschaft haben, auch an Wochenenden und Feiertagen zu arbeiten.
- Es gibt nicht immer nur Action. Viel Papierkram, das Ausfüllen und Erstellen von Berichten, Formularen und Protokollen gehören ebenso zum Beruf.
- Du brauchst ein hohes Maß an Empathie, Hilfsbereitschaft und Einfühlungsvermögen für deine Mitmenschen.
- Du solltest teamfähig und kommunikativ sein.
- Du brauchst Ausdauer und Beharrlichkeit und solltest zudem gewissenhaft und zuverlässig sein.

Wenn dir alle diese Punkte bewusst sind und es immer noch dein Traumberuf ist, Polizeibeamter oder Polizeibeamtin zu werden – großartig! Dann solltest du noch die geltenden Grundvoraussetzungen für eine Aufnahme in den Exekutivdienst checken. Detailliert findest du sie auf unserer Website www.aufnahme-polizei.at sowie auf der Website des österreichischen Bundesministeriums für Inneres www.polizeikarriere.gv.at.

Wenn du auch diese Liste positiv für dich abgearbeitet hast, geht es an die Aufnahme an einer der Polizeischulen in Österreich. Auf unserer Website findest du die Polizeischulen aller neun Bundesländer Österreichs detailliert beschrieben.

Du kannst dich innerhalb der Jobbörse der Republik Österreich unter www.polizeikarriere.gv.at/online_bewerbung.html für alle neun Bundesländer bewerben. Wenn du dich bei mehr als einer Landespolizeidirektion bewirbst, wirst du im Laufe des Verfahrens gefragt, welches Bundesland deine Hauptpräferenz ist. Dies bedeutet, dass du bei der Erstellung des Rankings (aller vollständig positiv getesteten Bewerber) für die Einberufung zunächst in diesem Bundesland mitgereiht wirst. Sollten deine Punkte für dieses Bundesland nicht ausreichen, wirst du einem anderen zugeordnet, da deine Punktezahl bundesweit Gültigkeit besitzt. Achte daher darauf, dass du dich lediglich in jenen Bundesländern bewirbst, in denen du dir auch vorstellen kannst, die Polizeischule zu besuchen.

Anschließend bekommst du Rückmeldung und wirst zu einem mehrteiligen Aufnahmeverfahren eingeladen, das in allen Bundesländern Österreichs identisch abläuft. Du absolvierst folgende Teile:

- schriftlicher Rechtschreib- und Grammatiktest am PC
- psychologische Eignungsdiagnostik
- klinisch-psychiatrisches Testverfahren
- Sporttest
- ärztliche Untersuchung
- Eignungsinterview

Wenn du den Aufnahmetest positiv bestanden hast, wirst du deiner Leistung entsprechend gereiht. Je nachdem, wie viele Plätze frei sind, gehörst du dann in einigen Monaten zu denjenigen, die sich einen der begehrten Ausbildungsplätze an einer der österreichischen Polizeischulen gesichert haben.

Wir wünschen dir alles Gute und viel Erfolg für deine Bewerbung und Ausbildung!

# Vorbereitung auf den Einstellungstest

Generell unterscheiden sich Einstellungstests dahingehend, für welches spätere Einsatzgebiet du dich bewirbst. Die Länge und die Aufgaben lassen sich nicht grundsätzlich verallgemeinern. Trotzdem gibt es oft gewisse Ähnlichkeiten im Ablauf. In der Regel überprüfen Unternehmen die Eignung ihrer Kandidaten in Gruppen. Es kann also sein, dass du schon beim Auswahlverfahren auf spätere Kollegen triffst. Die Gruppen werden typischerweise von mehreren Personen geleitet. Hierbei handelt es sich oft um spätere Vorgesetzte und Personalentscheider. In manchen Einsatzgebieten nehmen zudem Psychologen teil.

Nachdem du dich vorgestellt hast, werden die schriftlichen Tests ausgeteilt oder die PC-Arbeitsplätze zugewiesen. Der Test lässt sich wie eine Abschlussprüfung in der Schule betrachten. So werden Inhalte aus verschiedenen Schulfächern wie Mathe oder Deutsch sowie Allgemeinbildung überprüft. Dazu kommt mitunter ein spezieller Prüfungsbereich, der sich nach dem Einsatzgebiet richtet.

Neben schriftlichen Aufgabenstellungen und Tests am PC beinhaltet beinahe jedes Auswahlverfahren eine oder mehrere Gruppenübungen wie Rollenspiele, Case Studies, Postkorbübungen, Planspiele und Präsentationen. Häufig müssen sich Bewerber bereits zu Beginn der Gruppe persönlich vorstellen, wobei einem für diese Präsentation nicht mehr als zehn Minuten zur Verfügung stehen. Näheres über die Vorbereitung auf das Assessment Center findest du in unseren Online-Paketen.

Um den Einstellungstest erfolgreich zu bestehen, solltest du einige Dinge beachten. Wichtig ist beispielsweise das persönliche Auftreten. Es handelt sich beim Einstellungstest, im Gegensatz zu einer Abschlussprüfung, nicht um einen reinen Wissenstest. Um einen guten Eindruck zu hinterlassen, empfiehlt sich daher ein gepflegtes Äußeres. Zudem solltest du dich bei der Vorstellung freundlich und höflich zeigen.

Darüber hinaus unterscheidet sich ein Eignungstest von einer Abschlussprüfung auch in Hinblick auf das Zeitmanagement. Eine Prüfung ist zeitlich darauf ausgelegt, dass alle Fragen beantwortet werden können. Bei einem Eignungstest ist dies nicht notwendigerweise der Fall. Oft ist die

Zeit absichtlich zu knapp bemessen. Auf diese Weise sollen das Zeitmanagement und die Stressresistenz überprüft werden. Nicht ohne Grund beobachten in der Regel gleich mehrere Verantwortliche des Unternehmens oder der Behörde den Test. Du solltest dich daher nicht zu lange mit einer Frage oder sogar einem ganzen Prüfungsbereich aufhalten. Hast du die Antwort nicht sofort parat, lohnt es sich, die Aufgabe zu überspringen und mit anderen Aufgaben weiterzumachen.

## Optimale Vorbereitung auf den Einstellungstest

Wie bei einer Schul- oder Abschlussprüfung kannst du dich durchaus auf einen Einstellungstest vorbereiten. Zunächst einmal hilft dir eine breite Allgemeinbildung weiter. Überprüft werden darüber hinaus mathematisches und logisches Denken, Sprachgefühl, Ausdrucksfähigkeit und Konzentration. Je nach Einsatzgebiet kommt zudem ein spezieller Prüfungsbereich dazu.

Neben den Aufgaben aus dem eigentlichen Einstellungstest sind die sogenannten Soft Skills ebenfalls nicht zu vernachlässigen. Diese spielen bei der Eignung für einen Beruf eine zunehmend wichtige Rolle. Kommunikation, Auftreten und die Körpersprache sind daher ebenfalls nicht zu vernachlässigen.

All diese Themen lassen sich üben und erlernen. In diesem Buch findest du zahlreiche Übungen, mit denen du dich ganz konkret auf den Einstellungstest der Polizei Österreich vorbereiten kannst. Wichtig ist hierbei, dass du alle relevanten Aufgaben sorgfältig durcharbeitest. Für eine verbesserte kritische Selbstreflexion der Ergebnisse haben wir Lösungsansätze für die schwierigsten Aufgaben beigefügt. Die Aufgaben in diesem Buch sind in fünf Segmente unterteilt: Fachwissen, Allgemeinwissen, Logik, Konzentration und Sprache.

## Vorbereitung auf den Polizei-Einstellungstest

Wenn du dieses Buch in den Händen hältst, interessierst du dich vermutlich für die Polizei als spannenden und überaus reizvollen Arbeitgeber. Ist deinerseits die Entscheidung für den Arbeitgeber gefallen, muss der Arbeitgeber sich noch für dich entscheiden. Damit du zuversichtlich und selbstbewusst in das Auswahlverfahren bei der Polizei gehen kannst, haben wir die wichtigsten Übungsaufgaben für dich so kompakt wie möglich zusammengefasst.

## Polizei in Österreich

Aufgrund der hohen Bewerberzahlen für eine Polizeiausbildung in Österreich wird ein strenges Auswahlverfahren durchgeführt. Hierbei handelt es sich in der Regel um einen schriftlichen Rechtschreib- und Grammatiktest am Computer, einen Sporttest, eine ärztliche Untersuchung und ein Aufnahmegespräch.

Bevor ein Bewerber für das Auswahlverfahren zugelassen wird, muss er oder sie jedoch erst einmal eine Reihe von formalen Voraussetzungen erfüllen. Dazu gehören unter anderem die österreichische Staatsbürgerschaft und ein Mindestalter von 18 Jahren. Hier ein Überblick über die Einstellungsvoraussetzungen:

- österreichische Staatsbürgerschaft
- volle Handlungsfähigkeit
- einwandfreien Leumund
- ein Mindestalter von 18 Jahren
- Lenkberechtigung der Klasse B, die ohne Auflagen, die eine fahrzeugbezogene Anpassung für diese Klasse vorsehen würden, erteilt wurde (§4 Abs. 1 Führerscheingesetz-Gesundheitsverordnung)
- bei Wehrpflichtigen der vollständig abgeschlossene Präsenzdienst
- bei Zivildienstpflichtigen der abgeleistete Zivildienst
- österreichisches Schwimmerabzeichen der Qualifikationsstufe „Fahrtenschwimmer" oder höher (Schwimmen ist seit Januar 2019 nicht mehr Teil des Auswahlverfahrens.)

Tätowierungen sind ein häufiger Ablehnungsgrund. In der Regel gilt, dass Tätowierungen nur erlaubt sind, wenn sie sich von der Dienstkleidung verdecken lassen oder rein kosmetischen Zwecken dienen (Permanent-Make-up). Zudem wird auf das Motiv beziehungsweise die Bedeutung der Tätowierung geachtet. Außerdem musst du eine Hepatitis-C-Serologie vorlegen. Dies gilt auch für Piercings.

## Die Bundesländer

Jedes Bundesland in Österreich hat ein eigenes Bildungszentrum für Sicherheitsexekutive (BZS), in dem die Ausbildung der Polizeibeamten erfolgt. Niederösterreich hat sogar zwei Zentren, in Ybbs an der Donau und in Traiskirchen. Unter www.aufnahme-polizei.at/bundeslaender/ findest du Informationen zu den Polizeischulen der einzelnen Bundesländer. Beim Aufnahmeverfahren gelten in den österreichischen Bundesländern die gleichen Regeln.

## Tag 1: Schriftliche Aufnahmeprüfung

Die schriftliche Aufnahmeprüfung setzt sich aus den folgenden Bereichen zusammen:

**Rechtschreib- und Grammatiktest**
Um deine Rechtschreib- und Grammatikfähigkeiten zu überprüfen werden unterschiedliche Bereiche der aktuellen österreichischen Rechtschreibung sowie der Grammatik erfasst. Du musst nach einer Erklärung am Computer und vorangehender Übungsbeispiele unterschiedliche Aufgaben im Multiple-Choice-Format bearbeiten.

**Psychologische Eignungsdiagnostik**
Im Rahmen der psychologischen Eignungsdiagnostik musst du unterschiedlichste Aufgabengruppen am Computer bearbeiten. Diese dienen alle dazu, deine Eignung als Polizeibeamter festzustellen. Du bekommst vor jeder neuen Aufgabengruppe ausführliche Informationen. Außerdem werden Dir – bevor du die tatsächliche Testphase startest – einige Übungsbeispiele zur Bearbeitung präsentiert, damit du die Art der Fragestellungen kennenlernen und dich mit der Handhabung der Testbearbeitung vertraut machen kannst.

Unmittelbar nach Beendigung der letzten Aufgabengruppe bekommst du die Rückmeldung, ob du die Mindestanforderungen in allen Aufgaben der psychologischen Eignungsdiagnostik erfüllt hast. Wenn dies der Fall ist, wirst du im Anschluss daran die Persönlichkeitsdiagnostik bearbeiten.

**Klinisch-psychiatrisches Testverfahren**

Dieses Screeningverfahren besteht aus drei Testteilen und dient unter anderem dazu, Persönlichkeitsmerkmale und Risikoverhalten abzubilden. Hierbei kommt es entweder zu einem „auffälligen“ oder „unauffälligen“ Ergebnis, das dir von der Personalabteilung der Landespolizeidirektion (LPD) mitgeteilt wird. Bei einer Auffälligkeit wirst du von der Aufnahmestelle der LPD über die weiteren Modalitäten informiert.

**Sporttest**

Am Tag deiner Prüfung musst du eine Bestätigung deines Gesundheitszustands mitbringen. Vor der Prüfung solltest du dich unbedingt gezielt auf diesen Test vorbereiten, denn um den Sporttest absolvieren zu können, ist eine allgemeine körperliche Fitness Grundvoraussetzung. Diese Disziplinen musst du in folgender Reihenfolge durchführen: Achterlauf, Liegestütze und Pendellauf. Nähere Infos und Videos, die dich zum gezielten Training anleiten, findest du unter www.polizeikarriere.gv.at/vorbereitungsuebungen_zum_sporttest.html.

Damit du eine positive Absolvierung der sportlichen Überprüfung erreichst, musst du in jeder Disziplin mindestens die Limits der Grundstufe erreichen. Solltest du die Grundstufe bei mindestens einem Teil des Sporttests nicht erfüllen, wird dieser negativ bewertet und du kannst ihn nach Ablauf einer Frist von drei Monaten, jedoch innerhalb von sechs Monaten wiederholen, um deine Bewerbung weiter aufrechtzuerhalten. Dein Aufnahmeprozedere kannst du im Falle eines negativen Sporttests weiterführen.

Für den Achterlauf solltest du zwei- bis dreimal in der Woche deine konditionellen Fähigkeiten (Kraft, Ausdauer, Schnelligkeit, Beweglichkeit) und deine koordinativen Fähigkeiten trainieren. Sowohl für den Achterlauf als auch für den Pendellauf solltest du ein regelmäßiges Lauftraining (sinnvoll wäre dreimal die Woche mit jeweils zwei Tagen Pause dazwischen) absolvieren. Das Training kann folgendermaßen aussehen:

1. zirka zehn Minuten warmlaufen, dann Intervalltraining: zum Beispiel 5 x 200 Meter in zügigem Tempo mit jeweils zirka zwei Minuten Geh-Pause, steigern bis maximal 10 x 200 Meter
2. Ausdauerlauf (zirka 30 Minuten laufen)

3. zirka 30-minütiger Ausdauerlauf – die letzten zehn Minuten das Tempo deutlich steigern

Da beim Pendellauf auch eine Rettungssimulation mit einer 70 Kilogramm schweren Puppe durchgeführt wird, solltest du vorher außerdem das Rückwärtslaufen üben.

## Tag 2: Ärztliche Untersuchung und Eignungsinterview

Der Polizeiarzt prüft bereits bei deiner Bewerbung die mitgebrachten Befunde (Labor, Lungenröntgen, ärztliches Attest zur Freigabe für den sportmotorischen Test und die Bestätigung vor der Ergometrie sowie Schwangerschaft und Sehbehelfe). Sollten zusätzliche Befunde erforderlich sein, wirst du darüber von der Aufnahmestelle informiert.

Bei der klinischen Untersuchung werden dann folgende Untersuchungen durchgeführt: Harnabgabe, Seh- und Hörtest, Größen- und Gewichtsmessung, EKG, Spirometrie und Fahrradergometrie sowie die abschließende klinische Untersuchung.

Da auch Persönlichkeitsmerkmale eine wichtige Voraussetzung für den Polizeiberuf bilden, findet am zweiten Tag des Auswahlverfahrens ein **Eignungsinterview** statt. Es dient dazu, dich persönlich kennenzulernen. Das Eignungsinterview wird in Form eines persönlichen Interviews durchgeführt und beinhaltet neben deiner persönlichen Vorstellung auch Fragen, die ebenfalls feststellen sollen, ob du für den Polizeiberuf geeignet bist.

## Die Ausbildung

Nachdem du das Auswahlverfahren erfolgreich bestanden hast, wartet auf dich eine zweijährige Grundausbildung. Diese gliedert sich sowohl in theoretische als auch praktische Bereiche. Insgesamt teilen sich die zwei Jahre in vier Abschnitte auf. Später kannst du ein duales Studium und ein Master-Studium anschließen, wenn du beispielsweise zur Führungskraft aufsteigen möchtest.

## Basisausbildung

Den Anfang macht die sogenannte Basisausbildung. Diese umfasst zunächst einmal zwölf Monate und findet in den Polizei-Bildungszentren der jeweiligen Bundesländer statt. In dieser Zeit lernen die angehenden Polizisten in Österreich viele Grundlagen, die sie für ihren späteren Beruf benötigen. Dazu gehören nicht nur einsatztaktische und -technische Fächer wie Waffenkunde, Sport, Konfliktmanagement, Kriminaltechnik und Informationstechnik, sondern auch eine umfassende Rechtsausbildung. Gelehrt werden dabei die sieben Rechtsfächer Verfassungsrecht und Europäische Union, Strafrecht, Dienstrecht, Verwaltungsrecht, Privatrecht, Verkehrsrecht und Sicherheitspolizeiliche Handlungslehre. In den Rechtsfächern müssen die Auszubildenden am Ende der zwölf Monate eine Prüfung ablegen.

## Berufspraktikum I

Im Anschluss folgt das erste Praktikum in der Ausbildung. Die Azubis werden für drei Monate einer Polizeiinspektion in Österreich zugeteilt. Hier können sie die gelernten theoretischen Inhalte erstmals in praktischen Situationen anwenden. Beamte des exekutiven Außendienstes stehen dabei immer an der Seite der angehenden Polizisten und machen sie auch mit Organisationsabläufen vertraut.

## Vertiefung

Nach dem Berufspraktikum kehren die Auszubildenden für die zweite Präsenzausbildung an die Polizeischule zurück. In noch einmal fünf Monaten sollen die Polizeibediensteten die Ausbildungsinhalte, Erlebnisse und Erfahrungen des Berufspraktikums reflektieren. Darüber hinaus sollen sie das in der Basisausbildung erworbene Wissen vertiefen und mit den Ausbildungsinhalten des Praktikums vernetzen. Die Auszubildenden lernen nicht nur die Inhalte der Rechtsvorschriften, sondern auch die Absicht, die der Gesetzgeber mit ihnen verfolgt. Zudem gehören nun fortgeschrittene einsatztaktische und -technische Inhalte zur Ausbildung.

Am Ende des zweiten Theorieabschnittes ist eine Dienstprüfung zu absolvieren.

## Berufspraktikum II

Zum Abschluss der Grundausbildung folgt noch einmal ein viermonatiges Praktikum in einer Polizeiinspektion. Da die Polizei-Azubis ihre theoretische Ausbildung bereits weitestgehend abgeschlossen haben, werden sie nun schon deutlich stärker und kontinuierlicher in den Dienstbetrieb eingebunden. So kann es sein, dass sie als Unterstützung bei einer Großveranstaltung, wie zum Beispiel einem Fußballspiel oder einer Demonstration, zum Einsatz kommen.

## Erfahrungsbericht eines Polizeibewerbers

Ich bin 25 Jahre alt, komme aus Tirol/Österreich und interessiere mich schon sehr lange für den Polizeiberuf. Das hat zwei Gründe: Zum einen, weil ich diesen Beruf mehr als interessant finde. Ich stehe zu 100 Prozent hinter dem Gesetz und möchte es mit bestem Wissen und Gewissen verteidigen und weitergeben. Und zum anderen, weil mein Vater bereits seit über 30 Jahren als Polizist im Dienst tätig ist und ich von klein auf vieles von ihm in Erfahrung gebracht bekommen habe. Er ist, war und wird in dieser Hinsicht immer ein Riesenvorbild für mich sein.

**Bewerbung**
Ich hatte mich drei Jahre zuvor schon einmal beworben, wurde aber aufgrund meiner Sehschwäche sofort abgelehnt. Da sich die Voraussetzungen mittlerweile gelockert haben, ergriff ich die Initiative, mich ein weiteres Mal Ende 2018 zu bewerben. Denn eine Augenoperation, die ansonsten notwendig gewesen wäre, wäre ein großes Risiko gewesen und ich wüsste nicht, ob ich mich diesem Risiko gestellt beziehungsweise ob ich mich dies getraut hätte.

Im Folgenden möchte ich dir von meinen Erfahrungen beim Einstellungstest in Tirol erzählen, da es aus eigener Recherche recht nützlich ist, vorab das ein oder andere zu erfahren. Ich hoffe, dass ich dir mit diesen Tipps und Tricks die Angst und Nervosität ein wenig nehmen kann.

Zuallererst solltest du wissen, dass diese Prüfungen sehr viel Zeit und Geduld mit sich bringen. Das gesamte Auswahlverfahren zog sich bei mir zirka dreieinhalb Monate hin, wobei das natürlich stark schwanken kann. Meine Bewerbungsunterlagen hatte ich per Post an die Landespolizeidirektion in Innsbruck geschickt. Bereits zwei Wochen später hatte ich per E-Mail eine Zusage erhalten und anbei auch ein Schreiben, dass ich in der darauffolgenden Woche zur schriftlichen Eignungsprüfung antreten kann. Zur Auswahlprüfung sind ein amtlicher Lichtbildausweis sowie die E-Card mitzunehmen. Du solltest vorab wissen, dass du zu jeder einzelnen Prüfung nur dann zugelassen wirst, wenn du die vorherige bestanden hast. Ansonsten wirst du (bei uns) für ein Jahr gesperrt und musst dich dem Prozedere erneut stellen.

**Schriftliche Prüfung**
Die schriftliche Prüfung begann um 13 Uhr in Innsbruck. Hier begegnete ich auch zum ersten Mal meinen Mitbewerbern. Wir waren eine Gruppe aus 15 Teilnehmern und ich glaube, jeder von uns war ganz schön nervös. Was natürlich klar ist. Geschlossen begaben wir uns zum Prüfungsraum, wo uns schon eine Polizistin und ein Psychologe erwarteten. Er wies uns unsere Plätze zu, beschrieb kurz den Tagesablauf und erklärte den jetzt folgenden Test. Dann ging es auch schon los.

Am Anfang mussten wir uns einem 20-minütigen **Rechtschreibtest** unterziehen, in dem die Grundlagen der Rechtschreibung gefordert wurden. Es wurden außerdem viele Fremdwörter nach ihrer Bedeutung abgefragt. Dann hatten wir eine zehnminütige Pause bis zum „großen Prüfungsteil".

Es folgten viele **Konzentrationstests**. Zum Beispiel wurden drei Tabellen mit je fünf Zeilen und fünf Spalten dargestellt, die man auswendig lernen musste. Es folgten viele weitere Aufgaben, später kamen Fragen zu den auswendig gelernten Wörtern. Hierfür hatte man zirka zehn Minuten Zeit, um sich alles einzuprägen.

Auch einige **Logikaufgaben** waren dabei, die den Hausverstand forderten. Bei den Rechenaufgaben war es uns möglich, zusätzlich ein leeres Blatt zu verwenden, um Nebenrechnungen einfach zu erstellen. Zum Schluss gab es noch einige charakteristischen **Persönlichkeitsfragen**, die man mit einem Regler von 0 bis 10 ziehen konnte.

Nach zirka drei Stunden ist der Test vorbei und wir wurden nach Hause geschickt. Auch wenn der Test viele logische Aspekte beinhaltet, solltest du diese nicht unterschätzen und dich ausreichend darauf vorbereiten!

**Medizinische Untersuchung**

Drei Wochen später kam der Termin für die medizinische Untersuchung. Ich musste vorab beim Hausarzt ein großes Blutbild machen lassen sowie ein Lungenröntgen. Beide Befunde musste ich bei der Untersuchung vorlegen. Ich hatte den Termin um 10:30 Uhr bei der Amtsärztin im Hauptsitz der Landespolizeidirektion in Innsbruck. Nach der Anmeldung bekam ich gleich einen leeren Harnbecher in die Hand gedrückt für einen sofortigen Drogentest. Nachdem ich diese Probe abgegeben hatte, wurde eine große Untersuchung gemacht: Sehtest, Hörtest, Lungentest, auch die Motorik wurde überprüft.

Nachdem alles positiv untersucht wurde, musste ich einen **psychologischen Test** am Computer machen. Ich saß allein im Untersuchungszimmer vor dem Computer und musste zirka 170 vorgegebene Sätze mit richtig oder falsch beantworten. Zwei Beispiele:

- *Ich hatte niemals den Gedanken, jemandem in meinem Umfeld etwas anzutun.*
- *Ich bin mit meinem Leben so, wie es ist, zufrieden.*

Diese sollten sorgfältig durchgelesen werden, da die Sätze nach jeder Frage anders angereiht werden. Nachdem dieser Test vorbei war, hatte ich zirka zwei Stunden Pause.

Danach ging es in ein anderes Gebäude, in dem ein **Belastungs-EKG** auf mich wartete. Jeder, der das schon einmal gemacht hat, weiß, dass diese 15 Minuten auf dem Fahrrad nicht zu unterschätzen sind. Ein paar Trainingseinheiten auf dem Fahrrad oder Hometrainer sind also von großem Vorteil. Mit dem Befund des EKG ging ich wieder zurück zur LPD, um diesen abzugeben. Zuhause hieß es wieder auf die Antwort warten.

**Explorationsgespräch**

Zwei Wochen später hatte ich dann den Termin für das persönliche Gespräch. Ich hatte Wochen vorher schon mein Vorstellungsgespräch mit Freunden geübt und mir die perfekten Antworten zurechtgelegt. Beim

Gespräch merkte ich aber gleich, dass mir das nicht allzu viel gebracht hatte. Darauf kannst du dich nicht wirklich bis gar nicht vorbereiten, weil doch alles anders kommt, als du es dir in Gedanken ausgemalt hast.

Ich saß zwei Polizisten in einem Raum gegenüber, beide waren wirklich sehr freundlich und haben mir mit persönlichen Fragen den größten Teil der Nervosität genommen. Sie haben mich nach meinem schulischen Werdegang gefragt und wie meine Ausbildung war. Hier einige Fragen, die mir gestellt wurden:

- *Wie war Ihr schulischer und beruflicher Werdegang?*
- *Warum wollen Sie Polizistin werden?*
- *Wie stellen Sie sich den Alltag eines Polizisten vor?*
- *Welche verschiedenen Bereiche gibt es bei der Polizei und können Sie mir einige genauer erklären (Hundeführer, Einsatzkommando, Offizier, ...)?*
- *Zu welchen Einsätzen könnten Sie gerufen werden?*
- *Was kann Ihnen alles passieren während der Dienstzeit?*
- *Wie stehen Freunde und Familie zu Ihrer Entscheidung?*

Das Gespräch selbst war bei mir nach zirka 30 Minuten schnell vorbei.

**Sportmotorischer Leistungstest**

Eine Stunde nach dem Explorationsgespräch hatte ich schon die E-Mail erhalten, dass ich drei Wochen später zum sportmotorischen Leistungstest (SMLT) zugelassen wurde. Hierfür hatte ich am meisten trainiert und mich so gut es ging vorbereitet. Auf der Website der Polizei Tirol wird deutlich beschrieben, wie der Test abläuft und was für sportliche Leistungen man in welcher Zeit zu erreichen hat. Auf den sportlichen Test kannst du dich also am besten vorbereiten. Früh morgens um 8 Uhr mussten sich alle zwölf Bewerber in der Ausbildungsstätte der Polizeischule einfinden.

Nach kurzem Warten wurden wir von dem Prüfer in die Turnhalle gebracht, wo der **Parcours** für uns aufgebaut war. Er erklärte uns den Tagesablauf und zeigte uns den Parcours Schritt für Schritt. Für den Parcours hatte jeder drei Versuche, falls ein Fehler gemacht wird während des Durchgangs. Wir durften einige Minuten den Parcours trainieren und mussten dann alle wieder aus der Halle raus. Einer nach dem anderen wurde allein in die Halle gerufen und musste den Parcours ohne Fehler (die wurden vom Prüfer genau erklärt) ablegen.

Nachdem alle mit dem Parcours fertig waren, wurden alle wieder einzeln in die Halle gerufen, um die **Liegestütze** zu machen. Als wir das alles gemacht und auch geschafft hatten, hatten wir eine zirka zweistündige Mittagspause, in der wir außerdem zum nächsten Teil unserer Sportprüfung fahren mussten.

Wir wurden in zwei Gruppen aufgeteilt und mussten hintereinander den **drei Kilometer langen Lauf** auf der vorgegebenen Strecke absolvieren. Das gegenseitige Anfeuern der Mitbewerber sorgte für zusätzliche Motivation, was ich persönlich sehr nett und kollegial fand.

Nachdem alle fertig waren, konnten wir uns in den Umkleiden für den letzten Teil umziehen. Die **Schwimmprüfung** war im angrenzenden Gebäude in der Sportschwimmhalle. Im Becken mussten immer zwei Bewerber gleichzeitig nebeneinander schwimmen. Ich hatte die letzte Prüfung auch bestanden, ebenso wie alle meine Mitbewerber.

Die Prüfer gratulierten uns für die hervorragende Leistung und teilten uns mit, dass wir in drei Wochen Bescheid bekommen, ob wir in die Polizeischule aufgenommen werden oder eben nicht. Also hieß es schon wieder warten. Aber bereits nach zirka zwei Wochen bekam ich schon die E-Mail, dass die Landespolizeidirektion Tirol beabsichtigt, mich als „Vertragsbedienstete für die exekutivdienstliche Ausbildung" zu beschäftigen.

Ich hoffe, ich konnte dir ein paar Einblicke in das Eignungsauswahlverfahren geben. Ich würde als Fazit ziehen, dass der Einstellungstest zwar anspruchsvoll, mit einer guten Vorbereitung aber absolut machbar ist. Sollte es nicht klappen, dann lass den Kopf nicht hängen, sondern versuche es einfach im nächsten Jahr noch einmal. Ich wünsche dir viel Erfolg! Vielleicht laufen wir uns ja mal als Kollegen über den Weg.

*Es handelt sich hierbei um einen echten Erfahrungsbericht eines Bewerbers. Bitte bedenke, dass sich Einstellungstests ändern können und somit keine Gewähr für die Richtigkeit der Inhalte übernommen werden kann.*

## Online-Bewerber-Training

Da du bereits dieses Buch erworben hast, möchten wir dir an dieser Stelle einen **Gutschein für unsere Online-Programme in Höhe von 15 Euro** schenken. Die folgende Kurzanleitung beschreibt dir, wie du den Gutschein einlösen kannst:

1. Öffne den Browser auf deinem Smartphone, Tablet oder deinem Desktopcomputer.
2. Scanne den QR-Code oder gib die folgende URL in die Adresszeile ein oder: plakos-akademie.de/produkt/app-testtrainer-vollversion-15/
3. Mit dem Produkt „Testtrainer App" hast du Zugriff auf fünf unserer Kurse: Testtrainer, Allgemeinwissen, Konzentration, Logik und Sprache.
4. Gib am Ende des Bestellprozesses den folgenden Gutscheincode ein. Bitte beachte, dass mit dem Gutscheincode in der Testtrainer App nicht alle Plakos-Akademie-Kurse freischaltet sind.

**buchrabatt15**

Bei Fragen kannst du gerne eine E-Mail an support@plakos.de senden. Antworten auf häufig gestellte Fragen findest du auf der Webseite plakos-akademie.de/kundenservice/. Eine Übersicht zu allen Lern-Apps von Plakos findest du unter plakos-akademie.de/kundenservice-apps/.

# Bestehe deinen Einstellungstest mit der Plakos-Einstellungstest-App!

Alle Tests und Infos immer in der Hosentasche dabei!

Kostenlose Updates und neue Fragen immer griffbereit.

Kurse und Lektionen abgestimmt auf den jeweiligen

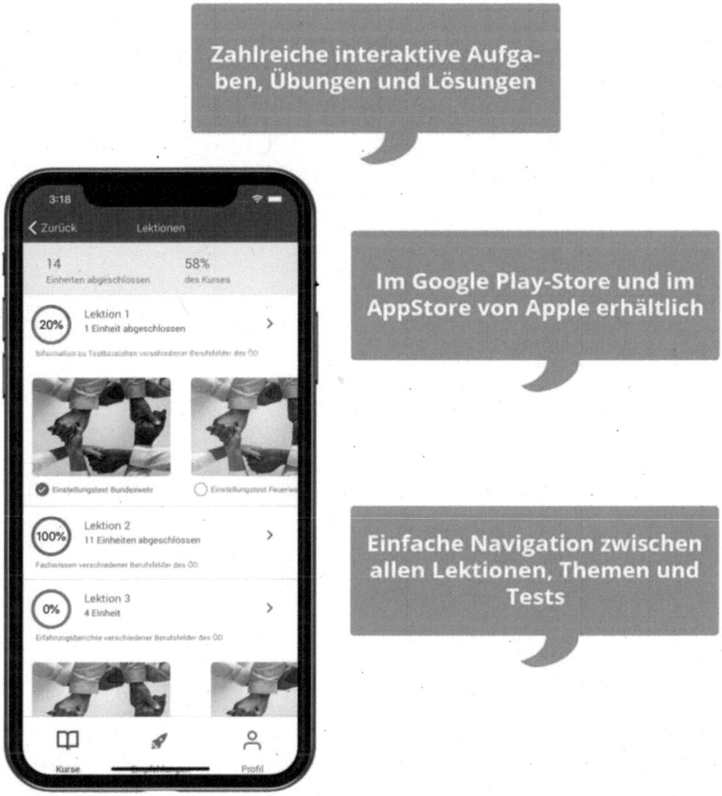


Bestehe deinen Einstellungstest mit der Plakos-Einstellungstest-App! Mit der Plakos-App hebst du deine Einstellungstest-Vorbereitung auf ein neues Level! Du profitierst von Lösungswegen und ausführlichen Erklärungen zu jeder Aufgabe. Am Ende bekommst du eine Auswertung deiner Ergebnisse. Sichere dir jetzt deinen Vorteil gegenüber anderen Mitbewerbern! Wähle die gewünschte Berufsgruppe aus und melde dich mit deinen Zugangsdaten aus dem Mitgliederbereich der Plakos Akademie an. Es werden dir dann die passenden Übungen für den Einstellungstest angezeigt.

Tausende Bewerber üben jährlich ganz konkret mit den Plakos-Online-Testtrainings. Sie gehen anschließend mit mehr Selbstbewusstsein und Wissen in ihr Auswahlverfahren.
Die Online-Testtrainer gibt es in verschiedenen Preiskategorien für zahlreiche Berufe wie zum Beispiel im öffentlichen Dienst, im Bereich Gesundheit, Pflege und Soziales oder für technische und kaufmännische Berufe.

# Fachwissen

Ergänzend zum Allgemeinwissen stellen potenzielle Arbeitgeber häufig Wissensfragen aus dem jeweiligen Fachgebiet. So hoffen sie, Rückschlüsse ziehen zu können, ob ein ernsthaftes Interesse an der Ausbildung und an dem Arbeitgeber selbst besteht.

## Fachspezifische Aufgaben zur Polizei

1. Wie viele Landespolizeien gibt es in Österreich?
a) 9
b) 14
c) 5
d) 16

2. Die Polizei ist ein ...
a) Legislativorgan des Staates.
b) Exekutivorgan des Staates.
c) Judikativorgan des Staates.
d) Exekutiv- und Legislativorgans des Staates.

3. Wo ist der Sitz der INTERPOL?
a) Bonn
b) Genf
c) Lyon
d) Den Haag

4. Die Vollzugspolizei ist der Teil der Polizei, der ...
a) für schnelles Handeln verantwortlich ist.
b) von der Schusswaffe Gebrauch macht.
c) Streife fährt.
d) den Hauptteil der Gefahrenabwehr vornimmt.

5. Worauf beruht das Fundament der österreichischen Bundespolizei?
a) Menschenrecht
b) Bürgerrecht
c) Einwohnerrecht
d) Staatsbürgerrecht

6. Die Zahl der Bundespolizisten in Österreich beträgt 2020 rund ...
a) 16.000.
b) 18.000.
c) 20.000.
d) 25.000.

7. Welches Ministerium ist für die Belange der Polizei zuständig?
a) Verteidigungsministerium
b) Innenministerium
c) Sozialministerium
d) Justizministerium

8. Wann und wo wurde die erste Polizeidirektion Österreichs eingerichtet?

a) 1782 in Wien
b) 1799 in Linz
c) 1808 in Salzburg
d) 1843 in Graz

9. Was zählt nicht zu den Aufgaben der Polizei?
a) Gefahrenabwehr
b) Strafverfolgung
c) Überwachung des Verkehrs
d) Ausstellen von Haftbefehlen

10. Welche Gefahrenart gibt es im Bereich der Gefahrenabwehr nicht?
a) erhebliche Gefahr
b) latente Gefahr
c) abstrakte Gefahr
d) maximale Gefahr

11. Zur Aufgabe der Polizei zählt auch die Wahrung der öffentlichen Ordnung. Was wird darunter nicht verstanden?
a) ungestörte Religionsausübung
b) Achtung der den Toten geschuldeten Pietät
c) Mindestanforderungen an Anstand, Ethik, Sittlichkeit und Moral
d) öffentliches Trinken

12. Welches Prinzip verpflichtet die Polizei zu Ermittlungen, wenn sie von Straftaten in Kenntnis gesetzt wird?
a) Legalitätsprinzip
b) Illegalitätsprinzip
c) Relativitätsprinzip
d) Absolutheitsprinzip

13. Was ist kein Zwangsmittel, das von der Polizei eingesetzt werden darf?
a) Zwangsgeld
b) Zwangshaft
c) Ersatzvornahme
d) Ordnungshaft

14. Was ist eine Schleierfahndung?
a) verdachtsunabhängige Personenkontrolle
b) Ermittlungsmethode zur Identitätsfeststellung bei Demonstrationen
c) inzwischen illegale Ermittlungsmethode aus der DDR
d) Fahndung nach verschleierten Personen

15. Wie lautet der Euro-Notruf?
a) 111
b) 112
c) 122
d) 123

16. Neben der Notrufnummer 133 der österreichischen Polizei gibt es auch eine Servicenummer. Wie lautet diese?
a) 059 133
b) 156 133
c) 057 133
d) 058 133

17. Welchen Dienstgrad hat ein Polizist mit zwei platinfarbenen Sternen an der Uniform?
a) Inspektor
b) Gruppeninspektor
c) Bezirksinspektor
d) Revierinspektor

18. In welchem Jahr erfolgte die Zusammenlegung von Polizei und Gendarmerie?
a) 2005
b) 2003
c) 2001r
d) 1998

19. Welche Farbe hatten die alten Gendarmerie-Uniformen?
a) grün
b) khaki
c) grau
d) dunkelblau

20. Polizeigewalt im Sinne von körperlicher Gewalt ist nur erlaubt ...
a) bei Großveranstaltungen wie den G20.
b) in verhältnismäßigem Ausmaß.
c) bei Ausschreitungen durch rechtsextreme Gruppen.
d) in Wien.

21. Wann trat die große Polizeibehördenreform in Kraft?
a) 1. September 2012
b) 1. Jänner 2009
c) 1. Juli 2011
d) 1. August 2013

22. Wie hoch ist 2020 der Frauenanteil innerhalb der Exekutivbeamtenschaft?
a) zirka 10 %
b) zirka 13 %
c) zirka 19 %
d) zirka 29 %

23. Unter welcher Kurzbezeichnung ist eine auf Englisch „European Police Office" genannte, für Polizeiaufgaben zuständige EU-Agentur bekannt?
a) Interpol
b) Europol
c) Europäische Justizbehörde
d) Europäische Strafverfolgungsbehörde

24. Wie wird der äußerst selten praktizierte, polizeiliche Gebrauch von Schusswaffen mit der Vorgabe, dass der Beschossene als Folge höchstwahrscheinlich stirbt, genannt?
a) Abwehrschuss
b) tödlicher Schusswaffengebrauch
c) Schuss mit Todesfolge
d) finaler Rettungsschuss

25. Wie lautet die Bezeichnung für etwa 80 bis 120 Mann starke Einheiten der Bereitschaftspolizeien?

a) Staffel
b) Zug
c) Trupp
d) Hundertschaft

26. Wie wurde das Bundeskriminalamt früher genannt?
a) Team 27
b) 1er Crew
c) Gruppe D
d) Cops Nr. 5

27. Wer ist seit 2020 Direktor des Bundeskriminalamts?
a) Karl Kurz
b) Andreas Holzer
c) Wolfgang Breitner
d) Sebastian Hochner

28. Welches dieser Ämter gehört nicht zum Trio der Sicherheitsbehörden?
a) Landespolizeidirektionen
b) Bundesministerium für Inneres
c) Stadtverwaltung
d) Bezirkshauptmannschaften

29. Wann gibt es eine Wegweisung?
a) wenn durch drohende Gewalt Gefahr in Verzug ist
b) wenn ein Tourist nicht mehr weiter weiß
c) wenn die Verkehrspolizei eine Umleitung einrichtet
d) wenn das Navi ein Polizeiauto zum Tatort leitet

30. Wie heißt das Cybercrime-Kompetenzzentrum auf Bundesebene?
a) A3F7
b) M1
c) C12
d) C4

31. Was ist das Mindestalter für den Eintritt in den Polizeidienst?
a) 17
b) 18
c) 19
d) 21

32. Was ist das Höchstalter für den Eintritt in den Exekutivdienst?
a) Es gibt keines.
b) 29
c) 35
d) 38

33. Muss sich eine Polizistin bei Ausübung ihres Dienstes ausweisen?
a) Nein, das muss sie grundsätzlich nicht.
b) Nein, die Uniform als Ausweis reicht aus.
c) Ja, sie ist auf Verlangen dazu verpflichtet.
d) Ja, auch wenn dadurch ihre Handlungsfähigkeit eingeschränkt ist.

34. An welche Organisation ist die Direktion für Spezialeinheiten (DSE) seit 2013 gekoppelt?
a) EKO Cobra
b) O-AGM
c) BKA
d) BMI

**Lösungen: Fachwissen Polizei**

| | | |
|---|---|---|
| 1. a) | 13. d) | 25. d) |
| 2. b) | 14. a) | 26. c) |
| 3. c) | 15. b) | 27. b) |
| 4. d) | 16. a) | 28. c) |
| 5. a) | 17. d) | 29. a) |
| 6. d) | 18. a) | 30. d) |
| 7. b) | 19. c) | 31. b) |
| 8. a) | 20. b) | 32. a) |
| 9. d) | 21. a) | 33. c) |
| 10. d) | 22. c) | 34. a) |
| 11. d) | 23. b) | |
| 12. a) | 24. d) | |

# Allgemeinwissen

In Einstellungstests bekommst du häufig Fragen zum Thema Allgemeinwissen gestellt. Da sich Aufgaben aus diesem Bereich nicht durch logisches Denken lösen lassen, ist entsprechendes Vorwissen sehr wichtig.

## Welche Fragen und Aufgaben kommen dran?

Wie auch in anderen Bereichen des Einstellungstests kann Allgemeinwissen nicht von einem auf den anderen Tag erlernt werden. Allgemeinwissen muss kontinuierlich aufgebaut, aktualisiert und erweitert werden.

**Beispiel**
Wie kannst du dich nun optimal auf diesen Teil vorbereiten, wenn dir wenig Zeit bleibt? Es gibt sehr viele Fragen, die immer wieder in Einstellungstests gestellt werden. Zum einen handelt es sich dabei um Fragen zu historischen Themen, zum Beispiel „Wann war die Französische Revolution?“, und zum anderen werden Fragen zum aktuellen Zeitgeschehen gestellt.

Beispiel: „Wer ist aktuell österreichischer Bundespräsident?“

Wir empfehlen dir für deine Vorbereitungen die folgenden Multiple-Choice-Fragen akribisch durchzuarbeiten und am besten täglich Zeitung zu lesen.

Das Segment „Allgemeinwissen" wird hier thematisch unterteilt. Die Aufgaben unterscheiden sich in zwei Aufgabentypen. Dir wird entweder ein Satz vorgegeben, welcher durch a), b), c) oder d) ergänzt werden muss, oder es muss eine Frage richtig beantwortet werden. Es gibt zu jeder Aufgabe nur eine richtige Lösung. Die Lösungen und Lösungshinweise zu den Aufgaben findest du jeweils am Ende des Unterkapitels.

## Recht

1. Die sogenannte Judikative ist die ...
a) ausführende Gewalt.
b) richterliche Gewalt.
c) gesetzgebende Gewalt.
d) gesetzliche Gewalt.

2. Für wen hat der Gesetzgeber im Strafrecht eigens eine besondere Regelung eingeführt?
a) Kronzeuge
b) Kronprinz
c) Kronleuchter
d) Kronkorken

3. Welchen Zweck verfolgen die Grundrechte primär?
a) den Schutz von Bürgern untereinander
b) den Schutz des Bürgers vor juristischen Personen
c) den Schutz des Bürgers vor Eingriffen des Staates
d) den Schutz des Staates vor den Bürgern
e) Keine Antwort ist richtig.

4. Welche Bedeutung hat die Abkürzung „StPO"?
a) Strafpolizeiordnung
b) Steuerpolizeiordnung
c) Strafprozessordnung
d) Straßenverkehrsordnung
e) Staatspolizeiorganisation

5. Ab welchem Alter ist man grundsätzlich durch die Grundrechte geschützt?
a) Geburt
b) acht
c) 14
d) 21
e) 18

6. Welche Frage wirft der Begriff der Rechtsgeltung auf?
a) die Frage der Wiedergutmachung durch Gesetze
b) die Frage nach der Gültigkeit von Gesetzen
c) die Frage nach der Verurteilung aufgrund von Gesetzen

7. Welches Gericht wird grundsätzlich bei Streitigkeiten auf dem Gebiet des öffentlichen Rechts angerufen?
a) Zivilgericht
b) Verwaltungsgericht
c) Keine Antwort ist richtig.
d) Schiedsgericht
e) Strafgericht

8. Ein Kaufvertrag verpflichtet den Verkäufer zur ...
a) Rechnungstellung.
b) Begleichung des Kaufpreises.
c) Aushändigung eines Lieferscheins.
d) Übergabe der Kaufsache.

9. Welche der folgenden Tatbestände beschreibt eine Körperverletzung?
a) auf die Schulter klopfen
b) das Abschneiden der Haare im Schlaf
c) im Schulunterricht andere Schüler mit Papierkügelchen bewerfen
d) angewiderter Blick

10. Was bedeutet die Gewaltenteilung?
a) historischer Begriff für eine Militärdiktatur
b) Mittel zur Machtbegrenzung und Sicherung von Freiheit und Gleichheit
c) Gesetz, das jedem Bundesbürger untersagt, alleine Gewalt anzuwenden
d) Prinzip, nach dem Polizeibeamte bei gewalttätigen Eingriffen vorgehen müssen

11. Wo hat der Europäische Gerichtshof für Menschenrechte seinen Sitz?
a) Den Haag
b) Straßburg
c) Brüssel
d) Luxemburg

12. Was besagt der sogenannte „Taschengeldparagraph"?
a) Minderjährigen ist ein Taschengeld von den Eltern zu gewähren.
b) Keine Antwort ist richtig.
c) Minderjährige können Taschengeld vom Staat verlangen.
d) Grundsätzlich muss kein Taschengeld bezahlt werden.
e) Ein Minderjähriger kann grundsätzlich mit seinem Taschengeld einen wirksamen Vertrag schließen.

13. Was ist ein positives Recht?
a) ein Gesetz, das negative Auswirkungen hat
b) ein vom Menschen gesetztes Recht
c) ein von der Natur gesetztes Recht
d) ein Gesetz, das positive Auswirkungen hat

14. Was ist soziologisch gesehen keine Funktion eines funktionierenden Rechtssystems?
a) Gerechtigkeit
b) Frieden
c) Freiheit
d) Kontrolle

15. Mit welchem Alter gilt man als unbeschränkt geschäftsfähig im Sinne des Allgemeinen Bürgerlichen Gesetzbuches (ABGB)?
a) mit Vollendung der Geburt
b) mit 14 Jahren
c) mit sieben Jahren
d) mit 18 Jahren
e) mit 21 Jahren

16. Die Polizei ist Teil der ...
a) Judikative.
b) Exekutive.
c) Legislative.

17. Wer oder was wird auch als „Hüter der Verfassung“ bezeichnet?
a) Bundeskriminalamt
b) Bundespräsident
c) Bundesrat
d) Bundeskanzler
e) Bundesverfassungsgericht

18. Wann wurde das österreichische Bundes-Verfassungsgesetz, kurz B-VG, erstmals beschlossen?
a) 01.10.1920
b) 01.08.1929
c) 24.04.1934
d) 01.10.1945

19. Wie bezeichnet man das Gegenteil von absolutem Recht?
a) finales Recht
b) ungefähres Recht
c) relatives Recht
d) fiktives Recht

20. Wie heißt die Personifikation der Gerechtigkeit?
a) Minerva
b) Justitia
c) Diana
d) Juno

21. Welche Bedeutung hat die Abkürzung „AGB“?
a) allgemeine Gewerkschaft Bregenz
b) Arbeitsgemeinschaft der Behörden
c) Archiv für Geschichte des Buchwesens
d) allgemeine Geschäftsbedingungen

22. Wann erlischt das Urheberrecht?
a) 50 Jahre nach der Veröffentlichung
b) 30 Jahre nach der Veröffentlichung
c) 70 Jahre nach dem Tod des Urhebers
d) 50 Jahre nach dem Tod des Urhebers

23. Was versteht man unter einer Konventionalstrafe?
a) richterliche Strafe
b) Vertragsstrafe
c) Verzugszins
d) Freiheitsstrafe

24. Welche der folgenden Kategorien gehört nicht zum öffentlichen Recht?
a) Steuerrecht
b) Urheberrecht
c) Sozialrecht
d) Verwaltungsrecht

25. Ein Notar ist zuständig für ...
a) Strafverteidigungen.
b) arbeitsgerichtliche Verfahren.
c) Beurkundungen.
d) Klagen vor dem Oberverwaltungsgericht.

26. Dem Generalbundesanwalt nach deutschem Recht entspricht in Österreich am ehesten die Funktion des ...
a) Staatsoberanwalts.
b) Generalbevollmächtigten.
c) Staatssekretärs.
d) Generalprokurators.

27. Was steht in Artikel 1 der Allgemeinen Erklärung der Menschenrechte?
a) Meinungs- und Informationsfreiheit
b) Freiheit, Gleichheit, Brüderlichkeit
c) Schutz vor Verhaftung und Ausweisung
d) Versammlungs- und Vereinigungsfreiheit

**Lösungen: Recht**

| | | |
|---|---|---|
| 1. b) | 12. e) | 23. b) |
| 2. a) | 13. b) | 24. b) |
| 3. c) | 14. a) | 25. c) |
| 4. c) | 15. d) | 26. d) |
| 5. a) | 16. b) | 27. b) |
| 6. b) | 17. e) | |
| 7. b) | 18. a) | |
| 8. d) | 19. c) | |
| 9. b) | 20. b) | |
| 10. b) | 21. d) | |
| 11. b) | 22. c) | |

## Politik und Gesellschaft

1. Der Bundesrat ...
a) hat die Ablösung der Regierung als Ziel.
b) hat eine Gesetzgebungsfunktion.
c) besteht aus Nationalratsabgeordneten.
d) vertritt die Bundesländer im Bund.

2. Welche Partei gründete Jörg Haider, der ehemalige Landeshauptmann von Kärnten?
a) Bündnis Zukunft Österreich
b) Österreichische Volkspartei
c) Die Freiheitlichen in Kärnten
d) Unabhängige Bürgerinitiative Rettet Österreich

3. Volkssouveränität bedeutet,
a) wichtige Beschlüsse kommen durch einen Volksentscheid zustande.
b) die Würde des Volkes ist unantastbar.
c) die Staatsgrenzen dürfen von anderen Völkern nicht verletzt werden.
d) alle Gewalt geht vom Volk aus.

4. Wie heißt die Wirtschaftsordnung Österreichs?
a) freie Zentralwirtschaft
b) soziale Planwirtschaft
c) soziale Marktwirtschaft
d) freie Marktwirtschaft

5. Wofür steht die Abkürzung NATO?
a) North Atlantic Treaty Organization
b) North American Tactical Operations
c) North Atlantic Trade Organization
d) North American Trade Organization

6. Wer war Begründer der modernen Evolutionstheorie?
a) Jean-Baptiste de Lamarck
b) Francis Crick
c) Gregor Mendel
d) Charles Robert Darwin

7. Welcher Partei gehörte der österreichische Bundespräsident Franz Jonas an?
a) FPÖ
b) ÖVP
c) SPÖ
d) Er war parteilos.

8. Was besagt das Schengener Abkommen?
a) Teil der Verfassung der Europäischen Union
b) Aufhebung der Zoll- und Grenzkontrollen zwischen Ländern

c) Abkommen, das alle Mitglieder der Europäischen Union unterschreiben müssen
d) Verordnung der Europäischen Kommission zur Vereinheitlichung der Grenzübergänge

9. Wer ist oberster Dienstherr der Polizei in einem Bundesland?
a) Justizminister
b) Innenminister
c) Kultusminister
d) Finanzminister

10. Wer wählt den österreichischen Bundeskanzler?
a) Bundesregierung
b) Bundesverfassungsgericht
c) Nationalrat
d) Bundespräsident

11. Ab welchem Alter dürfen österreichische Staatsbürger wählen?
a) 16 Jahre
b) 14 Jahre
c) 21 Jahre
d) 18 Jahre

12. Wie oft kann der österreichische Bundespräsident wiedergewählt werden?
a) einmal
b) zweimal
c) dreimal
d) viermal

13. Die Anzahl der Stimmen eines Bundeslandes im Bundesrat hängt ab von ...
a) der Gesamtzahl der Stimmen.
b) der Fläche des Bundeslandes.
c) der Einwohnerzahl des Bundeslandes
d) der Wahlbeteiligung der Bürger im jeweiligen Bundesland.

14. Wie beginnt die österreichische Nationalhymne?
a) Land am Strome
b) Land zwischen den Ländern
c) Land am Balkan
d) Land der Berge, Land am Strome

15. Was bedeutet Demokratie wörtlich?
a) Herrschaft der Regierung
b) Herrschaft des Volkes
c) Herrschaft der Mehrheit
d) Herrschaft der Menschen

16. Seit wann ist Österreich Mitglied der Europäischen Union?
a) 1985
b) 1990
c) 1995
d) 1998

17. Wo ist geregelt, für welche Aufgaben der Bund und die Bundesländer zuständig sind?
a) in der österreichischen Bundesverfassung
b) in der europäischen Menschenrechtskonvention
c) in der Charta der Vereinten Nationen
d) in den Beschlüssen der Europäischen Union

18. Wer hat keine Befugnis, einen Gesetzesentwurf einzubringen?
a) Nationalrat
b) Bundespräsident
c) Bundesrat
d) Bundesregierung

19. Welcher österreichische Politiker geriet 2004 wegen der sogenannten „Homepage-Affäre" in die Schlagzeilen?
a) Hubert Gorbach
b) Karl-Heinz Grasser
c) Wolfgang Schüssel
d) Gernot Rumpold

20. Wie heißt die Zusammenarbeit von Parteien zur Bildung einer Regierung?
a) Koalition
b) Ministerium
c) Fraktion
d) Koordination

21. Wie wird das österreichische Regierungssystem bezeichnet?
a) konstitutionelle Monarchie
b) parlamentarische Demokratie
c) Präsidialregime
d) Militärdiktatur

22. Wer war im Jahr 2018 Präsident der Europäischen Kommission?
a) Herman Van Rompuy
b) Martin Schulz
c) Jean-Claude Juncker
d) José Manuel Barroso

23. Welches Land hatte im Jahr 2016 keinen Status als Beitrittskandidat der Europäischen Union?
a) Türkei
b) Ukraine
c) Serbien
d) Albanien

24. In welchem Jahr trat Österreich den Vereinten Nationen bei?
a) 1949
b) 1952
c) 1955
d) 1962

25. Mit welchem Politiker war die britische Premierministerin Margaret Thatcher eng befreundet?

a) Ronald Reagan
b) Helmut Kohl
c) Michail Gorbatschow
d) Winston Churchill

26. Wer ist das Staatsoberhaupt der Republik Österreich?
a) der Bundeskanzler
b) der Nationalratspräsident
c) der Bundespräsident
d) der Landeshauptmann

27. Was versteht man unter einem „passiven Wahlrecht"?
a) Ausschluss vom Wahlrecht
b) das eigene Wahlrecht durch eine Vertrauensperson ausüben zu lassen
c) per Briefwahl wählen zu können
d) das Recht, bei einer Wahl selbst gewählt zu werden

28. Welche regelmäßigen Massenproteste in der DDR gingen der deutschen Wiedervereinigung voraus?
a) Frühjahrsproteste
b) Montagsdemonstrationen
c) Freitagsbewegung
d) Ostermärsche

29. Wann ist der österreichische Nationalfeiertag?
a) 26. August
b) 3. Oktober
c) 26. Oktober
d) 1. November

30. Wer war kein österreichischer Bundeskanzler?
a) Bruno Kreisky
b) Kurt Waldheim
c) Wolfgang Schüssel
d) Werner Faymann

31. Wie viele Sterne hat die Europaflagge?
a) 9
b) 12
c) 17
d) 20

32. Womit finanziert der österreichische Staat hauptsächlich sein öffentliches Bildungssystem?
a) aus Krankenversicherungsbeiträgen
b) aus Vereinsbeiträgen
c) aus Steuern
d) aus Spendengeldern

33. In welchem Jahr wurde das österreichische Bundesheer neu gegründet?
a) 1949
b) 1955
c) 1968
d) 1980

34. Welcher Philosoph hatte maßgeblichen Einfluss auf die Verfassung liberaler Staaten?
a) John Locke
b) Jean-Jacques Rousseau
c) Thomas Hobbes

d) Georg Wilhelm Friedrich Hegel

35. Wer bildet den Europäischen Rat?
a) die Staats- und Regierungschefs der EU
b) Abgeordnete als Vertreter der EU-Länder
c) die Präsidenten der EU-Verfassungsorgane
d) die EU-Bürger

36. Das Ziel der Nato ist es, die
a) Grenzen Europas vor dem islamischen Staat zu schützen.
b) Mitglieder mit nötigen Waffen und Soldaten auszustatten.
c) Sowjetunion und den Islam zu bekämpfen.
d) Freiheit und Sicherheit der Mitglieder zu gewähren.

## Lösungen: Politik und Gesellschaft

| | | |
|---|---|---|
| 1. d) | 15. b) | 29. c) |
| 2. a) | 16. c) | 30. b) |
| 3. d) | 17. a) | 31. b) |
| 4. c) | 18. b) | 32. c) |
| 5. a) | 19. b) | 33. b) |
| 6. d) | 20. a) | 34. a) |
| 7. c) | 21. b) | 35. a) |
| 8. b) | 22. c) | 36. d) |
| 9. b) | 23. b) | |
| 10. d) | 24. c) | |
| 11. a) | 25. a) | |
| 12. a) | 26. c) | |
| 13. c) | 27. d) | |
| 14. d) | 28. b) | |

## Wirtschaft

1. Wie wird ein Rabatt auf den Rechnungspreis genannt, welcher bei Zahlung innerhalb einer bestimmten Zahlungsfrist gewährt wird?
a) Agio
b) Storno
c) Skonto
d) Just in Time Rabatt

2. Das ökonomische Prinzip besagt, dass ...
a) alle Mittel vernünftig eingesetzt werden müssen, aufgrund von Güterknappheit.
b) wir mit gegebenen Mitteln das größtmögliche Ergebnis erzielen müssen.
c) wir mit minimalen Mitteln das vorgegeben Ziel erfüllen müssen.
d) wir das maximale Ergebnis mit minimalen Mitteln erzielen sollen.

3. Eine Hypothek ist nichts anderes als ...
a) ein sehr hoher Scheck.
b) ein Zahlungsversprechen.
c) eine Tilgungsrate.
d) eine Sicherheit bei Darlehen für Immobilien.

4. Eine Handelsvollmacht mit Rechten und Pflichten bezeichnet man als ...
a) Validität.
b) Satura.
c) Magister.
d) Prokura.

5. Subventionen sind eine Form von ...
a) indirekten Steuern.
b) Schutzzöllen.
c) Investitionsabgaben für Unternehmen.
d) staatlichen Zuschüssen.

6. Als Sozialprodukt bezeichnen wir ...
a) eine gesamtwirtschaftliche Größe der produzierten Sachgüter und Dienstleistungen in einem Jahr.
b) alle Sozialleistungen sowie Ausgaben des Staates und der Haushalte in einer Periode.
c) alle Wertschöpfungsprozesse in einem Unternehmen.
d) Güter und Dienstleistungen, die von Unternehmen den Haushalten zur Verfügung gestellt werden.

7. Das gegensätzliche Wirtschaftssystem zur Planwirtschaft ist die ...
a) Zentralverwaltungswirtschaft.
b) soziale Marktwirtschaft.
c) sozialistische Marktwirtschaft.
d) freie Marktwirtschaft.

8. Welcher CDU-Politiker der Bundesrepublik Deutschland, der von 1949 bis 1963 das Bundeswirtschaftsministerium leitete, wurde als „Vater des Wirtschaftswunders" berühmt?
a) Ludwig Erhard
b) Konrad Adenauer
c) Kurt Georg Kiesinger
d) Willy Brandt

9. Was löste der New Yorker Börsencrash Ende Oktober 1929 aus?
a) eine Weltwirtschaftskrise
b) einen Zusammenbruch des Tulpenmarktes
c) Das Aufstreben der Nazis in Deutschland
d) Neuwahlen in den USA

10. Was ist unter der Liquidität eines Unternehmens zu verstehen?
a) das Barvermögen
b) Einnahmen des Unternehmens
c) die Kreditwürdigkeit
d) die Zahlungsfähigkeit des Unternehmens

11. In welchem europäischen Staat war 2018 die Wirtschaftskraft pro Kopf am höchsten?
a) Schweden
b) Norwegen
c) Luxemburg
d) Deutschland

12. Welches sind die wichtigsten Einnahmequellen öffentlicher Haushalte?
a) Sozialabgaben und Steuern
b) Spenden
c) Bußgelder
d) Gebühren

13. Welche Länder waren die zwei wichtigsten Handelspartner der Europäischen Union im Jahr 2017?
a) China, USA
b) Indien, Brasilien
c) Schweiz, Norwegen
d) Russland, Saudi-Arabien

14. Wofür lassen sich in der Regel hohe Renditen erwirtschaften?
a) hohe Anlagebeträge
b) lange Investitionszeiten
c) hohe Risiken
d) hohe Gebühren

15. Insolvenz bedeutet, dass ein Unternehmen ...
a) zahlungsunfähig ist.
b) verkauft worden ist.
c) kreditwürdig ist.
d) gegen Regulierungen verstoßen hat.

16. Welche ist die häufigste Unternehmensform in der Bundesrepublik Deutschland?
a) Einzelunternehmen
b) GmbH
c) AG
d) KG

17. Wo befindet sich der Sitz der Europäischen Zentralbank?
a) Frankfurt am Main
b) Brüssel
c) Den Haag
d) Straßburg

18. Welche Aufgabe hat der Leitzinssatz?
a) Er ist das zentrale Element zur Steuerung der Geldpolitik.
b) Damit kann der Konsument Kreditangebote von Banken vergleichen.
c) Er dient der Finanzierung des Europäischen Stabilitätsmechanismus.
d) Er regelt die Ausschüttung von Renditen.

19. Was versteht man unter Derivaten?
a) festverzinsliche Wertpapiere
b) Finanzinstrumente
c) inländische Geldscheine
d) Anleiheformen

20. Wer gilt als Schöpfer des World Wide Web „www"?
a) Mark Zuckerberg
b) Steve Jobs
c) Tim Berners-Lee
d) Bill Gates

21. Welche Staaten gehören dem Freihandelsabkommen NAFTA an?
a) USA, Mexiko und Kanada
b) China, Russland und USA
c) USA, Kanada und EU
d) Russland, USA und Deutschland

22. Wie nennt man fallende Kurse an der Börse?
a) Hausse
b) Ground
c) Down
d) Baisse

23. Wie heißt der Index, der die Aktien mittelgroßer deutscher Unternehmen zusammenfasst?
a) DAX
b) MDAX
c) XETRA
d) NEMAX

24. Welche Institution regelt Handelskonflikte der EU mit den USA?
a) NATO
b) OPEC
c) WTO
d) UN

25. Was passiert bei einer Inflation?
a) Die Preise steigen, während die Kaufkraft sinkt.
b) Die Preise sinken, während die Kaufkraft steigt.
c) Die Preise und die Kaufkraft sinken gleichermaßen.
d) Die Preise und die Kaufkraft steigen gleichermaßen.

## Lösungen: Wirtschaft

| | | |
|---|---|---|
| 1. c) | 12. a) | 23. b) |
| 2. a) | 13. a) | 24. c) |
| 3. d) | 14. c) | 25. a) |
| 4. d) | 15. a) | |
| 5. d) | 16. a) | |
| 6. a) | 17. a) | |
| 7. d) | 18. a) | |
| 8. a) | 19. b) | |
| 9. a) | 20. c) | |
| 10. d) | 21. a) | |
| 11. c) | 22. d) | |

## Geografie

1. Welches Land ist flächenmäßig das zweitgrößte Land der Welt?
a) China
b) Australien
c) Kanada
d) USA

2. Die Hauptstadt von Island heißt …
a) Helsinki.
b) Dublin.
c) Färöer.
d) Reykjavík.

3. Wo befindet sich der Suezkanal?
a) Panama
b) Israel
c) Papua-Neuguinea
d) Ägypten

4. In welchem lateinamerikanischen Land ist Spanisch NICHT die Amtssprache?
a) Argentinien
b) Brasilien
c) Chile
d) Ecuador

5. Wie heißt die Hauptstadt von Ghana?
a) Kairo
b) Accra
c) Antananarivo
d) Mombasa

6. Welches ist das kleinste Land in Europa?
a) Liechtenstein
b) Vatikanstadt
c) Monaco
d) San Marino

7. In welchem US-Bundesstaat befindet sich das Silicon Valley?
a) Kalifornien
b) Florida
c) New York
d) Washington

8. Welcher Kontinent der Welt ist der bevölkerungsreichste und zugleich auch flächenmäßig der Größte?
a) Asien
b) Australien
c) Amerika
d) Afrika

9. Welcher ist der höchste Berg Europas?
a) Mont Blanc
b) Zugspitze
c) Dufourspitze
d) Großglockner

10. Welcher ist der längste Fluss, der komplett auf französischem Boden verläuft?
a) Seine
b) Loire
c) Garonne
d) Marne

11. Welches Land ist flächenmäßig das größte der Welt?
a) China
b) Australien
c) Russland
d) USA

12. Welche sind sämtliche Nachbarländer, mit denen die Bundesrepublik Deutschland eine Landgrenze teilt?
a) Dänemark, Polen, Tschechische Republik, Österreich, Schweiz, Frankreich, Luxemburg, Belgien, Niederlande
b) Dänemark, Polen, Tschechische Republik, Slowakei, Schweiz, Fürstentum Liechtenstein, Frankreich, Luxemburg, Niederlande
c) Dänemark, Schweden, Polen, Tschechische Republik, Österreich, Schweiz, Frankreich, Luxemburg, Belgien
d) Dänemark, Polen, Russland, Tschechische Republik, Österreich, Schweiz, Frankreich, Belgien, Niederlande

13. Welches der folgenden Länder hat die meisten Einwohner?
a) Indonesien
b) Indien
c) USA
d) Brasilien

14. Welche Fläche hat Österreich?
a) etwa 40.000 $km^2$
b) etwa 65.000 $km^2$
c) etwa 120.000 $km^2$
d) etwa 84.000 $km^2$

15. Wie heißt die Hauptstadt von Argentinien?
a) Bogotá
b) São Paulo
c) Buenos Aires
d) Salvador da Bahia

16. Wie heißt die Hauptstadt von Indien?
a) Neu-Delhi
b) Kolkata (Kalkutta)
c) Mumbai (Bombay)
d) Bangalore

17. Welche Metropolregion hat die meisten Einwohner?
a) New York
b) Tokio
c) Jakarta
d) Shanghai
e) Mexiko-Stadt

18. Welcher Ozean ist flächenmäßig der größte?
a) Pazifischer Ozean
b) Atlantischer Ozean
c) Indischer Ozean
d) Arktischer Ozean
e) Antarktischer Ozean

19. Welche Stadt ist die Hauptstadt von Serbien?
a) Skopje
b) Belgrad
c) Sarajevo
d) Pristina
e) Ljubljana

20. Die Atmosphäre ist in mehrere Schichten aufgeteilt. Bis zu welcher Höhe spricht man von der Troposphäre?
a) 50 bis 100 Kilometer
b) 0 bis 15 Kilometer
c) 15 bis 50 Kilometer
d) 100 bis 500 Kilometer

21. Welcher See ist der größte der Erde?
a) Kaspisches Meer
b) Victoriasee
c) Baikalsee
d) Michigansee

22. Welches Land gehört nicht zum südostasiatischen wirtschaftlichen und politischen supranationalen Verbund ASEAN (Association of Southeast Asian Nations), der manchmal als südostasiatisches Gegenstück zur Europäischen Union bezeichnet wird?
a) Volksrepublik China
b) Indonesien
c) Thailand
d) Philippinen

23. An welchem Fluss liegt die Stadt Budapest?
a) Oder
b) Moldau
c) Weichsel
d) Donau

24. Wo liegt die Insel Madagaskar?
a) im Pazifik
b) im Indischen Ozean
c) im Atlantik
d) im Japanischen Meer

25. Welchem Staat ist die richtige Hauptstadt zugeordnet?
a) Spanien / Barcelona
b) Kolumbien / Medellín
c) Kanada / Ottawa
d) Brasilien / Rio de Janeiro

26. Zu welchem Staat gehören die Azoren?
a) Niederlande
b) Portugal
c) Frankreich
d) Spanien

27. Wie viele Bundesländer gibt es in Österreich?
a) 16
b) 5
c) 9
d)11

28. Welche Stadt in den USA hat die meisten Einwohner?
a) New York City

b) Chicago
c) Los Angeles
d) Philadelphia

29. Welcher Fluss ist der längste der Erde?
a) Nil
b) Amazonas
c) Jangtsekiang
d) Mississippi

30. Wie heißt die Insel, auf der Tokio liegt?
a) Honshu
b) Hokkaido
c) Shikoku
d) Fukuoka

31. Wie heißt der berühmte Berg bei Kapstadt?
a) Zuckerhut
b) Moco
c) Tafelberg
d) Mont Blanc

32. In welches Gewässer mündet der Mississippi?
a) Atlantik
b) Golf von Mexiko
c) Golf von Maine
d) Michigansee

33. Der Umfang des Äquators beträgt wie viele Kilometer?
a) rund 50.000 Kilometer
b) rund 30.000 Kilometer
c) rund 25.000 Kilometer
d) rund 40.000 Kilometer

34. Derna ist eine Hafenstadt in ...?
a) Tunesien
b) Ägypten
c) Libyen
d) Saudi-Arabien

35. Wie heißt das Gebirge, das Europa von Asien trennt?
a) Pyrenäen
b) Ural
c) Apennin
d) Karpaten

36. Wie heißt die Meerenge, die Istanbul in einen europäischen und einen asiatischen Teil trennt?
a) Bosporus
b) Dardanellen
c) Marmara-Enge
d) Straße von Kertsch

37. Welcher Staat ist kein sogenannter „Zwergstaat"?
a) Andorra
b) Luxemburg
c) Vatikanstadt
d) Malta

38. Zu welchem Land gehören die Kanarischen Inseln?
a) Spanien
b) Portugal
c) Westsahara
d) Marokko

39. Welches der vier Länder ist das flächenmäßig größte?
a) Ukraine
b) Schweden
c) Spanien
d) Frankreich

40. Welche beiden Länder verbindet der Eurotunnel?
a) Deutschland und Österreich
b) Italien und Schweiz
c) Dänemark und Schweden
d) Frankreich und England

## Lösungen: Geografie

| | | |
|---|---|---|
| 1. c) | 16. a) | 31. c) |
| 2. d) | 17. b) | 32. b) |
| 3. d) | 18. a) | 33. d) |
| 4. b) | 19. b) | 34. c) |
| 5. b) | 20. b) | 35. b) |
| 6. b) | 21. a) | 36. a) |
| 7. a) | 22. a) | 37. b) |
| 8. a) | 23. d) | 38. a) |
| 9. a) | 24. b) | 39. a) |
| 10. b) | 25. c) | 40. d) |
| 11. c) | 26. b) | |
| 12. a) | 27. c) | |
| 13. b) | 28. a) | |
| 14. d) | 29. a) | |
| 15. c) | 30. a) | |

## Interkulturelles Wissen

1. Die häufigste Infektionskrankheit der Welt ist ...
a) Aids.
b) Malaria.
c) die Grippe.
d) Tuberkulose.

2. Der sogenannte Schalttag fällt immer auf das Datum ...
a) 31. Januar.
b) 31. April.
c) 29. Februar.
d) 31. Juni.

3. Wobei handelt es sich um ein Notsignal im internationalen Funkverkehr?
a) Mayday
b) Down Town
c) Jetset
d) Flower-Power

4. Was haben viele Menschen – völlig unabhängig von ihren finanziellen Verhältnissen?
a) Fax-Sparbuch
b) SMS-Zinsen
c) Twitter-Darlehen
d) E-Mail-Konto

5. In welchem Land leben die meisten Vegetarier?
a) Deutschland
b) Japan
c) Angola
d) Indien

6. Was bezeichnet der Begriff Polytheismus?
a) das genaue Befolgen religiöser Ernährungs- und Kleidungsvorschriften
b) das Darbringen von Tieropfern in religiösen Kontexten
c) die Verehrung einer Vielzahl von Göttern
d) den Glauben an die ewige Wiederkehr des Gleichen

7. Welche Sprache hat die meisten Muttersprachler?
a) Spanisch
b) Englisch
c) Mandarin (Hochchinesisch)
d) Hindi
e) Arabisch

8. Der sogenannte Arabische Frühling begann in ...
a) Tunesien.
b) Maghreb.
c) Libyen.
d) Syrien.

9. Wofür steht der Ramadan?
a) für einen altägyptischen König
b) für den indischen Nationalfeiertag
c) für den Fastenmonat der Muslime
d) für ein asiatisches Volksfest

10. In welchem Land befindet sich der größte Tempelkomplex der Welt, Angkor Wat?
a) Kambodscha
b) Thailand
c) Vietnam
d) Bangladesch

11. Welcher Religion ordnet man den Begriff des Nirvanas zu?
a) Islam
b) Hinduismus
c) Buddhismus
d) Shintō

12. Welches jüdische Fest erinnert an den Auszug der Juden aus Ägypten?
a) Pessach
b) Jom Kippur
c) Chanukka
d) Hoschana Rabba

13. In welchem Land befindet sich die muslimische Pilgerstadt Mekka?
a) Saudi-Arabien
b) Iran
c) Türkei
d) Vereinigte Arabische Emirate

14. Wie groß wird die Weltbevölkerung laut Schätzungen im Jahr 2030 sein?
a) etwa achteinhalb Milliarden
b) etwa acht Milliarden
c) etwa neun Milliarden
d) etwa neuneinhalb Milliarden

15. Wie heißt der brasilianische Kampftanz, den ursprünglich afrikanische Sklaven im Lande praktizierten und der noch heute, weiterentwickelt, als akrobatische Kampfkunst ausgeübt wird?
a) Maculelê
b) Capoeira
c) Baile de la Conquista
d) Moringuc

16. Wie heißt die keltische Sprache, die in manchen Gebieten Schottlands, vor allem auf den Hebriden-Inseln und im Westen der Highlands, noch heute als Alltagssprache gebräuchlich ist?
a) Galatisch
b) Walisisch
c) Bretonisch
d) Gälisch

17. Aus welchem Land stammte die Chemikerin und Physikerin Marie Curie ursprünglich?
a) Norwegen
b) Polen
c) Deutschland
d) Frankreich

18. Wie heißt in der antiken römischen Mythologie der Gott des Handels?
a) Apollo
b) Mars
c) Merkur
d) Neptun

19. Für welches alljährliche Ritual ist die baskische Stadt Pamplona bekannt?
a) Karnevalsumzug
b) Tomatenschlacht
c) Musikfestival
d) Stierlauf

20. Wodurch zeichnet sich ein Stoiker aus?
a) Egoismus
b) Gelassenheit
c) Niedergeschlagenheit
d) Humor

21. In welchem Jahr verfasste Martin Luther seine 95 Thesen, die die Reformation auslösten?
a) 1517
b) 1418
c) 1483
d) 1617

22. Wie heißt ein japanisches Bühnenspiel?
a) Kimono
b) Sake
c) Kabuki
d) Sushi

23. Wie viele Frauen wurden bislang mit dem Nobelpreis für Physik ausgezeichnet?
a) keine
b) eine
c) zwei
d) drei

24. Wen beschützt die Schweizergarde?
a) den Papst im Vatikan
b) die Staatsgrenzen der Schweiz
c) den Bundespräsidenten der Schweiz
d) den Petersdom in Rom

25. Aus welcher Pflanzenblüte gewinnt man Safran, eines der teuersten Gewürze der Welt?
a) aus Krokuspflanzen
b) aus Mohn
c) aus Orchideenblüten
d) aus Kakteenblüten

26. Wie heißt in der griechischen Mythologie die Ehefrau von Göttervater Zeus?
a) Athene
b) Aphrodite
c) Artemis
d) Hera

27. Was erforscht ein Paläontologe?
a) Fossilien
b) menschliche Frühgeschichte

c) antike Architektur
d) Meerestiere

28. Was bezeichnet man als Talmud?
a) einen religiösen Feiertag
b) ein jüdisches Schriftwerk
c) ein arabisches Gericht
d) ein orientalisches Gewand

29. Was versteht man unter einer Pinakothek?
a) eine Gemäldesammlung
b) eine Sammlung alter Bücher
c) eine Sammlung alter Weine
d) eine Briefmarkensammlung

30. In welcher Stadt befindet sich kein wichtiges Pilgerziel für Muslime?
a) Mekka
b) Kairo
c) Medina
d) Marrakesch

31. Welche antike Stadt entdeckte Heinrich Schliemann?
a) Samaria
b) Ephesos
c) Knossos
d) Troja

Lösungen: Interkulturelles Wissen

| | | |
|---|---|---|
| 1. c) | 12. a) | 23. d) |
| 2. c) | 13. a) | 24. a) |
| 3. a) | 14. a) | 25. a) |
| 4. d) | 15. b) | 26. d) |
| 5. d) | 16. d) | 27. a) |
| 6. c) | 17. b) | 28. b) |
| 7. c) | 18. c) | 29. a) |
| 8. a) | 19. d) | 30. d) |
| 9. c) | 20. b) | 31. d) |
| 10. a) | 21. a) | |
| 11. c) | 22. c) | |

## Kunst, Literatur und Musik

1. „Die Botschaft hör ich wohl, allein mir fehlt der ...“?

a) Beweis.
b) Vaterschaftstest.
c) Absender.
d) Glaube.

2. Das Mondrian-Kleid wurde vom Designer ... entworfen.

a) Wolfgang Joop
b) Yves Saint Laurent
c) Christian Dior
d) Tom Ford

3. „Der Turm der blauen Pferde“ ist ein berühmtes Gemälde von ...

a) Pablo Picasso.
b) Franz Marc.
c) Claude Monet.
d) Gustav Klimt.

4. Welcher Kunstrichtung gehörte der Maler Claude Monet an?

a) Barock
b) Gotik
c) Surrealismus
d) Impressionismus

5. Welcher Maler schuf mit dem Gemälde „Guernica“ die erste Anklage gegen den Luftkrieg?

a) Marc Chagall
b) Joan Miró
c) Pablo Picasso
d) Salvador Dalí

6. In welcher Stadt finden die Festspiele zu Ehren des Komponisten Richard Wagner statt?

a) Bayreuth
b) Bamberg
c) München
d) Nürnberg

7. Welcher Komponist erschuf die Oper „Rigoletto“?

a) Wolfgang Amadeus Mozart
b) Richard Strauss
c) Giuseppe Verdi
d) Richard Wagner

8. Wer wurde als der „King of Pop“ bezeichnet?

a) Elvis Presley
b) Mick Jagger
c) Michael Jackson
d) Bob Dylan

9. Welcher amerikanische Autor schrieb „Der alte Mann und das Meer“?

a) Gary Larson
b) Ernest Hemingway
c) Charles Bukowski
d) Jerry Cotton

10. Welche dieser Personen der deutschen Literatur erhielt einen Nobelpreis?

a) Heinrich Böll

b) Hape Kerkeling
c) Alice Schwarzer
d) Martin Walser

11. Wer ist in den Erzählungen von Sir Arthur Conan Doyle der Partner des Meisterdetektivs Sherlock Holmes?
a) Dr. Schiwago
b) Dr. Jekyll
c) Dr. Mabuse
d) Dr. Watson

12. Welches der folgenden Werke stammt von Thomas Mann?
a) Der Tod in Venedig
b) In unserer Zeit
c) Zärtlich ist die Nacht
d) Der Zauberlehrling

13. In welcher Stadt starb Wolfgang Amadeus Mozart 1791?
a) Wien
b) Salzburg
c) München
d) Graz

14. Was ist ein Merkmal des gregorianischen Chorals?
a) Einstimmigkeit
b) Monotonie
c) von Instrumenten begleitet
d) Polyphonie

15. Wer schrieb den Roman „Die unendliche Geschichte"?
a) Cornelia Funke
b) Michael Ende
c) Otfried Preußler
d) Paul Maar

16. Welcher berühmte Komponist litt unter vollständiger Taubheit?
a) Gustav Mahler
b) Richard Wagner
c) Johann Sebastian Bach
d) Ludwig van Beethoven

17. Welches ist kein Saiteninstrument?
a) Bratsche
b) Cello
c) Oboe
d) Kontrabass

18. Mit welchem Musikstück wurde Maurice Ravel einem breiten Publikum bekannt?
a) Boléro
b) Badinerie
c) Die Zauberflöte
d) Valse d'été

19. In welchem Land spielt die Oper „Aida"?
a) China
b) Ägypten
c) Italien
d) Frankreich

20. Welches ist kein Werk von Georg Büchner?
a) Leonce und Lena
b) Woyzeck

c) Maria Stuart
d) Danton

21. Wer malte das berühmte Ölgemälde „Das Mädchen mit dem Perlenohrgehänge"?
a) Jan Vermeer
b) Auguste Renoir
c) Michelangelo
d) Peter Paul Rubens

22. Wie lautet der Fachbegriff, wenn ein Kunstwerk in einem älteren Zustand wiederhergestellt wird?
a) Renovierung
b) Restaurierung
c) Restauration
d) Retaliation

23. Juergen Teller ist ein deutscher ...
a) Architekt.
b) Schriftsteller.
c) Maler.
d) Fotograf.

24. Die Künstler Andy Warhol und Roy Liechtenstein sind Vertreter welcher Kunstrichtung?
a) Expressionismus
b) Konstruktivismus
c) Pop Art
d) Surrealismus

25. In welchem Stil ist die Kathedrale Notre Dame in Paris gebaut?
a) Barock
b) Gotik
c) Romanik
d) Renaissance

26. Wer war Edith Piaf?
a) innovative französische Modeschöpferin
b) schweizerische Begründerin der Sozialpädagogik um 1924
c) populäre französische Chansonsängerin
d) französische Philosophin, verheiratet mit Jean-Paul Sartre

27. Wer schrieb die Novelle „Der Schimmelreiter"?
a) Theodor Fontane
b) Heinrich Böll
c) Hermann Hesse
d) Theodor Storm

28. In welcher Stadt wird jedes Jahr der Deutsche Buchpreis verliehen?
a) Berlin
b) Frankfurt am Main
c) München
d) Leipzig

29. Welche Popgruppe feierte mit „Waterloo" den internationalen Durchbruch?
a) ABBA
b) Bee Gees
c) The Who
d) Beatles

30. Wer schrieb den Jugendroman „Die Wolke“?
a) Wolfgang Herrndorf
b) Christine Nöstlinger
c) Ottfried Preußler
d) Gudrun Pausewang

31. Welcher Maler wurde hauptsächlich durch seine Bildmotive aus der Südsee bekannt?
a) Claude Monet
b) Emil Nolde
c) Paul Gauguin
d) Vincent van Gogh

32. Wer schrieb eine große Anzahl von Operntexten für Richard Strauss?
a) Heinrich Heine
b) Hugo von Hofmannsthal
c) Carl Zuckmayer
d) Franz Grillparzer

## Lösungen: Kunst, Musik und Literatur

| | | |
|---|---|---|
| 1. d) | 14. a) | 27. d) |
| 2. b) | 15. b) | 28. b) |
| 3. b) | 16. d) | 29. a) |
| 4. d) | 17. c) | 30. d) |
| 5. c) | 18. a) | 31. c) |
| 6. a) | 19. b) | 32. b) |
| 7. c) | 20. c) | |
| 8. c) | 21. a) | |
| 9. b) | 22. b) | |
| 10. a) | 23. d) | |
| 11. d) | 24. c) | |
| 12. a) | 25. b) | |
| 13. a) | 26. c) | |

## Technik

1. Holz ist ein ...
a) Kernbrennstoff.
b) organischer Brennstoff.
c) fossiler Energieträger.
d) Keine Lösung ist richtig.

2. Welche Bezeichnung ist – rein technisch betrachtet – doppelt
gemoppelt?
a) Schusswaffe
b) Trommelrevolver
c) Jagdgewehr
d) Sportpistole

3. Um Wechselspannung in eine Gleichspannung umzusetzen, benutzt man ...
a) Pole.
b) Halbleiter.
c) Dioden.
d) Transistoren.

4. Welche Spannung liegt in Europa im Normalfall an Steckdosen an?
a) 320 V
b) 230 V
c) 500 V
d) 24 V

5. In welcher Einheit wird der Widerstand gemessen?
a) Ohm
b) Volt
c) Ampere
d) Watt

6. Die kleinste Maßeinheit zur Speicherung oder Übertragung von Daten heißt ...
a) Byte.
b) Bit.
c) 1 KB.
d) 1 MB.

7. Quecksilber ist ein ...
a) flüssiges Metall.
b) Edelmetall.
c) besonders hartes Metall.
d) nicht-metallischer Werkstoff.

8. Bismut ist vor allem ...
a) ein Gemisch.
b) ein Metall.
c) eine Legierung.
d) ein Automodell.

9. Der Ursprung des heutigen Internets liegt im Jahr 1969 in der Entwicklung eines Netzwerks namens ...
a) DATCOM.
b) LAMNET.
c) ARPANET.
d) ARGONET.

10. Die Bewegung von geladenen Teilchen (meist Elektronen) wird auch … genannt.
a) Strom
b) Watt
c) Spannung
d) Volt

11. Ein Atom besteht aus einem Atomkern und aus einem Mantel zusammengesetzt aus
a) Neutronen.
b) Elektronen.
c) Protonen.
d) Atonen.

12. Wer hat das erste Gleitflugzeug erfunden?
a) Otto Lilienthal
b) Brüder Wright
c) Ferdinand Graf von Zeppelin
d) Octave Chanute

13. Welches Instrument dient zum Nachweis und zur Messung von radioaktiver Strahlung?
a) Golgi-Apparat
b) Photometer
c) Geigerzähler
d) Radiometer

14. Wer stellte 1905 die spezielle Relativitätstheorie auf?
a) Erwin Schrödinger
b) Otto Hahn
c) Albert Einstein
d) Werner Heisenberg

15. Für welches Gerät ist der US-Amerikaner Edwin Hubble Namensgeber?
a) ein Gerät zum Messen elektrischer Felder
b) ein Weltraumteleskop
c) ein Messgerät für polare Eismassen
d) ein Apparat speziell für die Tiefseeforschung

16. Wann wird elektrische Spannung zur Hochspannung?
a) über 1.000 Volt
b) über 10.000 Volt
c) über 20.000 Volt
d) über 100.000 Volt

17. Wer konstruierte das erste Düsenflugzeug?
a) Wernher von Braun
b) Willy Messerschmitt
c) Werner von Siemens
d) Ernst Heinkel

18. Welches Instrument verwendet man zum Messen des Luftdrucks?
a) Thermometer
b) Barometer
c) Semaphor
d) Nanometer

19. Was erfand Benjamin Franklin, einer der Gründerväter der Vereinigten Staaten von Amerika, unter anderem?
a) den Blitzableiter

b) das Mikroskop
c) die erste Glühbirne
d) den Hamburger

20. Welches sind keine elektromagnetischen Wellen?
a) Mikrowellen
b) Schallwellen
c) Radiowellen
d) Sonnenstrahlen

21. Welcher Planet ist am weitesten von der Sonne entfernt?
a) Uranus
b) Neptun
c) Mars
d) Saturn

22. Was speichert ein Kondensator?
a) Strom
b) Masse
c) Leistung
d) elektrische Ladung

23. Welches Bauteil ist bei Dieselmotoren, im Gegensatz zu Ottomotoren, überflüssig?
a) Zündkerze
b) Ölwanne
c) Verbrennungsraum
d) Nockenwelle

**Lösungen: Technik**

| | | |
|---|---|---|
| 1. b) | 11. b) | 21. b) |
| 2. b) | 12. a) | 22. d) |
| 3. c) | 13. c) | 23. a) |
| 4. b) | 14. c) | |
| 5. a) | 15. b) | |
| 6. b) | 16. a) | |
| 7. a) | 17. d) | |
| 8. b) | 18. b) | |
| 9. c) | 19. a) | |
| 10. a) | 20. b) | |

## Elektrotechnik und IT

IT-Grundkenntnisse gehören heute auch beim Polizei-Beruf dazu. Gerne stellen euch die Prüfer in dieser Disziplin auf die Probe. Außerdem solltest du dich mit den Grundlagen der Elektrotechnik beschäftigen. Hier sind zum Beispiel die Gebiete der Atome, Magnete, elektrische Felder und Grundlagen der Schaltungstechnik wesentlich.

1. Um was für eine Grundschaltung handelt es sich hier?

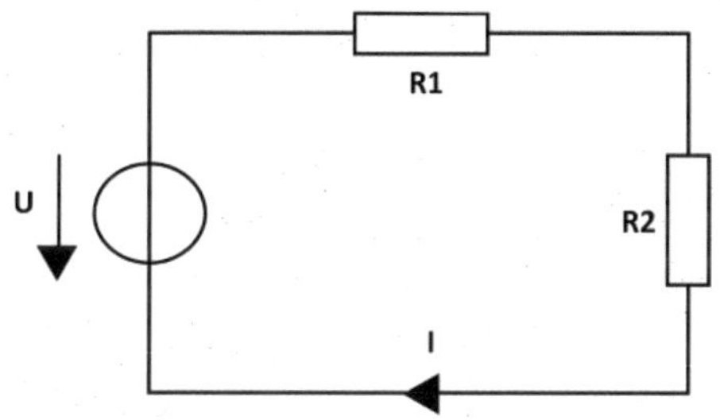


a) Parallelschaltung
b) Reihenschaltung
c) Zirkelschaltung
d) Einstein-Schaltung

2. Wie groß ist der Gesamtwiderstand bei der Schaltung aus Aufgabe 1, wenn R1 = 20 Ohm und R2 = 80 Ohm ist?
a) 100
b) 16
c) 2.080
d) 50

3. Der Gesamtwiderstand der Schaltung aus Aufgabe 1 beträgt nun 100 Ohm. Die Spannungsquelle liefert 10 V.

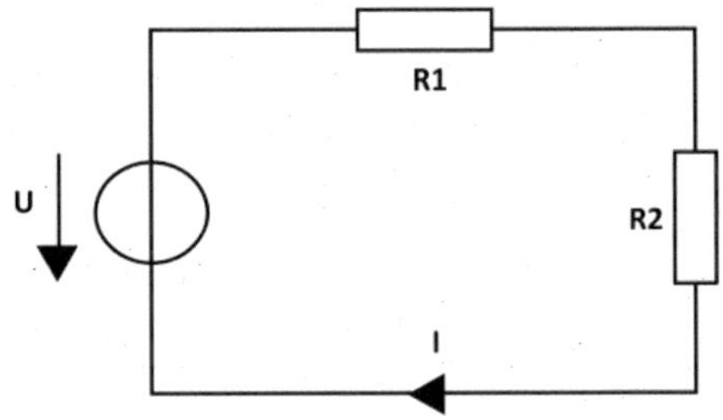


Welcher Strom fließt durch die Widerstände?
a) 0,01 A
b) 1 A
c) 1.000 A
d) 0,1 A

4. Zahlen und Programme sind gespeichert und dargestellt in ...
a) Hexadezimalform.
b) Tertiärform.
c) Binärform.
d) Sedezimalform.

5. In welcher Einheit wird die Spannung angegeben?
a) Kilogramm
b) Ampere
c) Volt
d) Ohm

6. In welcher Einheit wird die elektrische Leistung gemessen?
a) Ampere
b) Volt
c) Ohm
d) Watt

7. Welche Netzfrequenz wird im Stromnetz in Mitteleuropa verwendet?
a) 10 Hz
b) 20 Hz
c) 40 Hz
d) 50 Hz

8. Wie lautet das Ohmsche Gesetz?
a) $P = U \times I$
b) $O = F \times G$
c) $F = m \times a$
d) $U = R \times I$

9. Was passiert, wenn der Widerstand einer Reihenschaltung erhöht wird (Wir gehen von einer Gleichspannungsquelle aus.)?
a) Der Strom verringert sich.
b) Der Strom wird größer.
c) Alle Einheiten bleiben gleich.
d) Der Stromfluss wird gestoppt.

10. Was passiert, wenn zwei Widerstände erst in Reihe geschaltet waren und nun parallel geschaltet werden?
a) Der Gesamtwiderstand erhöht sich.
b) Der Gesamtwiderstand verringert sich.
c) Der Gesamtwiderstand bleibt gleich.
d) Keine der Antworten ist richtig.

11. Ein Rechner besteht im Prinzip immer aus einer Zentraleinheit (CPU), Speicher und ...
a) Prozessor.
b) Netzwerk.
c) Ein- und Ausgabeeinheit.
d) Tastatur.

12. Aus welchen Ziffern besteht das Dualsystem?
a) 1 und 2
b) 0 und 2
c) 0 und 1
d) 1 und 3

13. Wofür steht die Abkürzung HTML?
a) Hightemp Makro Language
b) Hype Transmission Language
c) High Text Mental Language
d) Hypertext Markup Language

14. Welches ist keine Programmiersprache?
a) C++
b) Amiga
c) Perl
d) Basic

15. Wofür steht die Abkürzung FAQ?
a) Frequently Asked Questions
b) Fast Asked Questions
c) Five Asked Questions
d) Freshly Answered Quotes

16. In welcher Firma wurde der Mikroprozessor erfunden?
a) Texas Instruments
b) AMD
c) Intel
d) IBM

17. Wer konstruierte 1941 mit der „Z3" den ersten frei programmierbaren Computer?
a) Johann Carl Friedrich Gauß
b) Carl Zeiss
c) Thomas John Watson
d) Konrad Zuse

18. Was versteht man unter „Augmented Reality"?
a) ein Programm zur realitätsgetreuen Darstellung von Objekten
b) den 3D-Effekt in Filmen
c) die computergestützte Erweiterung der Realitätswahrnehmung
d) ein Computerspielgenre

19. Wie bezeichnet man die kleinste Einheit einer Rastergrafik?
a) Linie
b) Pixel
c) Vektor
d) Punkt

**Lösungen: Elektrotechnik und IT**

| 1. b) | 8. d) | 15. a) |
|---|---|---|
| 2. a) | 9. a) | 16. a) |
| 3. d) | 10. b) | 17. d) |
| 4. c) | 11. c) | 18. c) |
| 5. c) | 12. c) | 19. b) |
| 6. d) | 13. d) | |
| 7. d) | 14. b) | |

Zu 2.: Da es sich um eine sogenannte Reihenschaltung der Widerstände handelt, muss hier die Summe der Widerstandswerte genommen werden, also R1 + R2 = 20 Ohm + 80 Ohm = 100 Ohm. Deshalb ist Antwort a) richtig.

Zu 3.: U = R × I. Da der Strom I gesucht ist, muss die Formel nach I umgestellt werden: I = U ÷ R. Somit erhalten wir I = 10 V ÷ 100 Ohm = 0,1 A. Antwort d) ist richtig.

Zu 9.: Auch hier können wir zur besseren Erklärung wieder die Formel U = R × I zur Hilfe nehmen und nach I umstellen. Wir erhalten I = U ÷ R. Wenn nun der Gesamtwiderstand R erhöht wird, so verringert sich der Strom. Deshalb ist Antwort a) richtig.

Zu 10.: b) ist richtig, der Gesamtwiderstand verringert sich. Du kannst dir die Schaltung in diesem Fall wie ein Fluss vorstellen. Ein Widerstand stellt dabei eine Verengung des Flusslaufes dar.

## Österreichkarte

1. Die Hauptstadt des Bundeslandes Steiermark heißt ...
a) Graz.
b) Bregenz.
c) Klagenfurt.
d) Wien.

2. Zu welchem großen Reich gehörte Österreich ab dem Jahre Null fast 500 Jahre lang?
a) zum Römischen Reich
b) zum Ägyptischen Reich
c) zum Chinesischen Reich
d) zum Persischen Reich

3. Welche Stadt war bereits zweimal Austragungsort der olympischen Winterspiele?
a) Wien
b) Salzburg
c) Graz
d) Innsbruck

4. Wie viel Prozent der Österreicher/innen sind Protestanten?
a) zirka 5%
b) zirka 10%
c) zirka 25%
d) zirka 50%

5. Der Kahlenberg liegt im Norden von ...?
a) Linz
b) Salzburg
c) Wien
d) Graz

6. Welches der folgenden Länder grenzt nicht an Österreich?
a) Ungarn
b) Polen
c) Slowenien
d) Tschechische Republik

7. Welches ist das westlichste Bundesland Österreichs?
a) Tirol
b) Vorarlberg
c) Kärnten
d) Niederösterreich

8. Wie viel Prozent der Oberfläche Österreichs werden von alpinem Hochgebirge gebildet?
a) 40%
b) 50%
c) 60%
d) 70%

9. Wie viele Länder grenzen an Österreich?
a) 4
b) 6
c) 8
d) 10

10. Wie heißt der österreichische See, den man wegen seiner geringen Tiefe durchlaufen kann?
a) Wolfgangsee

b) Neusiedler See
c) Mondsee
d) Fuschlsee

11. Welcher ist der höchste Berg Österreichs?
a) der Großvenediger
b) die Wildspitze
c) der Piz Buin
d) der Großglockner

12. Welches Gebirge bildet die Grenze zwischen Kärnten und Slowenien?
a) die Karawanken
b) die Tauern
c) das Dachstein-Massiv
d) das Tote Gebirge

13. Welche Landschaft an der Donau ist berühmt für ihren Wein und ihre Marillen?
a) das Weinviertel
b) das Zillertal
c) die Hainburger Au
d) die Wachau

14. Welche österreichische Landeshauptstadt hat als Wahrzeichen einen Drachen, den „Lindwurm"?
a) Salzburg
b) Klagenfurt
c) Innsbruck
d) Eisenstadt

15. Welches ist das flächenmäßig größte österreichische Bundesland?
a) Tirol
b) Steiermark
c) Niederösterreich
d) Oberösterreich

16. In welcher Klimazone befindet sich Österreich?
a) kalte Zone
b) gemäßigte Zone
c) subpolare Zone
d) Subtropen

17. Mit welchem Nachbarland verbindet Österreich den kürzesten Grenzverlauf?
a) Liechtenstein
b) Slowakei
c) Ungarn
d) Schweiz
e) Slowenien

18. Welches österreichische Bundesland grenzt nicht an Deutschland?
a) Tirol
b) Vorarlberg
c) Kärnten
d) Salzburg

19. In welchem Bundesland liegt der Neusiedler See?
a) Kärnten
b) Niederösterreich
c) Steiermark
d) Burgenland

20. Der Uhrturm ist das Wahrzeichen welcher österreichischen Landeshauptstadt?
a) Linz
b) Bregenz
c) Eisenstadt
d) Graz

21. Welcher Gebirgspass verbindet Österreich mit Slowenien?
a) Arlbergpass
b) Brennerpass
c) Loiblpass
d) Tauernpass

22. Welche Landeshauptstadt liegt am Wörthersee?
a) Innsbruck
b) Klagenfurt
c) Eisenstadt
d) Bregenz

23. An welchem Fluss liegt Stift Melk?
a) Inn
b) Drau
c) Donau
d) Mur

24. Über welchen Berg wurde die erste europäische Gebirgsbahn gebaut)
a) Semmering
b) Hochschwab
c) Dachstein
d) Koralpe

## Lösungen: Österreichkarte

| | | |
|---|---|---|
| 1. a) | 9. c) | 17. a) |
| 2. a) | 10. b) | 18. c) |
| 3. d) | 11. d) | 19. d) |
| 4. a) | 12. a) | 20. a) |
| 5. c) | 13. d) | 21. c) |
| 6. b) | 14. b) | 22. b) |
| 7. b) | 15. c) | 23. c) |
| 8. c) | 16. b) | |

## Geschichte

1. Zu den Siegermächten des Zweiten Weltkriegs gehörten Russland, USA, Großbritannien und ...
a) China.
b) Frankreich.
c) Niederlande.
d) Italien.
e) Spanien.

2. Wann fiel die Berliner Mauer?
a) 9./10. November 1989
b) 3. Oktober 1989
c) 3. Oktober 1990
d) 5. Oktober 1989

3. Die nördlichste Grenze zwischen BRD und DDR verlief in unmittelbarer Nähe von ...
a) Rügen.
b) Rostock.
c) Travemünde.
d) Kiel.

4. Welches Land gehörte NIEMALS zum Staatsgebiet der ehemaligen „Jugoslawischen Sozialistischen Föderativen Republik“?
a) Bulgarien
b) Montenegro
c) Kroatien
d) Serbien

5. Der Name „Europa“ leitet sich aus dem Altgriechischen ab und bedeutet so viel wie ...
a) die Frau mit der weiten Sicht.
b) der Wolf mit dem starken Willen.
c) der dunkelblaue Horizont.
d) der führende Stier.

6. Rom ist auch als die ... bekannt.
a) „Ewige Stadt“
b) „Weite Stadt“
c) „Goldene Stadt“
d) „Stadt der Wölfe“

7. Die Insel, auf welche Napoleon bis zu seinem Lebensende verbannt wurde, heißt ...
a) St. Helena.
b) St. Marie.
c) St. Martin.
d) St. Peter Ording.

8. Die Französische Revolution (1789–1799) stand unter dem Motto ...
a) Freiheit, Einheit, Brüderlichkeit.
b) Freiheit, Gleichheit, Brüderlichkeit.
c) Einheit, Gleichheit, Freiheit.
d) Einheit, Gleichheit, Brüderlichkeit.

9. Das heutige Judentum gibt es seit etwa dem ...
a) 5. Jahrhundert v. Chr.
b) 8. Jahrhundert v. Chr.
c) 20. Jahrhundert v. Chr.
d) 2. Jahrhundert n. Chr.

10. Der Islam ist eine Religion, welche seine Wurzeln hat im ...
a) 3. Jahrhundert n. Chr.
b) 7. Jahrhundert n. Chr..
c) 6. Jahrhundert v. Chr.
d) 10. Jahrhundert v. Chr.

11. Die Anfänge des römischen Reichs gehen geschichtlich zurück bis ins ...
a) 1. Jahrhundert v. Chr.
b) 7. Jahrhundert n. Chr.
c) 6. Jahrhundert n. Chr.
d) 8. Jahrhundert v. Chr.

12. Apollo 13 alarmierte die Bodenstation mit dem legendären Funkspruch: Houston, wir haben ...?
a) Husten.
b) Whitney entführt.
c) ein Problem.
d) Klingonen an Bord.

13. Wie hieß die Reform, die Gorbatschow in der ehemaligen Sowjetunion einleitete?
a) Dafainoika
b) Kolchose
c) Afganoika
d) Perestroika

14. In welchem Jahr wurde Berlin durch eine Mauer getrennt?
a) 1948
b) 1961
c) 1952
d) 1972

15. Wer war der erste Mensch im Weltraum?
a) Alan Shepard
b) Juri Gagarin
c) Neil Armstrong
d) Alexei Leonow

16. Die Antibabypille hieß in der DDR ...
a) Kinderlospille.
b) Babywegpille.
c) Kinderwegpille.
d) Kinderwunschpille.

17. Der Euro ist in Österreich am ...
a) 1. Januar 2011 als Bargeld eingeführt worden.
b) 1. Januar 1999 als Bargeld eingeführt worden.
c) 1. Februar 2001 bei Banken als Währungseinheit eingeführt worden.
d) 1. Januar 2002 als Bargeld eingeführt worden.

18. In welchem Jahr erfolgte der Beschluss über die immerwährende Neutralität beziehungsweise Bündnisfreiheit Österreichs?

a) 1918
b) 1949
c) 1955
d) 1965

19. Mit Hellenismus ist gemeint?
a) Epoche im antiken Griechenland
b) kultureller Einfluss des Islams
c) Sittlichkeit der katholischen Mönche
d) griechische Alphabetisierung

20. Wer waren die Hugenotten?
a) eine Sektenbewegung aus dem Mittelalter
b) Orden der Anhänger des Hugo von Cluny
c) ein Volksstamm im Süden Afrikas
d) Anhänger des Calvinismus in Frankreich

21. Wo fanden die Punischen Kriege statt?
a) in Asien
b) in Amerika
c) in Afrika
d) im Mittelmeerraum

22. Welcher amerikanische Präsident appellierte 1987 für die Öffnung des Brandenburger Tores?
a) Ronald Reagan
b) John F. Kennedy
c) Bill Clinton
d) George Bush

23. Womit beschäftigte sich die Gauck-Behörde?
a) mit ethischen Fragen
b) mit Stasi-Unterlagen
c) mit Unterlagen aus der Nazi-Zeit
d) mit der Wiedervereinigung

24. Der deutsche Reichskanzler Otto von Bismarck war unter anderem bekannt für ...
a) seine Kriege gegen Napoleon.
b) die Einführung des Sozialversicherungssystems.
c) den schnellen Einmarsch in Polen.
d) die Gründung der Weimarer Republik.

25. Wie hieß der erste römische Kaiser?
a) Nero
b) Caligula
c) Augustus
d) Caesar

26. Aus welchem Adelsgeschlecht stammte Friedrich I., genannt Barbarossa?
a) Hohenzollern
b) Habsburger
c) Staufer
d) Wittelsbach

27. Welcher antike Feldherr überschritt mit einem Heer und Kriegselefanten die Alpen in Richtung Rom?
a) Julius Cäsar
b) Attila
c) Alexander der Große
d) Hannibal

28. Wie hieß der Mongolenherrscher, der im 13. Jahrhundert ein Weltreich eroberte?
a) Dschingis Kahn
b) Güyük Khan
c) Timur Khan
d) Batu Khan

29. Welchen US-Präsidenten stürzte die Watergate-Affäre?
a) John F. Kennedy
b) Ronald Reagan
c) Richard Nixon
d) Bill Clinton

30. In welcher Stadt fand das Attentat auf den österreichisch-ungarischen Thronfolger statt, das den Ersten Weltkrieg auslöste?
a) Zagreb
b) Sarajevo
c) Belgrad
d) Budapest

31. In welchem Jahr entdeckte der Seefahrer Christoph Kolumbus Amerika?
a) 1412
b) 1492
c) 1592
d) 1601

32. Welche Kriegsparteien waren am Dreißigjährigen Krieg beteiligt?
a) Wittenberger und Römer
b) Österreicher und Franzosen
c) Katholische Liga und Protestantische Union
d) Katholische Union und Protestantische Liga

33. In welchem Zeitraum fand die Renaissance statt?
a) 1150–1500
b) 1420–1600
c) 1600–1730
d) 1750–1840

34. In welchem Jahr begann die Neuzeit?
a) 1500 n. Chr.
b) im Jahr 0
c) 2000
d) 1900

35. Wie hieß eine berühmte österreichische Herrscherin?
a) Maria Josefina
b) Maria Katharina
c) Maria Magdalena
d) Maria Theresia

36. Wo wurde der österreichische Staatsvertrag unterzeichnet?

a) Schloss Schönbrunn
b) Schloss Belvedere
c) Schloss Neuschwanstein
d) Hofburg

37. Der Adler im österreichischen Wappen hält was in seinen Fängen?
a) Hammer und Sichel
b) Hammer und Schwert
c) Hammer und Messer
d) Sichel und Schwert

38. In welchem Jahr trat Österreich der EU bei?
a) 1966
b) 1987
c) 1995
d) 2003

## Lösungen: Geschichte

| | | |
|---|---|---|
| 1. b) | 15. b) | 29. c) |
| 2. a) | 16. d) | 30. b) |
| 3. c) | 17. d) | 31. b) |
| 4. a) | 18. c) | 32. c) |
| 5. a) | 19. a) | 33. b) |
| 6. a) | 20. d) | 34. a) |
| 7. a) | 21. d) | 35. d) |
| 8. b) | 22. a) | 36. b) |
| 9. a) | 23. b) | 37. a) |
| 10. b) | 24. b) | 38. c) |
| 11. d) | 25. c) | |
| 12. c) | 26. c) | |
| 13. d) | 27. d) | |
| 14. b) | 28. a) | |

## Physik

1. Was bedeutet der Energieerhaltungssatz?
a) Die Gesamtenergie eines abgeschlossenen Systems ändert sich nicht.
b) Energie bleibt nur eine gewisse Zeit erhalten.
c) Energie kann nur durch Arbeit erzeugt werden.
d) Die Gesamtenergie eines Systems verändert sich permanent.
e) Keine der genannten Antworten ist richtig.

2. Woraus bestehen die meisten Atome?
a) Neutronen und Megatronen
b) Protonen und Photonen
c) Elektronen, Neutronen und Protonen
d) Elektronen, Photonen und Neutronen

3. Mit welcher Formel wird die Höhenenergie beschrieben?
a) $E = m \times v$
b) $E = m \times c$
c) $E = m \times g \times h$
d) Keine der Antworten ist richtig.

4. Wofür steht die Formel $F = m \times a$?
a) m steht für Masse, a steht für die Beschleunigung. Das Gesetz stellt die Kraft in Abhängigkeit zu Masse und Beschleunigung dar, wenn die Masse gleich und die Beschleunigung konstant bleibt.
b) m steht für Masse, a steht für Ampere. Das Gesetz stellt die Kraft in Abhängigkeit zu Masse und Strom dar, wenn die Masse gleich und der Strom konstant bleibt.
c) Das Gesetz gibt die potenzielle Energie an und setzt die Höhe einer Masse in Abhängigkeit zur Energie.
d) Keine der Antworten ist richtig.

5. Was bedeutet Leistung aus physikalischer Sicht?
a) Die Leistung wird über die Geschwindigkeit und die Zeit berechnet.
b) Die Leistung ist eine physikalische Größe, die den Strom in einer bestimmten Zeit auf den Widerstand in einer Schaltung bezieht.
c) Die Leistung ist eine physikalische Größe, welche den Aufwand von Arbeit beschreibt.

d) Die Leistung ist eine physikalische Größe, welche in einer bestimmten Zeitspanne die eingesetzte Energie auf diese Zeitspanne bezieht.

6. Die Beschleunigung eines Autos beträgt 5 $m/s^2$. Das Auto beschleunigt aus dem Stand über eine Dauer von 10 Sekunden. Wie schnell fährt das Auto nach den 10 Sekunden?
a) 5 m/s
b) 25 m/s
c) 50 m/s
d) 100 m/s

7. Wie heißt die Einheit von Arbeit?
a) Joule
b) Newton
c) Leistung
d) Photon

8. Bitte nenne drei verschiedene Arten von Energie.
a) Bewegungsenergie, Leergutenergie, Lageenergie
b) Bewegungsenergie, chemische Energie, Höhenenergie
c) Betreuungsenergie, potenzielle Energie, Höhenenergie
d) Lageenergie, potenzielle Energie, elektrische Energie

9. Das dritte newtonsche Gesetz beschreibt das Wechselwirkungsprinzip. Wie wird dieses Prinzip häufig umschrieben?
a) actio gleich reactio
b) actio nicht reactio
c) actio non reactio
d) solo gleich actio

10. Wie hoch ist die Fallbeschleunigung auf der Erde?
a) zirka 57 $m/s^2$
b) zirka. 2 $m/s^2$
c) zirka 9,81 $m/s^2$
d) Keine der Antworten ist richtig.

11. Womit beschäftigt sich das Archimedische Prinzip?
a) mit Reibung
b) mit Rotation
c) mit Auftrieb
d) mit Hebeln

12. Wie schnell breitet sich Schall im Vakuum aus?
a) überhaupt nicht
b) zirka 300 m/s
c) zirka 1.200 m/s
d) zirka 12 km/s

13. Was versteht man unter Kondensation?
a) Eindicken einer dünnflüssigen Flüssigkeit
b) Gefrieren von Ölen
c) Übergang eines Stoffes vom gasförmigen in den flüssigen Aggregatzustand

d) Senkung oder Erhöhung von elektrischer Spannung

14. Welches Material leitet Wärme am besten?
a) Kunststoff
b) Glas
c) Metall
d) Holz

15. Für welche moderne Erfindung ist der Bernoulli-Effekt von Nutzen?
a) Mikrowelle
b) Flugzeug
c) Atomuhr
d) Computer

16. Was versteht man unter einem Ion?
a) elektrisch geladenes Atom oder Molekül
b) physikalische Maßeinheit für Elektrizität
c) Messgröße für Volumina
d) chemisches Element

17. Was entdeckte Galileo Galilei?
a) das geozentrische Weltbild
b) die Hebelgesetze
c) das heliozentrische Weltbild
d) das Fernrohr

18. Welches Bauteil ist nicht durchlässig für Gleichstrom?
a) Transistor
b) Kondensator
c) Spule
d) Widerstand

19. Welches Metall ist nicht ferromagnetisch?
a) Kupfer
b) Nickel
c) Eisen
d) Kobalt

20. Wie heiß wird der Draht in der Glühlampe?
a) 100 Grad Celsius
b) 500 Grad Celsius
c) 1.000 Grad Celsius
d) über 2.000 Grad Celsius

21. Was versteht man unter der Brinellhärte?
a) Maß der Härte eines Werkstoffes
b) Maß für die Dichte von Schmucksteinen
c) Maß für die Lichtbrechung
d) Maß für den Abrieb von Reifen

22. Wie heißt die Maßeinheit für die Angabe von Radioaktivität?
a) Ohm
b) Sievert
c) Becquerel
d) Ampere

23. Was enthält ein Transistor?
a) ein Mikroprozessor
b) eine Antenne
c) ein Eisenkern
d) ein Halbleiter

24. Welches Tier steht in einem Gedankenexperiment des Physikers Erwin Schrödinger im Mittelpunkt?
a) ein Affe
b) ein Hund
c) eine Katze
d) eine Maus

25. Was versteht man unter einem Episkop?
a) Messgerät für Erdbeben
b) medizinisches Abhörgerät
c) optisches Gerät zur Projektion von Bildern
d) Gerät zur Untersuchung von Schallwellen

26. Von welchen Einheiten werden alle anderen physikalischen Einheiten abgeleitet?
a) Basiseinheiten
b) Standardeinheiten
c) Normeinheiten
d) Systemeinheiten

## Lösungen: Physik

| | | |
|---|---|---|
| 1. a) | 10. c) | 19. a) |
| 2. c) | 11. c) | 20. d) |
| 3. c) | 12. a) | 21. a) |
| 4. a) | 13. c) | 22. c) |
| 5. d) | 14. c) | 23. d) |
| 6. c) | 15. b) | 24. c) |
| 7. a) | 16. a) | 25. c) |
| 8. b) | 17. c) | 26. a) |
| 9. a) | 18. b) | |

Zu 1.: Der Energieerhaltungssatz lautet: „In einem abgeschlossenen System ist die Summe aller Energien konstant. Die Gesamtenergie bleibt erhalten.“. Daher ist Antwort a) richtig.

Zu 2.: c) Unterteilt wird ein Atom in den Atomkern, welcher aus neutral geladenen Neutronen und positiv geladenen Protonen besteht, und in die Atomhülle, in der sich negativ geladene Elektronen auf Kreisbahnen um den Kern bewegen.

Zu 3.: c) ist korrekt. Antwort a) weist auf die kinetische Energie hin, die mit $E = \frac{1}{2} \times m \times v^2$ berechnet wird. Antwort b) gehört zu Albert Einsteins berühmtem Zusammenhang zwischen Masse und Energie: $E = m \times c^2$. Daher kann für die potenzielle Energie nur Antwort c) korrekt sein.

Zu 4.: a) Gefragt ist nach dem 2. newtonschen Gesetz, dem sogenannten Aktionsprinzip: „Wirkt auf einen Körper eine Kraft, so wird er in die Richtung der Kraft beschleunigt. Die Beschleunigung ist der Kraft direkt, der Masse des Körpers umgekehrt proportional.”

Zu 5.: d) Die Leistung P wird definiert durch den Quotienten aus aufgewendeter Energie $\Delta E$ oder verrichteter Arbeit $\Delta W$ und der dazu benötigten Zeit $\Delta t$: $P = \Delta E\ \Delta t = \Delta W\ \Delta t$. Gemessen wird die Leistung in Watt.

Zu 6.: c) Die Beschleunigung ergibt sich auf dem Quotienten einer Geschwindigkeit über die benötigte Zeit: $a = v\ t$. Eingesetzt und nach der Zeit aufgelöst ergibt sich eine Geschwindigkeit von:
$v = a \times t = 5\ m/s^2 \times 10\ s = 50\ m/s$.

Zu 8.: b) Die drei richtigen Antworten sind definiert durch:

- Bewegungsenergie: $E = \frac{1}{2}\ m \times v^2$
- Chemische Energie beschreibt die freiwerdende Energie bei Bildung chemischer Bindungen.
- Höhenenergie: $E = m \times g \times h$

Zu 9.: a) Das 3. newtonsche Gesetz besagt: „Besteht zwischen zwei Körpern A und B eine Kraftwirkung, so ist die Kraft welche von A auf B ausgeübt wird, der Kraft, die B auf A ausübt, entgegengesetzt gleich.“ Umschrieben wird dieses Prinzip deshalb mit actio gleich reactio.

Zu 10.: c) Die Erdbeschleunigung ist definiert durch die Variable g und beträgt zirka $9{,}81\ m/s^2$.

## Chemie und Biologie

1. Wie nennt man einen chemischen Vorgang, bei dem man Stoffe zerlegt?
a) Oxidation
b) Reduktion
c) Synthese
d) Analyse

2. Aus wie vielen Knochen besteht das menschliche Skelett?
a) zirka 102
b) zirka 212
c) zirka 252
d) zirka 300

3. Die organische Chemie beschäftigt sich mit ...?
a) Wasser.
b) Kohlenstoffverbindungen.
c) Mineralien.
d) Metallen.

4. Was versteht man unter einem Ökosystem?
a) ein Lebensraum zwischen Menschen, Tieren und Pflanzen
b) die gesamte Tierwelt eines bestimmten Lebensraums
c) Lebensraum einer bestimmten Lebensgemeinschaft von Pflanzen
d) eine Lebensgemeinschaft der Flora und Fauna

5. Ein Schlaganfall ist ...?
a) eine Gehirnblutung.
b) eine Arterienverkalkung der Gefäßwand.
c) eine Störung der Hirnblutversorgung.
d) ein Aussetzen der Herzfunktion.

6. Wo wird das körpereigene Hormon Insulin produziert?
a) in der Bauchspeicheldrüse
b) in der Leber
c) in den Nieren
d) im Gehirn

7. Welches ist das größte menschliche Organ?
a) Darm
b) Haut
c) Gehirn
d) Leber

8. Was passiert bei einer Photosynthese?
a) Nahrungsaufnahme
b) Atmung
c) Stoffumwandlung
d) Zellenspaltung

9. Warum reagieren Stoffe miteinander?
a) um einen stabilen Zustand zu erhalten
b) um die Reaktionszeit zu verlängern
c) um energiereich zu werden
d) um sich gegenseitig abzustoßen

10. Was ist das Endprodukt einer Neutralisation in der Chemie?
a) Pulverisierung
b) Ionenbindung unter Wasser
c) Natriumchlorid und andere Elemente
d) Molekülverbindung und Ionenbindung

11. Wie viel Chromosomen hat die menschliche Zelle?
a) 24
b) 46
c) 64
d) 106

12. Welche Tiere haben Facettenaugen?
a) Insekten
b) Würmer
c) Maulwürfe
d) Schnecken

**Lösungen: Chemie und Biologie**

| 1. d) | 5. c) | 9. a) |
|---|---|---|
| 2. b) | 6. a) | 10. b) |
| 3. b) | 7. b) | 11. b) |
| 4. d) | 8. c) | 12. a) |

# Logik

Bewerber reden sich häufig ein, sie seien nicht gut im logischen Denken oder hätten große Defizite im Bereich Mathematik. Die Wahrheit ist aber, dass mit einer guten Vorbereitung niemand Angst vor Tests aus dem Bereich „Logisches Denken" haben muss.

Im Einstellungstest solltest du nicht versuchen, krampfhaft alle Aufgaben nacheinander abzuarbeiten und richtig zu beantworten. Oft gibt es mehr Fragen in den Tests als zeitlich zu bewältigen sind. Dadurch soll geprüft werden, wie Bewerber unter Stresssituationen arbeiten. Lass dich nicht aus der Ruhe bringen und bearbeite zunächst die Aufgaben, die du schnell und sicher lösen kannst und überspringe Fragen, bei denen du nicht weiterkommst.

Du wirst sehen, dass du bereits nach wenigen Übungen aus diesem Buch routinierter wirst und Aufgaben schneller und besser lösen kannst. Ziel dieses Kapitels soll es sein, dass du anschließend mit erhöhtem Selbstbewusstsein und mehr Routine in den logischen Teil des Einstellungstests gehen kannst.

Unter der Rubrik „Logik" sind Übungen zusammengefasst, die das abstrakte beziehungsweise schlüssige Denken abfragen. Es geht bei diesen Aufgaben meist darum, eine bestimmte Reihenfolge logisch fortzusetzen oder die richtigen Schlüsse zu ziehen.

## Zahlenreihen

Setze die Zahlenreihen logisch fort. Überlege dabei genau, welche Regel sich hinter den Zahlen verbergen könnte.

**Beispiel**
Das folgende Beispiel soll dir dabei helfen, den Aufgabentyp „Zahlenreihen" besser zu verstehen und die Aufgaben effizient lösen zu können:

Gegeben: 0, 4, 2, 6, 4, 8, ?
Bei dieser Zahlenreihe wurde als Erstes die Zahl 4 addiert: 0 + 4 = 4
Im nächsten Schritt wurde von 4 die Zahl 2 subtrahiert: 4 – 2 = 2
Anschließend wurde wieder die Zahl 4 addiert: 2 + 4 = 6

Wahrscheinlich erkennst du jetzt schon ein Muster. Es wird immer abwechselnd erst 4 addiert und anschließend die Zahl 2 abgezogen. Wenn du diese Regel für die gesamte Zahlenreihe fortführst, kommst du am Ende auf die Zahl 6 als gesuchte Zahl.

Beachte, dass bei Zahlenreihen neben der Addition und Subtraktion auch weitere Rechenoperationen wie Multiplikation oder Division möglich sind. Bei etwas komplexeren Aufgaben können beispielsweise auch Primzahlen eine Rolle spielen. Primzahlen sind Zahlen, die nur durch sich selbst und 1 teilbar sind und größer als 1 sind.

Primzahlen: 2, 3, 5, 7, 11, 13 usw.

Eine etwas komplexere Zahlenreihe könnte beispielsweise folgendermaßen aussehen: 1, 3, 5, 8, 10, 15, 17, 24, 26, ?

Die Zahlenreihe startet mit 1. Um herauszufinden, was die fehlende Zahl ist, schauen wir uns zunächst die Differenz zwischen den gegebenen Zahlen an und versuchen, Muster zu erkennen:

Differenz zwischen 1 und 3 → 2*
Differenz zwischen 3 und 5 → 2
Differenz zwischen 5 und 8 → 3*
Differenz zwischen 8 und 10 → 2
Differenz zwischen 10 und 15 → 5*
Differenz zwischen 15 und 17 → 2

Differenz zwischen 17 und 24 → 7*
Differenz zwischen 24 und 26 → 2

Die Lösung für die gesuchte Zahl ist in diesem Fall 37. Es wird abwechselnd eine Primzahl (siehe mit Stern markierte Differenz) und dann wieder die Zahl 2 addiert.

Dieses Beispiel mag dir im ersten Moment sehr schwierig erscheinen, du wirst aber bereits nach wenigen Zahlenreihen in deiner Lösungsfindung immer schneller werden.

**Tipp:** Mehr als 200 weitere Aufgaben zu Zahlenreihen findest du in unserer kostenlosen Testtrainer App. Eine Anleitung, wie du die App herunterladen und aktivieren kannst, steht auf Seite 23.

1. Aufgabe
0, 5, 3, 8, 6, ?
a) 9
b) 7
c) 11
d) 8

2. Aufgabe
96, 87, 79, 72, ?
a) 66
b) 67
c) 65
d) 61

3. Aufgabe
13, –21, 34, –55, 89, ?
a) 144
b) –144
c) 123
d) –123

4. Aufgabe
0, 9, 1, 8, 2, 7, 3, ?
a) 5
b) 6
c) 4
d) 10

5. Aufgabe
500, 50, 40, 400, 40, 30, ?
a) 20
b) 200
c) 300
d) 450

6. Aufgabe
35, 42, 49, 56, ?
a) 61
b) 63
c) 70
d) 77

7. Aufgabe
1, 4, 7, 10, 13, ?
a) 15
b) 16
c) 17
d) 18

8. Aufgabe
2, 1, 3, 0, 4, –1, ?
a) 4
b) 5
c) 6
d) 3

9. Aufgabe
11, 22, 15, 30, 23, 46, ?
a) 69
b) 54
c) 57
d) 39

10. Aufgabe
5, 8, 11, 14, ?
a) 16
b) 17
c) 18
d) 19

11. Aufgabe
16, 32, 64, 128, ?
a) 192
b) 196
c) 256
d) 512

12. Aufgabe
2, 1, 3, 9, 8, 10, 30, ?
a) 32
b) 29
c) 15
d) 90

13. Aufgabe
625, 125, 25, ?
a) 5
b) 15
c) 50
d) 75

14. Aufgabe
–3, 4, -5, 2, –7, 0, ?
a) 8
b) -8
c) 9
d) -9

15. Aufgabe
1, 2, 6, 30, 210, ?
a) 1.890
b) 2.310
c) 1.230
d) 3.210

16. Aufgabe
3, 2, 4, 1, 4, –1, ?
a) –2
b) –6
c) 2
d) 6

17. Aufgabe

| 1 | 7 | 15 | 90 | 630 | 622 | 3.732 |
|---|---|---|---|---|---|---|

a) 26.487 26.143
b) 26.068 26.060
c) 26.124 26.132
d) 27.456 27.423
e) Keine Antwort ist richtig.

18. Aufgabe

| 2 | 7 | 27 | 34 | 61 | 285 | 346 |
|---|---|---|---|---|---|---|

a) 631 2.931
b) 688 1.356
c) 799 2.867
d) 799 3.476
e) Keine Antwort ist richtig.

19. Aufgabe

| 28 | 34 | 49 | 70 | 106 | 163 | 256 |
|---|---|---|---|---|---|---|

a) 365 456
b) 398 465
c) 401 649
d) 406 649
e) Keine Antwort ist richtig.

20. Aufgabe

| 135 | 108 | 207 | 45 | 36 | 69 | 15 |
|---|---|---|---|---|---|---|

a) 13 18
b) 13 19
c) 12 20
d) 12 23
e) Keine Antwort ist richtig.

21. Aufgabe

| 24 | 56 | 284 | 36 | 84 | 426 | 54 |
|---|---|---|---|---|---|---|

a) 126 639
b) 144 686
c) 198 696
d) 213 696
e) Keine Antwort ist richtig.

22. Aufgabe

| 8 | 109 | 117 | 234 | 468 | 936 | 187 |
|---|---|---|---|---|---|---|

a) 476 736
b) 56 7
c) 497 809
d) 77 13
e) Keine Antwort ist richtig.

23. Aufgabe

| 33 | 46 | 62 | 81 | 103 | 128 | 156 |
|---|---|---|---|---|---|---|

a) 187 221
b) 183 249
c) 189 256
d) 206 387
e) Keine Antwort ist richtig.

24. Aufgabe

| 6 | 30 | 15 | 42 | 210 | 105 | 132 |
|---|---|---|---|---|---|---|

a) 554 594
b) 660 330
c) 678 694
d) 734 783
e) Keine Antwort ist richtig.

**Lösungen: Zahlenreihen**

| | | |
|---|---|---|
| 1. c) | 10. b) | 19. d) |
| 2. a) | 11. c) | 20. d) |
| 3. b) | 12. b) | 21. a) |
| 4. b) | 13. a) | 22. e) |
| 5. c) | 14. d) | 23. a) |
| 6. b) | 15. b) | 24. b) |
| 7. b) | 16. b) | |
| 8. b) | 17. e) | |
| 9. d) | 18. a) | |

Zu 1.: c) Die Zahlenreihe folgt dem Muster: + 5, – 2.

Zu 2.: a) Um auf den Wert 66 zu kommen wird von 96 zuerst 9, von diesem Ergebnis 8, anschließend 7 und schlussendlich 6 subtrahiert.

Zu 3.: b) Die Differenz aus den ersten beiden Zahlen wird berechnet, hier 34. So wird von der Zahl 13 die Zahl 34 subtrahiert, um den Folgewert –21 zu erlangen. Wird die Reihe weiter betrachtet, so steht die 34 als folgende Zahl. Damit ist die Lösung jeweils die Differenz zweier aufeinanderfolgender Werte; zu beachten ist, dass die Differenz nach einer positiven Zahl subtrahiert und nach einer negativen Zahl addiert wird.

Zu 4.: b) Das Muster ist: + 9 , – 8, + 7, – 6, + 5, – 4, + 3

Zu 5.: c) Hier lässt sich ein periodisches Muster feststellen: ÷ 10, – 10, × 10

Zu 6.: b) Die Lösung 63 ergibt sich durch wiederholtes Addieren der Zahl 7.

Zu 7.: b) ähnlich wie Aufgabe 6, jedoch durch Addition der Zahl 3

Zu 8.: b) Das Muster ist: – 1, + 2, – 3, + 4, – 5, + 6

Zu 9.: d) Die Zahlenreihe folgt dem Muster: × 2, – 7

Zu 10.: b) siehe Lösung Aufgabe 7

Zu 11.: c) Das Ergebnis 256 erlangt man durch Verdoppelung der Werte.

Zu 12.: b) Das periodische Vorgehen ist definiert durch: – 1, + 2, × 3

Zu 13.: a) Bei jedem Schritt wird durch 5 geteilt.

Zu 14.: d) Die Zahlenreihe folgt dem Muster: + 7, – 9

Zu 15.: b) Die Lösung ist, die ersten fünf Primzahlen jeweils mit dem Ergebnis zuvor zu multiplizieren. So ist 30 × 7 = 210 und 210 × 11 = 2.310.

Zu 16.: b) Hier wird eine Abfolge von Subtraktion und Multiplikation durchgeführt, wobei von der Zahl 1 hochgezählt wird: – 1, × 2, – 3, × 4, – 5, × 6

Zu 17.: e) × 7, + 8, × 6, × 7, – 8, × 6

Zu 18.: a) (Zahl 1 + Zahl 2) × 3 = Zahl 3, Zahl 2 + Zahl 3 = Zahl 4, (Zahl 4 + Zahl 5) × 3 = Zahl 6 usw., jede dritte Zahl × 3

Zu 19.: d) Rechenschritt 1 + Rechenschritt 2 = Rechenschritt 3, R 2 + R 3= R 4

Zu 20.: d) Zahl 1 ÷ 3= Zahl 4, Zahl 2 ÷ 3= Zahl 5 usw.

Zu 21.: a) Zahl 1 x 1,5 = Zahl 4, Zahl 2 x 1,5 = Zahl 5 usw.

Zu 22.: e) addieren aller vorherigen Zahlen

Zu 23.: a) Steigerung in der Additionszeile um 13 + 3 x (Stelle der Zahl – 1)

Zu 24.: b) × 5, ÷ 2, + 27

## Figuren und Matrizen

Figurenreihen und Matrizen sind ein beliebtes Mittel, um die logische Denkfähigkeit zu testen. Dabei müssen Figurenreihen entweder ergänzt oder Fehler in der Reihe aufgedeckt werden. Dabei ist zu beachten, wie die Form der Figuren aufgebaut ist, welche Positionen diese haben und welche Farben verwendet wurden.

1. Welche Figur passt nicht in die Reihe?

**1**

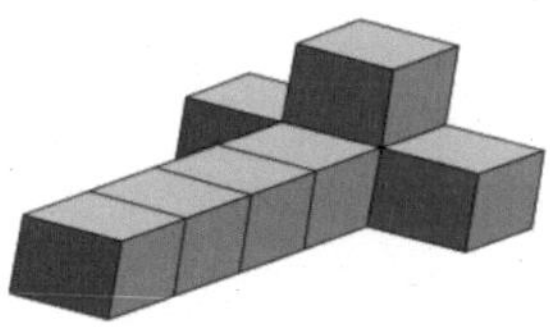

**2**

**3**

**4**

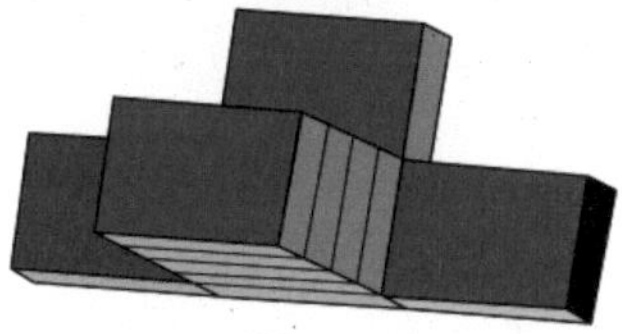

2. Welche Figur passt nicht in die Reihe?

**1**

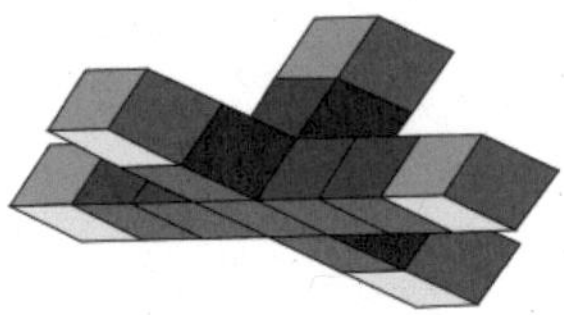

**2**

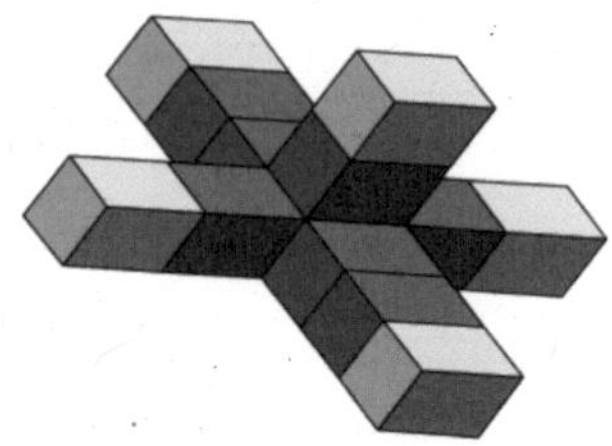

**3**

**4**

3. Welche Figur passt nicht in die Reihe?

**1**

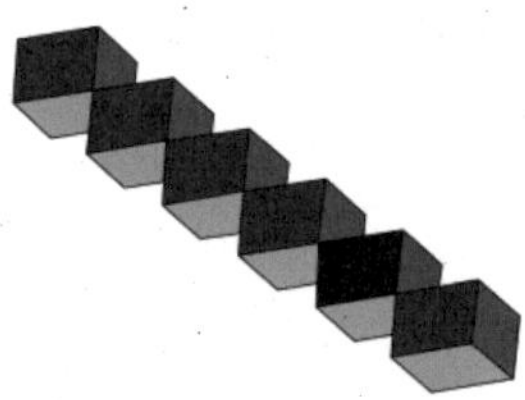

**2**

**3**

**4**

4. Welche Figur passt nicht in die Reihe?

**1**

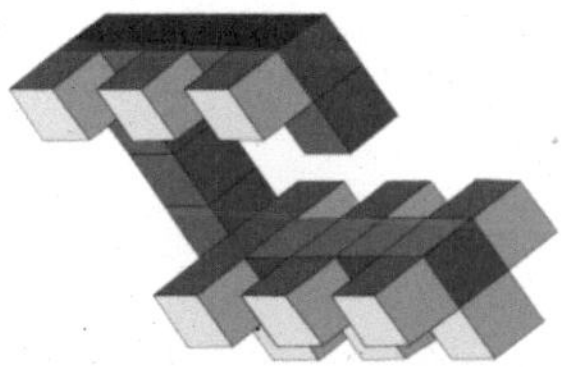

**2**

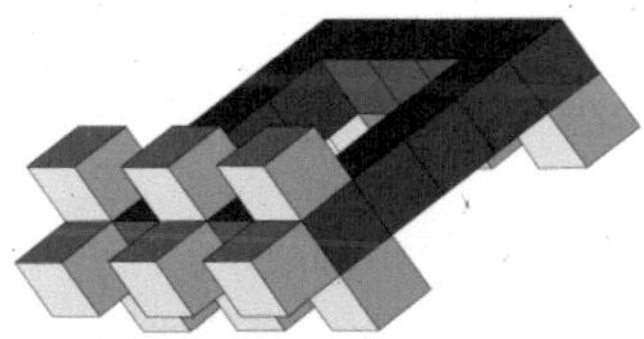

**3**

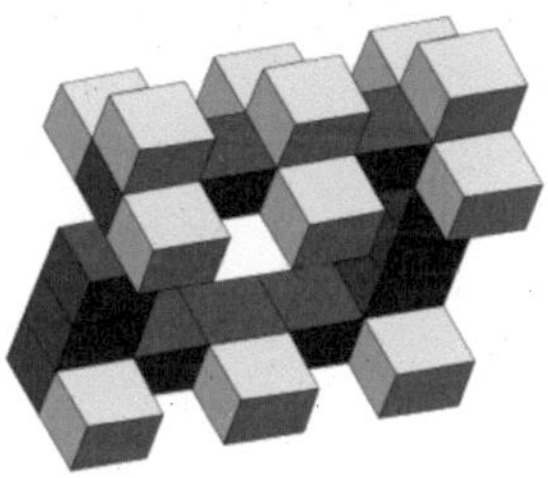

**4**

5. Welche Figur passt nicht in die Reihe?

**1**

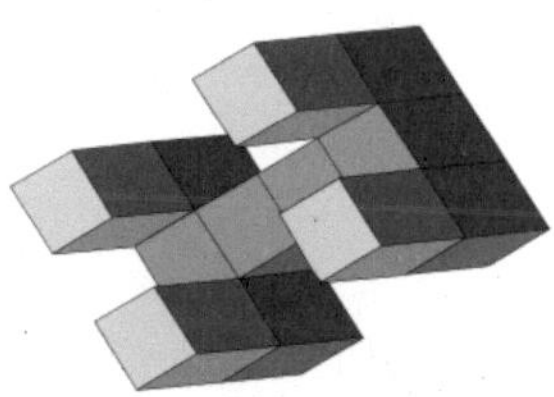

**2**

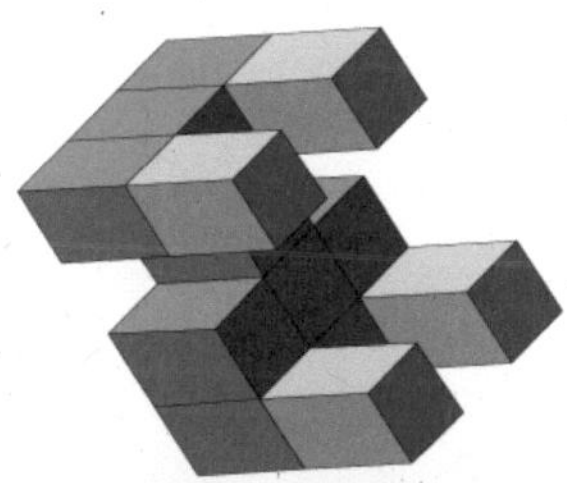

**3**

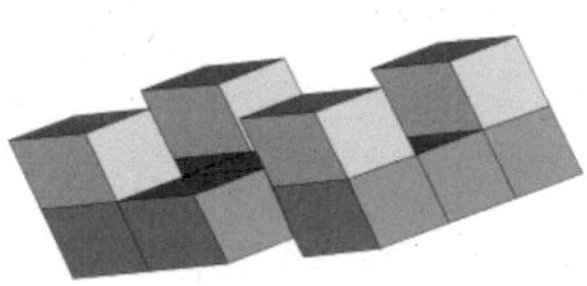

**4**

6. Welcher Ausschnitt passt in das leere Feld?

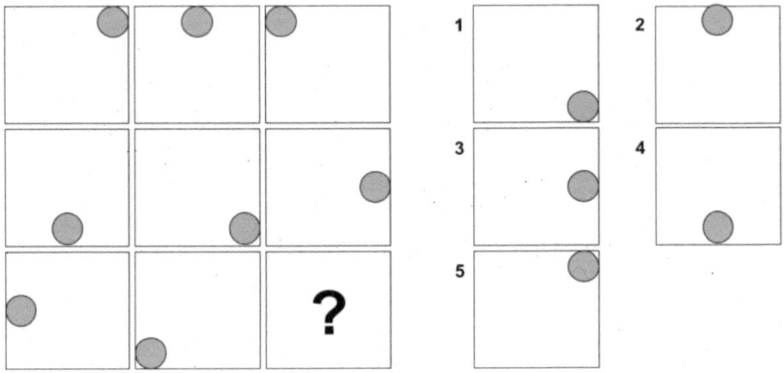

7. Welcher Ausschnitt passt in das leere Feld?

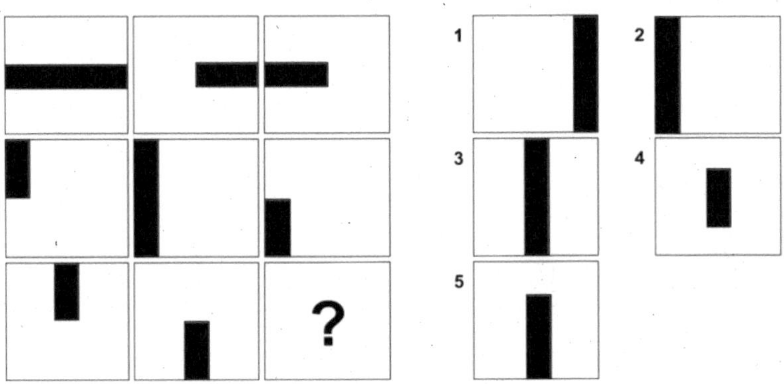

8. Welcher Ausschnitt passt in das leere Feld?

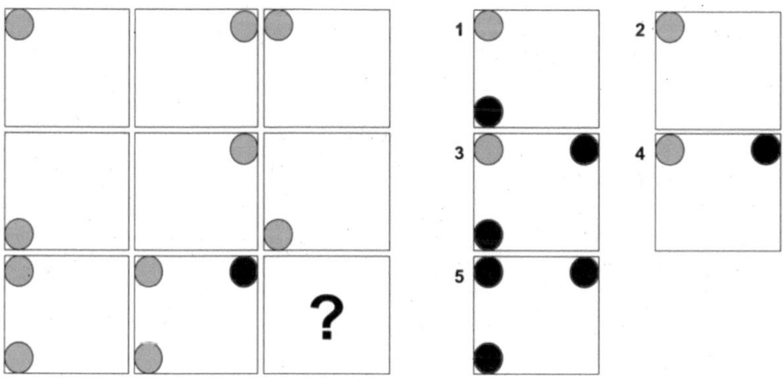


9. Welcher Ausschnitt passt in das leere Feld?

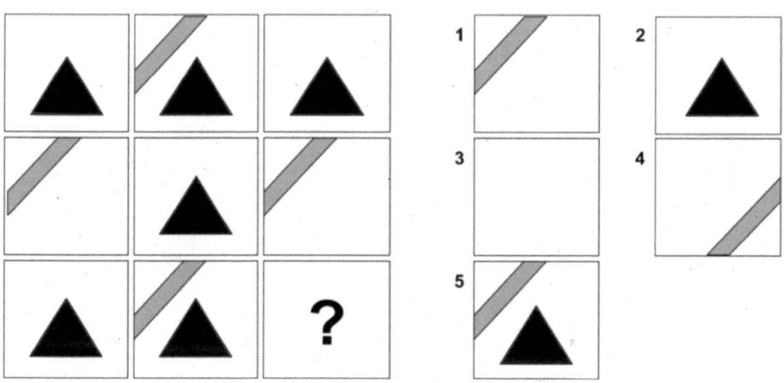

10. Welcher Ausschnitt passt in das leere Feld?

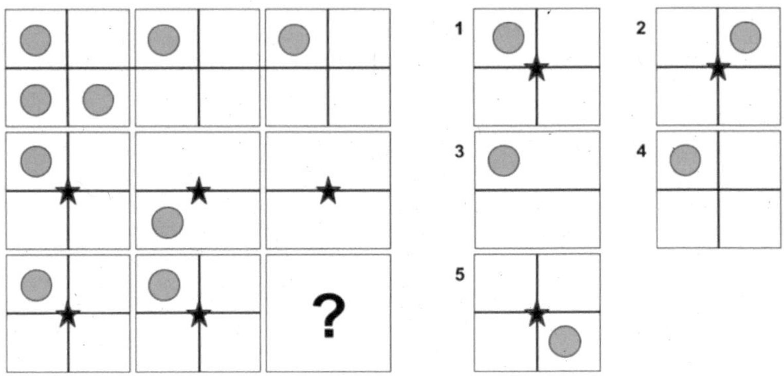


11. Welcher Ausschnitt passt in das leere Feld?

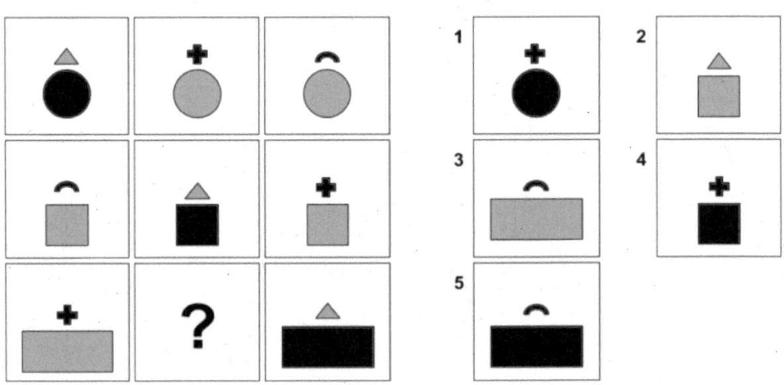

12. Welcher Ausschnitt passt in das leere Feld?

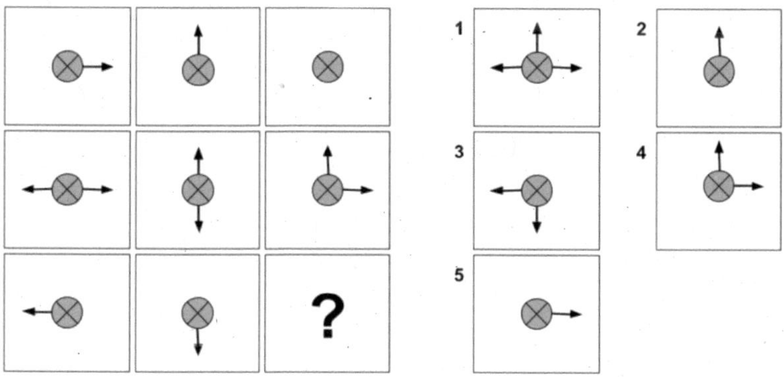


13. Welcher Ausschnitt passt in das leere Feld?

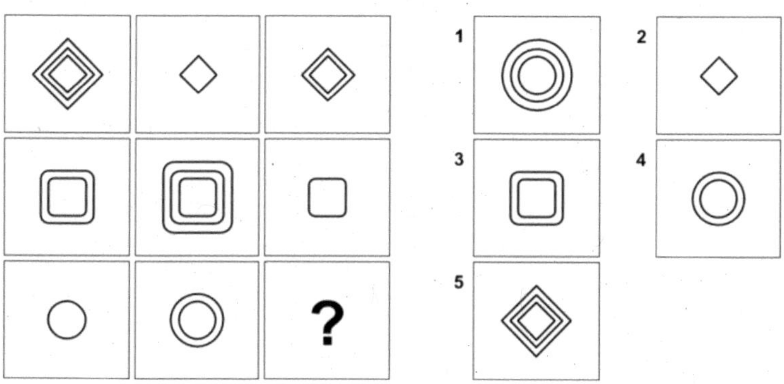

14. Welcher Ausschnitt passt in das leere Feld?

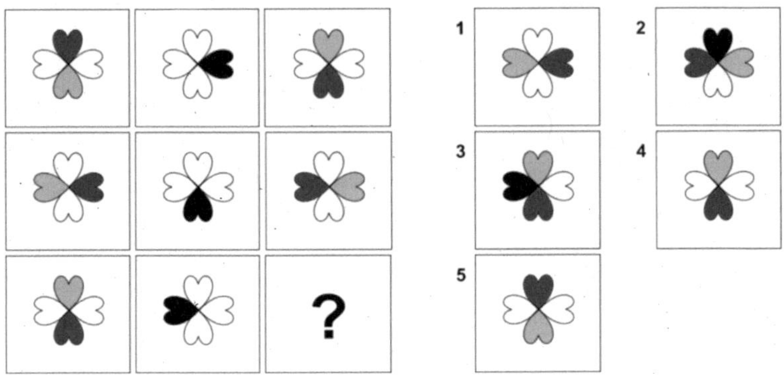


15. Welcher Ausschnitt passt in das leere Feld?

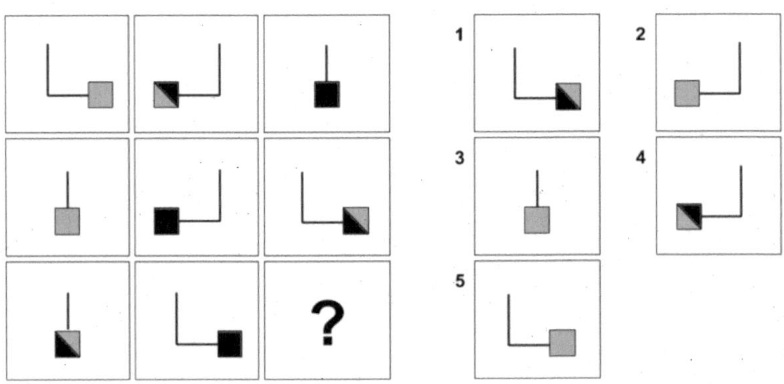

16. Welcher Ausschnitt passt in das leere Feld?

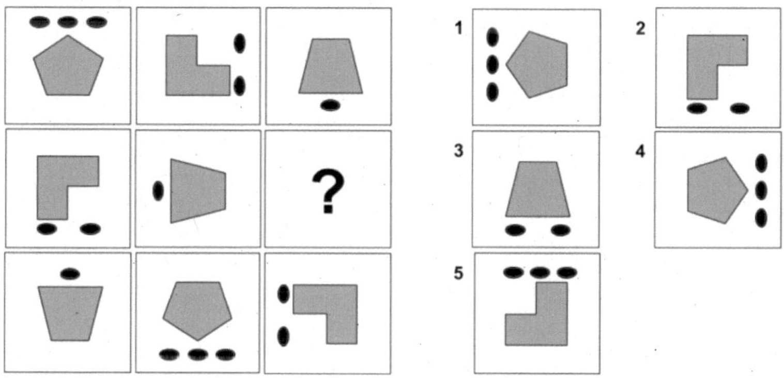

17. Welcher Ausschnitt passt in das leere Feld?

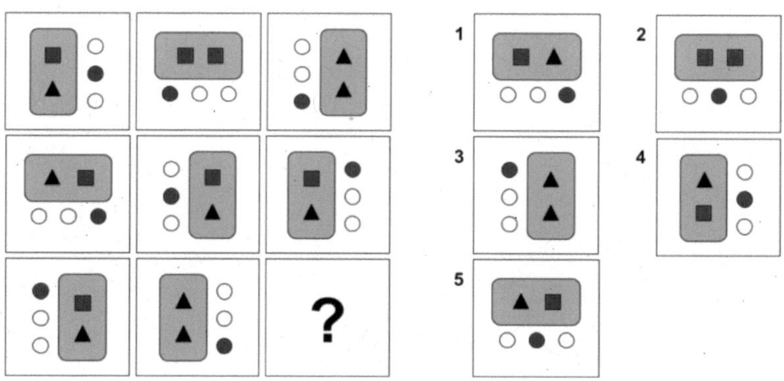

18. Welcher Ausschnitt passt in das leere Feld?

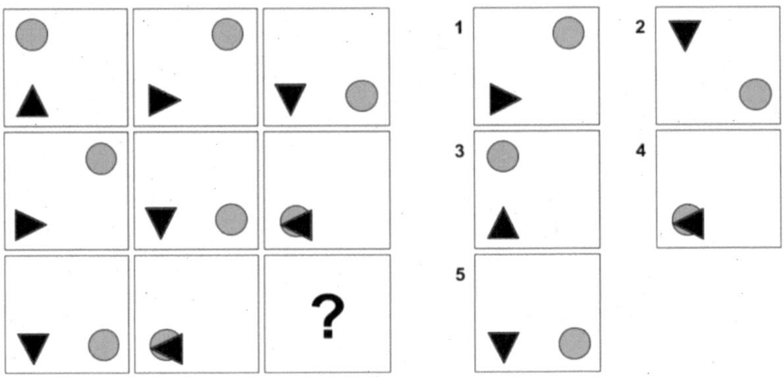


19. Welcher Ausschnitt passt in das leere Feld?

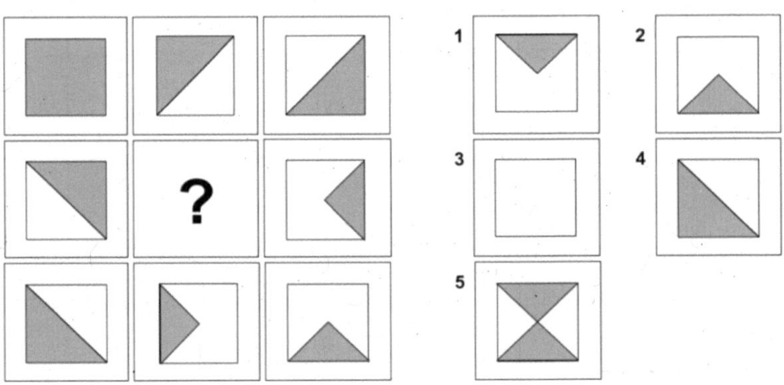

20. Welcher Ausschnitt passt in das leere Feld?

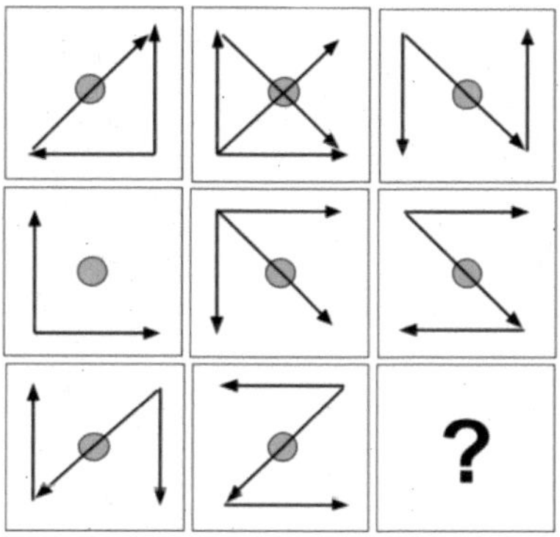

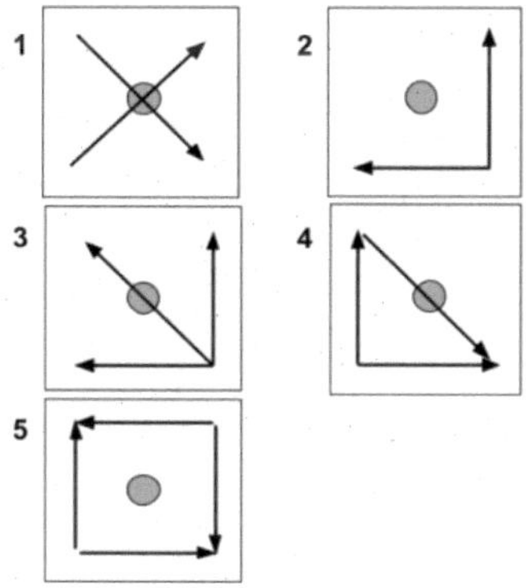

21. Welcher Ausschnitt passt in das leere Feld?

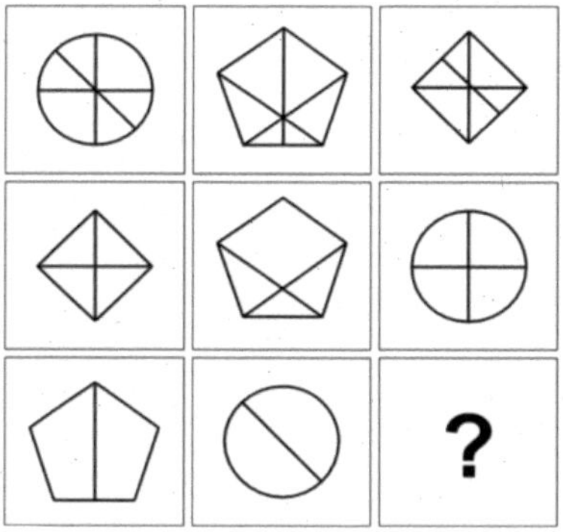

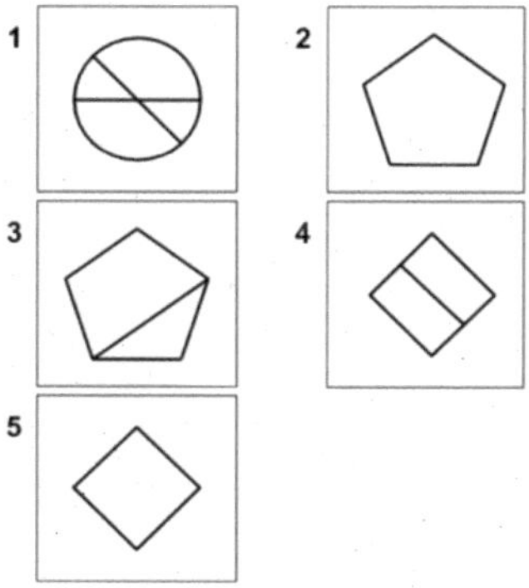

22. Welcher Ausschnitt passt in das leere Feld?

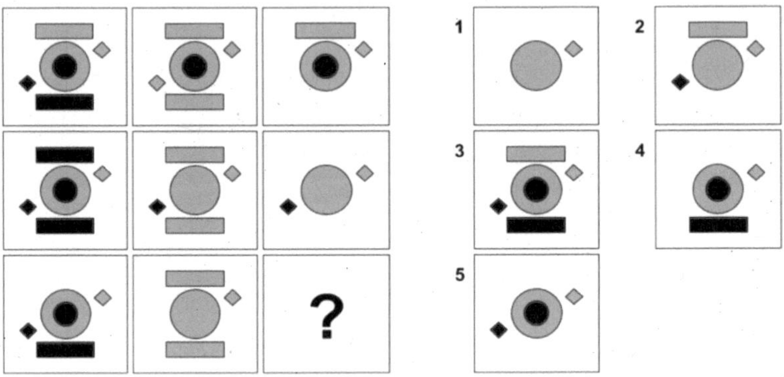


23. Welcher Ausschnitt passt in das leere Feld?

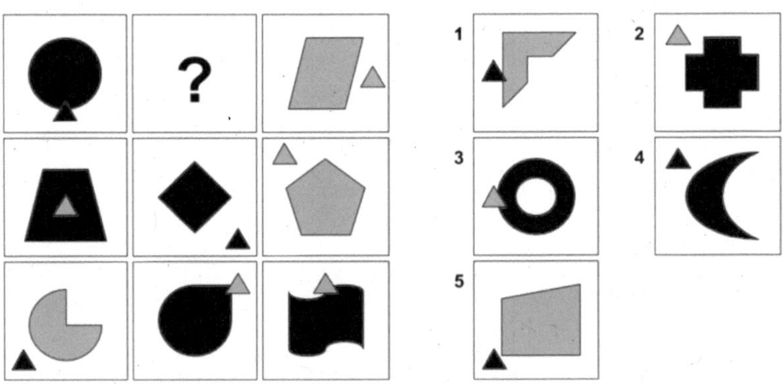

24. Welcher Ausschnitt passt in das leere Feld?

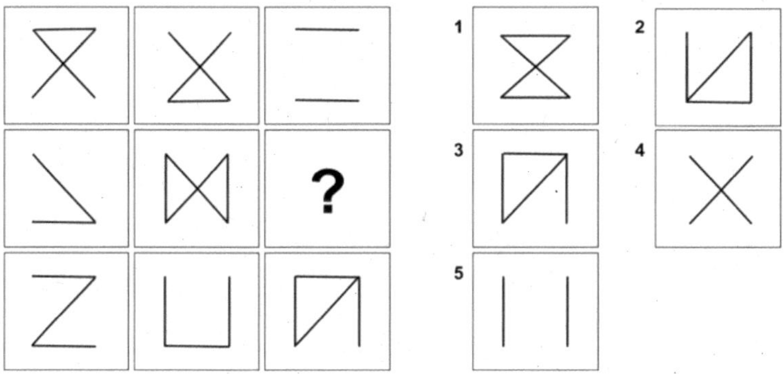


25. Welcher Ausschnitt passt in das leere Feld?

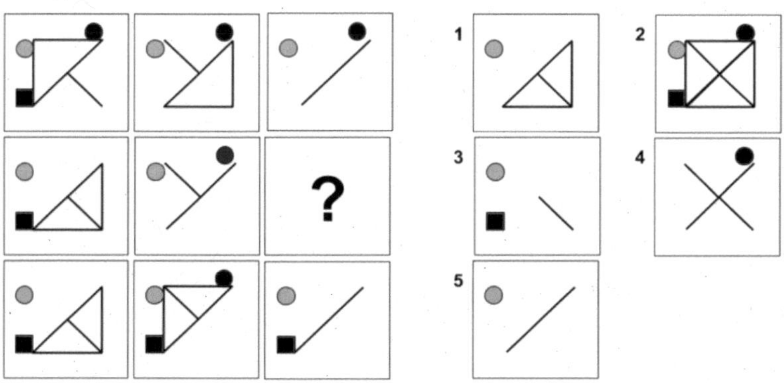

**Lösungen: Figuren und Matrizen**

| | | |
|---|---|---|
| 1. 4 passt nicht | 10. 1 passt | 19. 1 passt |
| 2. 3 passt nicht | 11. 3 passt | 20. 5 passt |
| 3. 1 passt nicht | 12. 4 passt | 21. 4 passt |
| 4. 1 passt nicht | 13. 1 passt | 22. 1 passt |
| 5. 1 passt nicht | 14. 5 passt | 23. 3 passt |
| 6. 4 passt | 15. 2 passt | 24. 2 passt |
| 7. 3 passt | 16. 4 passt | 25. 5 passt |
| 8. 5 passt | 17. 2 passt | |
| 9. 2 passt | 18. 3 passt | |

Zu 6.: 4. Es ist jede Zeile waagrecht zu betrachten. Die Kreise bewegen sich dabei gegen den Uhrzeigersinn eine Position weiter.

Zu 7.: 3. In den waagrechten Reihen ergeben die jeweils zwei kürzeren Striche zusammengesetzt die dritte Figur.

Zu 8.: 5. Das unterste Kästchen der ersten Spalte ergibt sich aus der Kombination der zwei darüber. Das unterste Kästchen der zweiten Spalte setzt sich ebenfalls aus den zwei darüber liegenden zusammen. Dabei überlappen sich zwei graue Kreise und ändern dadurch die Farbe zu schwarz. Zudem wird das unterste Kästchen der ersten Spalte hinzugefügt. Somit ergibt sich das gesuchte Kästchen aus den zwei darüberliegenden und den zwei links davon liegenden Kästchen. Auch hier färben sich überlappende Kreise schwarz.

Zu 9.: 2. Das mittlere Kästchen ist jeweils umgeben von identischen Figuren.

Zu 10.: 1. Die dritte Figur in der letzten Spalte setzt sich aus den Elementen der ersten beiden zusammen. Nur gemeinsame Elemente werden übernommen.

Zu 11.: 3. Horizontal ist in jeder Reihe die untere Figur gleich, davon zwei grau und eine schwarz. Das obere kleine Symbol muss in jeder horizontalen Reihe je einmal vorkommen.

Zu 12.: 4. Das Symbol der mittleren Reihe ergibt sich jeweils aus der Kombination des Kästchens darüber und darunter.

Zu 13.: 1. In jeder horizontalen Reihe muss die Figur jeweils ein-, zwei- und dreischichtig abgebildet sein.

Zu 14.: 5. Das Symbol wird in der vertikalen Reihe schrittweise jeweils um 90° im Uhrzeigersinn gedreht.

Zu 15.: 2. In jeder horizontalen Reihe muss eine Figur links, rechts und mittig angeordnet sein. Dabei soll eine schwarze, graue und schwarzgraue Figur vorkommen.

Zu 16.: 4. Jede Figur wird schrittweise pro Reihe um 90° im Uhrzeigersinn gedreht und muss je einmal vorkommen.

Zu 17.: 2. In jeder Reihe – egal ob horizontal oder vertikal – muss immer je einmal der kleine Kreis rechts, links und mittig dunkelgrau sein. Außerdem müssen entweder alle drei Figuren einer Reihe ein schwarzes Dreieck und ein dunkelgraues Viereck haben oder eines aus zwei schwarzen Dreiecken, eines aus zwei dunkelgrauen Vierecken und ein gemischtes vorhanden sein. Das ganze Gebilde muss zudem je Reihe nach rechts, links und unten ausgerichtet sein.

Zu 18: 3. Der hellgraue Kreis rotiert pro Figur jeweils von Ecke zu Ecke im Uhrzeigersinn. Das schwarze Dreieck bleibt dabei fest in einer Ecke und dreht sich jeweils um sich selbst um 90° im Uhrzeigersinn.

Zu 19.: 1. Zwei Figuren einer Reihe ergeben zusammengesetzt die dritte.

Zu 20.: 5. Die Figuren in der dritten Spalte ergeben sich durch das Zusammensetzen der zwei Figuren davor. Dabei werden sich überlappende Linien bzw. Pfeile gestrichen und nur die sich nicht überschneidenden Linien bleiben erhalten.

Zu 21.: 4. In jeder waagrechten Reihe befinden sich je ein Kreis, ein Quadrat und ein Fünfeck. Mit jeder Reihe nach unten nimmt die Anzahl der Striche ab – drei, zwei und zuletzt ein Strich.

Zu 22.: 1. Die dritte Figur in jeder Zeile setzt sich aus den Elementen der ersten beiden zusammen. Übernommen werden jedoch nur gemeinsame Elemente.

Zu 23.: 3. Die kleinen Dreiecke gehen alle Positionen im Kasten einmal durch – die einzige Position, die fehlt, ist mittig links. Dabei befinden sich in jeder waagrechten Seite zwei graue und ein schwarzes kleines Dreieck. Von den großen Figuren sind jeweils zwei schwarz und eine grau.

Zu 24.: 2. Die dritte Figur in jeder Zeile setzt sich aus den Elementen der ersten beiden zusammen. Gemeinsame Elemente werden jedoch nicht übernommen.

Zu 25: 5. Die dritte Figur in der letzten Spalte setzt sich aus den Elementen der ersten beiden zusammen. Nur gemeinsame Elemente werden übernommen.

## Grundrechenaufgaben

Löse alle Aufgaben ohne Taschenrechner. Du darfst Nebenrechnungen auf ein Notizblatt machen. Schreibe die Ergebnisse ohne Trennung von Punkten. Beispiel: falsch = 12.500, richtig = 12500

Wie lautet das Ergebnis für die folgenden Aufgaben?

Zeit: **20 Minuten**

1. Aufgabe
5.473 + 8.569

2. Aufgabe
17.916,72 + 12.480,47

3. Aufgabe
4.982 + 1.675 + 3.102

4. Aufgabe
6.725 – 544 – 2.397

5. Aufgabe
548.912 – 375.869

6. Aufgabe
163.755 + 45.843 – 89.270

7. Aufgabe
75.178 – 69.430 – 390,75

8. Aufgabe
25.482,32 – 24.921,75

9. Aufgabe
9.489 × 8.112

10. Aufgabe
2.552 ÷ 44

11. Aufgabe
580,79 × 725,40

12. Aufgabe
12,15 × 0,08

13. Aufgabe
25,47 × 8,13

14. Aufgabe
989 ÷ 23

15. Aufgabe
26.415 ÷ 45

16. Aufgabe
380.138 ÷ 11

## Lösungen: Grundrechenaufgaben

| | | |
|---|---|---|
| 1. 14042 | 7. 5357,25 | 13. 207,0711 |
| 2. 30397,19 | 8. 560,57 | 14. 43 |
| 3. 9759 | 9. 76974768 | 15. 587 |
| 4. 3784 | 10. 58 | 16. 34558 |
| 5. 173043 | 11. 421305,066 | |
| 6. 120328 | 12. 0,972 | |

## Rechenoperationen einsetzen

Bei dieser Aufgabe musst du die fehlenden Rechenzeichen ( +, – , ×, ÷) in die Lücken einfügen, um auf das jeweilige Endergebnis zu kommen. Beim Lösen der Gleichungen gilt die Punkt- vor Strichrechnung.

Beispiel: 20 ___ 3 ___ 6 = 2

Die einzige Möglichkeit, um auf das korrekte Ergebnis zu kommen, ist: 20 – 3 × 6 = 20 – 18 = 2

Zeit: **10 Minuten**

1. 16 ___ 13 ___ 3 = 6
2. 11 ___ 16 ___ 2 = 3
3. 12 ___ 2 ___ 4 = 14
4. 10 ___ 14 ___ 2 = 17
5. 4 ___ 8 ___ 19 = 51
6. 3 ___ 5 ___ 9 = 48
7. 8 ___ 13 ___ 13 = 7
8. 6 ___ 7 ___ 3 = 45
9. 16 ___ 3 ___ 4 = 4
10. 23 ___ 24 ___ 2 = 71
11. 1 ___ 12 ___ 4 = 3
12. 13 ___ 4 ___ 7 = 41
13. 3 ___ 10 ___ 5 = 1
14. 15 ___ 10 ___ 4 = 154
15. 10 ___ 6 ___ 15 = 19
16. 9 ___ 2 ___ 5 = 13

17. 28 ___ 22 ___ 11 = 26

18. 26 ___ 26 ___ 22 = 74

**Lösungen: Rechenoperationen einsetzen**

Zu 1.: 16 – 13 + 3 = 6

Zu 2.: 11 – 16 ÷ 2 = 11 – 8 = 3

Zu 3.: 12 – 2 + 4 = 14

Zu 4.: 10 + 14 ÷ 2 = 10 + 7 = 17

Zu 5.: 4 × 8 + 19 = 32 + 19 = 51

Zu 6.: 3 + 5 × 9 = 3 + 45 = 48

Zu 7.: 8 – 13 ÷ 13 = 8 – 1 = 7

Zu 8.: 6 × 7 + 3 = 42 + 3 = 45

Zu 9.: 16 – 3 × 4 = 16 – 12 = 4

Zu 10.: 23 + 24 × 2 = 23 + 48 = 71

Zu 11.: 1 × 12 ÷ 4 = 12 ÷ 4 = 3

Zu 12.: 13 + 4 × 7 = 13 + 28 = 41

Zu 13.: 3 – 10 ÷ 5 = 3 – 2 = 1

Zu 14.: 15 × 10 + 4 = 150 + 4 = 154

Zu 15.: 10 – 6 + 15 = 19

Zu 16.: 9 × 2 – 5 = 18 – 5 = 13

Zu 17.: 28 – 22 ÷ 11 = 28 – 2 = 26

Zu 18.: 26 + 26 + 22 = 74

## Kopfrechnen

Deine mathematischen Fähigkeiten werden unter anderem durch verschiedene Kopfrechenaufgaben geprüft. Dabei sind alle Grundrechenarten, Wurzelziehen, Potenzen sowie Bruchrechnung von Belang.

Dir steht, wie auch beim richtigen Test, sehr wenig Zeit zur Verfügung. Wenn du nicht alle Aufgaben in der Zeit schaffst, ist das in Ordnung! Lasse dich nicht aus der Ruhe bringen. Rechne alle Aufgaben konzentriert und zügig durch.

Zeit: **4 Minuten**

1. Aufgabe
$\sqrt{121} =$

2. Aufgabe
$21^2 =$

3. Aufgabe
44 + 17 + 88 =

4. Aufgabe
2.347 – 479 – 23 =

5. Aufgabe
24 × 24 =

6. Aufgabe
57 × 7 =

7. Aufgabe
13 × 21 =

8. Aufgabe
4.619 + 193 – 348 =

9. Aufgabe
7 × 31 – 30 =

10. Aufgabe
721 – 47 + 98 =

11. Aufgabe
12 × 13 =

12. Aufgabe
35 ÷ 5 =

13. Aufgabe
23 × 51 =

14. Aufgabe
15 × 11 – 63 + 52 =

15. Aufgabe
57 + 14 + 36 =

16. Aufgabe
$(5 + 3)^2 - 10 =$

17. Aufgabe
14 × 12 – 15 =

18. Aufgabe
79 – 35 + 88 =

19. Aufgabe
56 – 28 =

20. Aufgabe
42 ÷ 6 =

Lösungen: Kopfrechnen

| | | |
|---|---|---|
| 1. 11 | 8. 4.464 | 15. 107 |
| 2. 441 | 9. 187 | 16. 54 |
| 3. 149 | 10. 772 | 17. 153 |
| 4. 1.845 | 11. 156 | 18. 132 |
| 5. 576 | 12. 7 | 19. 28 |
| 6. 399 | 13. 1.173 | 20. 7 |
| 7. 273 | 14. 154 | |

## Ergebnisse schätzen

Rechne das Ergebnis nicht genau aus, sondern schätze es. Das heißt, überschlage es grob oder stelle kurze rechnerische Überlegungen an.

Zeit: **10 Minuten**

1. Aufgabe: 548 × 315 =
a) 155.200
b) 175.644
c) 182.141
d) 172.620

2. Aufgabe: 17.495 – 8.795 – 712 =
a) 7.988
b) 8.088
c) 8.112
d) 7.898

3. Aufgabe: 25.187 + 12.327 + 37.589 =
a) 74.895
b) 75.235
c) 74.903
d) 75.103

4. Aufgabe: 389.455 – 294.981 =
a) 93.974
b) 94.474
c) 89.740
d) 104.447

5. Aufgabe: 3.840 × 1.420 =
a) 580.688
b) 3.880.120
c) 7.564.110
d) 5.452.800

6. Aufgabe: 47 × 98 + 1.223 =
a) 15.023
b) 5.829
c) 6.145
d) 5.459

7. Aufgabe: 49 × 49 =
a) 2.501
b) 2.401
c) 2.081
d) 2.481

8. Aufgabe: 69,2 % von 1.845 =
a) 1.195,45
b) 1.412,37
c) 1.276,74
d) 1.588,89

9. Aufgabe: 3,2 × 6,7 =
a) 21,44
b) 21
c) 22,14
d) 19,4

10. Aufgabe: 3,2 cm von 11,8 cm =
a) ≈ 27,11 %
b) ≈ 29,88 %
c) ≈ 24,56 %
d) ≈ 35,12 %

11. Aufgabe: 367,85 – 184,6 + 1.302,66 =
a) 1.405,81
b) 1.630,91
c) 1.485,91
d) 1.508,11

12. Aufgabe: 36.340 ÷ 92 =
a) 395
b) 508
c) 421
d) 348

13. Aufgabe: 23,23 – 14,5 + 6,06 =
a) 2,67
b) 13,79
c) 15,97
d) 14,79

14. Aufgabe: 8.589.723 – 6.993.930 =
a) 1.605.793
b) 1.495.883
c) 995.643
d) 1.595.793

15. Aufgabe: $85^2$ =
a) 8.100
b) 7.225
c) 7.921
d) 6.825

16. Aufgabe: 6 € von 4,00 €=
a) 145%
b) 150%
c) 135%
d) 160%

Lösungen: Ergebnisse schätzen

| | | |
|---|---|---|
| 1. d) | 7. b) | 13. d) |
| 2. a) | 8. c) | 14. d) |
| 3. d) | 9. a) | 15. b) |
| 4. b) | 10. a) | 16. b) |
| 5. d) | 11. c) | |
| 6. b) | 12. a) | |

Zu 1. d) Berechne die letzte Ziffer 5 × 8=40. Die letzte Ziffer muss also 0 sein. Rechne vereinfacht 5,5 × 3 = 16,5. Das Ergebnis liegt also über 160.000 somit kommt nur 172.620 in Frage.

Zu 2. a) Berechne die letzten Ziffern 95 – 95 – 12 = 88. Die letzte Ziffer muss also 88 sein. Überschlage den Rest, das Ergebnis muss unter 8.000 liegen. Somit kommt nur 7.988 in Frage.

Zu 3. d) Berechne die letzte Ziffer 7 + 7 + 9 = 23. Die letzte Ziffer muss also 3 sein. Per Überschlag mit gerundeten Werten stellt man außerdem fest, dass die Lösung über 75.000 ist.

Zu 4. b) Berechne die letzte Ziffer 5 – 1 = 4. Die letzte Ziffer muss also 4 sein. Nach Abzug mit gerundeten Werten muss das Ergebnis bei rund 95.000 liegen.

Zu 5. d) Berechne die letzte Ziffer 0 x 0 = 0. Die letzte Ziffer muss also 0 sein. Rechne vereinfacht 4 × 1,5 = 6 und 4 × 1 = 4. Das Ergebnis muss also kleiner als 6 und größer als 4 sein.

Zu 6. b) Berechne die letzte Ziffer 7 × 8 + 3 = 59. Die letzte Ziffer muss also 9 sein. Vereinfacht kann man dann 4,7 × 10 rechnen. 4.700 + 1.200 = 5.900, das Ergebnis muss also bei diesem Wert liegen. Hier kommt nur 5.829 in Frage.

Zu 7. b) Berechne die letzte Ziffer 9 × 9 = 81. Die letzte Ziffer muss also 1 sein. Wenn du per Überschlag mit 50 × 50 (5 × 5 = 25) rechnest, erhältst du 2.500. Der Wert muss aber mindesten um 98 (49 + 49) darunter liegen.

Zu 8. c) Für die Schätzung empfiehlt es sich, zuerst den Anteil von 10 % zu bestimmen: 1.845 ÷ 10 = 184,5. Da der Anteil bei gut 70 % liegt, kannst du jetzt vereinfacht rechnen: 18 × 7 = 126 (1.260). Das Ergebnis muss also bei einem Wert von 1.260 liegen.

Zu 9. a) Berechne die letzte Ziffer 2 × 7 = 14. Die letzte Ziffer muss also 4 sein. Rechne nun mit gerundeten Werten von 3 × 7 = 21. Die Lösung muss also in diesem Bereich liegen. Hier trifft nur 21,44 zu.

Zu 10. a) Hier empfiehlt es sich, die beiden Zahlen erst auf- bzw. abzurunden. Rechne nun mit den Zahlen 3 und 12. 3 cm sind 25 % von 12 cm (12 ÷ 3 = 4, 100 ÷ 4 = 25). Der Prozentwert liegt also bei 25 %. Da wir aber mit gerundeten Zahlen grob gerechnet haben, muss die Lösung etwas mehr als 25 % betragen.

Zu 11. c) Berechne die Nachkommastellen: 85 – 60 + 66 = 91. Die letzte Ziffer muss also 91 sein. Per Überschlag der restlichen Zahlen stellst du fest, dass das Ergebnis bei rund 1.500 liegen muss.

Zu 12. a) Um hier annähernd zum Ergebnis zu kommen, müssen erst einmal beide Zahlen gerundet werden. Wir runden wie folgt: 36.000 ÷ 90 = 400. Auch vereinfacht: 36 ÷ 9 = 4. Das Ergebnis liegt also bei etwa 400.

Zu 13. d) Berechne die letzte Ziffer 23 – 50 + 0,6 = 79. Per Überschlag erhältst du einen restlichen Wert von 15. Die Lösung muss also knapp darunter liegen.

Zu 14. d) Die Berechnung durch die letzte Ziffer kannst du dir hier sparen, da sie bei allen Lösungen 3 ist. Rechne mit aufgerundeten Millionenwerten: 8,6 – 7 = 1,6 (1.600.000). Da mit aufgerundeten Werten gerechnet wurde, muss das Ergebnis knapp darunter liegen.

Zu 15. b) Hier empfiehlt es sich, die Quadratzahlen bis 100 auswendig zu können. Die letzte Ziffer lässt sich berechnen: 5 × 5 = 25. Die letzte Ziffer ist also 5. Eine mögliche Rechnung sieht wie folgt aus: 8,5 × 8,5 = 72,25. Besser lässt es sich rechnen, wenn du eine 0,5 zu der anderen Zahl addierst: 8 × 9 = 72 (72 × 100 = 7.200) Nun bist du der Lösung schon sehr nah gekommen.

Zu 16. b) Hier bietet sich eine einfache Rechnung an. Wenn die 4 € 100 % sind, dann sind 8 € 200%. Da der Wert aber nur um 2 € steigt, steigt der Prozentwert auch nur um 50 %.

## Maße und Einheiten

Hier musst du Maße und Einheiten umrechnen. Zeit: **5 Minuten**

1. Wie viele Kubikzentimeter sind 775 Liter?
a) 77.500
b) 750
c) 7.500
d) 775.000

2. Wie viele Kilogramm sind 0,23 Tonnen?
a) 230
b) 23
c) 23.000
d) 2.300

3. Wie viele Meter sind 5.300 Zentimeter?
a) 5,3
b) 53
c) 530
d) 50,3

4. Wie viele Quadratmeter sind 420 Quadratzentimeter?
a) 42
b) 0,042
c) 4,2
d) 0,0042

5. Wie viele Gramm sind 2,5 Zentner?
a) 250.000
b) 1.250.000
c) 125.000
d) 12.500

6. Wie viele Hektar sind 6.400 Quadratmeter?
a) 0,64
b) 6,4
c) 64
d) 0,064

7. Wie viele Dezimeter sind 0,8 Kilometer?
a) 8.000
b) 800
c) 80.000
d) 800.000

8. Wie viele Liter sind 0,93 Milliliter?
a) 0,0093
b) 0,093
c) 0,00093
d) 0,000093

9. Wie viele Tage sind 432.000 Sekunden?
a) 7
b) 5
c) 2
d) 9

10. Wie viele Zentner sind 2.325 Kilogramm?
a) 93
b) 23,25
c) 46,5
d) 465

**Lösungen: Maße und Einheiten**

| 1. d) | 5. c) | 9. b) |
|---|---|---|
| 2. a) | 6. a) | 10. c) |
| 3. b) | 7. a) | |
| 4. b) | 8. c) | |

Zu 1. d) Ein Liter sind 1.000 Kubikzentimeter, also entsprechen 775 Liter 775.000 Kubikzentimeter: 775 x 1.000 $cm^3$ = 775.000 $cm^3$

Zu 2. a) Eine Tonne sind 1.000 Kilogramm, also entsprechen 0,23 Tonnen 230 Kilogramm: 0,23 x 1.000 kg = 230 kg

Zu 3. b) Ein Meter sind 100 Zentimeter, also entsprechen 5.300 Zentimeter 53 Meter: 5.300 ÷ 100 cm = 53 m

Zu 4. b) Ein Quadratmeter sind 10.000 Quadratzentimeter, also entsprechen 420 Quadratzentimeter 0,042 Quadratmeter: 420 ÷ 10.000 $m^2$ = 0,042 $m^2$

Zu 5. c) Ein Zentner sind 50 Kilogramm und ein Kilogramm entsprechen 1.000 Gramm bzw. 50 Kilogramm sind 50.000 Gramm, also entsprechen 2,5 Zentner 125.000 Gramm: 2,5 x 50.000 g = 125.000 g

Zu 6. a) Ein Hektar sind 10.000 Quadratmeter, also entsprechen 6.400 Quadratmeter 0,64 Hektar: 6.400 ÷ 10.000 $m^2$ = 0,64 ha

Zu 7. a) Ein Kilometer sind 1.000 Meter bzw. 10.000 Dezimeter, also entsprechen 0,8 Kilometer 8.000 Dezimeter: 0,8 x 10.000 dm = 8.000 dm

Zu 8. c) Ein Liter sind 1.000 Milliliter, also entsprechen 0,93 Milliliter 0,00093 Liter: 0,93 ÷ 1.000 ml = 0,00093 l

Zu 9. b) Ein Tag sind 24 Stunden bzw. 1.440 Minuten bzw. 86.400 Sekunden, also entsprechen 432.000 Sekunden 5 Tage: 432.000 ÷ 60 ÷ 60 ÷ 24 = 5

Zu 10. c) Ein Zentner sind 50 Kilogramm, also entsprechen 2.325 Kilogramm 46,5 Zentner: 2.325 ÷ 50 kg = 46,5 Ztr

## Geometrie

Bei dieser Aufgabe musst du die fehlenden Ergebnisse für die jeweiligen Flächen und Körper berechnen. Bitte runde die Ergebnisse auf beziehungsweise rechne bis zur dritten Nachkommastelle. Trage die Lösungen in die freien Felder ein. Zeit: **15 Minuten**

1. Ergänze das Rechteck.

| | |
|---|---|
| Seite a: | 6 |
| Seite b: | ____ |
| Flächeninhalt: | ____ |
| Umfang: | 32 |

2. Ergänze das Rechteck.

| | |
|---|---|
| Seite a: | 6 |
| Seite b: | 4 |
| Flächeninhalt: | ____ |
| Umfang: | ____ |

3. Ergänze das Rechteck.

| | |
|---|---|
| Seite a: | ____ |
| Seite b: | 8 |
| Flächeninhalt: | 192 |
| Umfang: | ____ |

4. Ergänze das Rechteck.

| | |
|---|---|
| Seite a: | 14 |
| Seite b: | ____ |
| Flächeninhalt: | ____ |
| Umfang: | 52 |

5. Ergänze den Würfel.

| | |
|---|---|
| Seite a: | 10 |
| Grundfläche: | ____ |
| Oberfläche: | ____ |
| Volumen: | ____ |

6. Ergänze den Würfel.

| | |
|---|---|
| Seite a: | ____ |
| Grundfläche: | ____ |
| Oberfläche: | ____ |
| Volumen: | 2.744 |

7. Ergänze den Würfel.

| | |
|---|---|
| Seite a: | ____ |
| Grundfläche: | ____ |
| Oberfläche: | 4.056 |
| Volumen: | ____ |

8. Ergänze den Würfel.

| | |
|---|---|
| Seite a: | ____ |
| Grundfläche: | 36 |
| Oberfläche: | ____ |
| Volumen: | ____ |

9. Ergänze den Kreis.

| | |
|---|---|
| Radius: | ____ |
| Durchmesser: | ____ |
| Umfang: | ____ |
| Flächeninhalt: | 50,265 |

10. Ergänze den Kreis.

| | |
|---|---|
| Radius: | ____ |
| Durchmesser: | ____ |
| Umfang: | 119,381 |
| Flächeninhalt: | ____ |

**Lösungen: Geometrie**

Zu 1.:

| | |
|---|---|
| Seite a: | 6 |
| Seite b: | 10 |
| Flächeninhalt: | 60 |
| Umfang: | 32 |

Zu 2.:

| | |
|---|---|
| Seite a: | 6 |
| Seite b: | 4 |
| Flächeninhalt: | 24 |
| Umfang: | 20 |

Zu 3.:

| | |
|---|---|
| Seite a: | 24 |
| Seite b: | 8 |
| Flächeninhalt: | 192 |
| Umfang: | 64 |

Zu 4.:

| | |
|---|---|
| Seite a: | 14 |
| Seite b: | 12 |
| Flächeninhalt: | 168 |
| Umfang: | 52 |

Zu 5.:

| | |
|---|---|
| Seite a: | 10 |
| Grundfläche: | 100 |
| Oberfläche: | 600 |
| Volumen: | 1.000 |

Zu 6.:

| | |
|---|---|
| Seite a: | 14 |
| Grundfläche: | 196 |
| Oberfläche: | 1.176 |
| Volumen: | 2.744 |

Zu 7.:

| | |
|---|---|
| Seite a: | 26 |
| Grundfläche: | 676 |
| Oberfläche: | 4.056 |
| Volumen: | 17.576 |

Zu 8.:

| | |
|---|---|
| Seite a: | 6 |
| Grundfläche: | 36 |
| Oberfläche: | 216 |
| Volumen: | 216 |

Zu 9.:

| | |
|---|---|
| Radius: | 4 |
| Durchmesser: | 8 |
| Umfang: | 25,133 |
| Flächeninhalt: | 50,265 |

Zu 10.:

| | |
|---|---|
| Radius: | 19 |
| Durchmesser: | 38 |
| Umfang: | 119,381 |
| Flächeninhalt: | 1.134,115 |

**Rechteckberechnung**
Flächeninhalt $A = a \times b$
Umfang $U = 2 \times a + 2 \times b$

**Würfelberechnung**
Grundfläche $A = a \times b$
Oberfläche $O = 6 \times A$
Volumen $V = A^3$ ($a \times a \times a$)

**Kreisberechnung**
Radius $r = d \div 2$
Durchmesser $d = 2 \times r$
Umfang $U= d \times \pi$
Flächeninhalt $A= \pi \times r^2$

## Symbolrechnen

In dieser Aufgabe musst du die Symbole durch Zahlen ersetzen, dabei stehen gleiche Symbole für gleiche Zahlen. Ein Symbol kann mit einer Zahl von 0 bis 9 ersetzt werden. Zeit: **10 Minuten**

1. Welche Zahl steht für $\Delta$?
$\Delta \times \Delta\Delta = \Omega\Omega$
a) 4
b) 9
c) 3
d) 1

2. Welche Zahl steht für O?
$\Pi + O - O - O = \Pi$
a) 2
b) 0
c) 3
d) 6

3. Welche Zahl steht für $\Lambda$?
$\Lambda \times \Lambda = \Lambda + \Lambda$
a) 2
b) 3
c) 6
d) 1

4. Welche Zahl steht für $\Pi$?
$\Delta\Pi \times \Psi = \Psi\Pi$
a) 1
b) 7
c) 2
d) 0

5. Welche Zahl steht für $\Pi$?
$TX\text{Ш} - \Sigma = \Pi\Pi$
a) 9
b) 5
c) 7
d) 1

6. Welche Zahl steht für $\Omega$?
$\Lambda\Lambda + \Lambda\Omega = \Omega X$
a) 2
b) 0
c) 5
d) 4

7. Welche Zahl steht für $\Pi$?
$(\Pi + \Pi) \times (\Pi + \Pi) = \Pi\Psi$
a) 3
b) 6
c) 2
d) 4

8. Welche Zahl steht für $\Delta$?
$\Delta\text{Ш} \div \text{Ш} = \text{Ш}$
a) 7
b) 4
c) 5
d) 2

9. Welche Zahl steht für $\Omega$?
$\prod\prod^2 = \prod\Omega\prod$
a) 1
b) 4
c) 2
d) 8

10. Löse alle Symbole.
$\Lambda\Pi - O\Delta = \Psi X$
$\div\ \Lambda \times \Lambda = OX\ -$
$=\ O\Delta + \Pi = \Delta\Sigma$

Lösungen: Symbolrechnen

Λ =
Π =
O =
Δ =

Ψ =
X =
Σ =

Lösungen: Symbolrechnen

| 1. c) | 5. a) | 9. c) |
|---|---|---|
| 2. b) | 6.) d) | 10. siehe unten |
| 3. a) | 7. a) | |
| 4. d) | 8. d) | |

Zu 1.: c) 3
Δ × ΔΔ = ΩΩ
3 × 33 = 99

Zu 2.: b) 0
Π + O – O – O = Π
O steht für die Zahl 0. Für das Symbol Π kann jede Zahl von 1 bis 9 eingesetzt werden.
2 + 0 – 0 – 0 = 2

Zu 3.: a) 2
Λ × Λ = Λ + Λ
2 × 2 = 2 + 2

Zu 4.: d) 0
ΔΠ × Ψ = ΨΠ
Π steht für die Zahl 0. Für das Symbol Ψ kann jede Zahl von 1 bis 9 eingesetzt werden.
10 × 4 = 40

Zu 5.: a) 9
TXШ – Σ = ΠΠ
Π steht für die Zahl 9.
Für die erste Symbolreihe kommen mehrere Zahlen in Frage.
102 – 3 = 99 I 103 – 4 = 99 I 104 – 5 = 99 usw.

Zu 6.: d) 4

ΛΛ + ΛΩ = ΩΧ

22 + 24 = 46

Zu 7.: a) 3

(Π + Π) × (Π + Π) = ΠΨ

(3 + 3) × (3 + 3) = 36

Zu 8.: d) 2

ΔШ ÷ Ш = Ш

25 ÷ 5 = 5

Zu 9.: c) 2

$\prod\prod^2 = \prod\Omega\prod$

$11^2 = 121$

Zu 10.:

ΛΠ – OΔ = ΨΧ

÷ Λ × Λ = OΧ –

= OΔ + Π = ΔΣ

Λ = 4

Π = 8

O = 1

Δ = 2

Ψ = 3

Χ = 6

Σ = 0

48 – 12 = 36

÷ 4 × 4 = 16

12 + 8 = 20

## Klammerrechnung

Rechne alle Aufgaben im Kopf aus und notiere gegebenenfalls Nebenrechnungen auf einem Notizblatt. Zeit: **20 Minuten**

1. Aufgabe:
$50 + (47 - 16) + 89 - (59 - 9) =$

2. Aufgabe:
$(82 - 45) + 32 - (11 - 5) - 16 =$

3. Aufgabe:
$68 - (49 - 38) + 58 - (40 - 7) =$

4. Aufgabe:
$70 - (38 - 13) + (41 - 11) - 19 =$

5. Aufgabe:
$76 + 24 - (30 - 23) + 19 + 62 =$

6. Aufgabe:
$56 + (52 - [26 + 11 - 40]) + 25 =$

7. Aufgabe:
$104 - 20 - (12 - [25 - 10]) + 12 =$

8. Aufgabe:
$64 + 26 - (37 - [20 + 18]) - 16 =$

9. Aufgabe:
$97 - (39 - 14) - (57 - [20 + 18]) =$

10. Aufgabe:
$5 \times (3 - 1) \times (8 + 8) =$

11. Aufgabe:
$8 \times 5 - (7 + [5]) =$

12. Aufgabe:
$7 \times 1 \times (2) + (5 - 8) =$

13. Aufgabe:
$5 - (2 \times 2 + [9 \times 5]) =$

14. Aufgabe:
$6 - (6 \times [7] - 9) =$

15. Aufgabe:
$7 + 7 \times 6 - (8 - [3]) =$

16. Aufgabe:
$8 \times 8 + (4 \times [6]) =$

17. Aufgabe:
$6 \times 8 \times (9 - [8]) =$

18. Aufgabe:
$8 + (6 - 5 + [7] \times 7) =$

19. Aufgabe:
$7 \times (2) - 3 - (8 - 6) =$

20. Aufgabe:
$2 + 1 - 7 \times (8) \times (4) =$

21. Aufgabe:
$(-8) \times 3 - (-12) \times 3 =$

22. Aufgabe:
$-24 + 15 - (-3 \times 33 - [7 \times 5]) =$

23. Aufgabe:
$217 - 85 - (14 \times [-3] + 518) - 42 =$

24. Aufgabe:
$12 \times 5 - 3 \times (-3 \times 8 + [-76]) =$

25. Aufgabe:
$(-212) \times 3 + 110 + (9 \times 6) =$

26. Aufgabe:
$2.750 - (5 \times 325) - (69 \div 3) =$

27. Aufgabe:
$32 - (840 - 584) \div (64 \div 4) \times 3 =$

28. Aufgabe:
$3 \times \{99 - [4 + 2\ (21 \div 3) \times 2] + 8\} - 6 =$

29. Aufgabe:
$(-3)^3 + (-2)^4 =$

30. Aufgabe:
$(-5)^4 + (-3)^5 =$

**Lösungen: Klammerrechnung**

| | | |
|---|---|---|
| 1. 120 | 11. 28 | 21. 12 |
| 2. 47 | 12. 11 | 22. 125 |
| 3. 82 | 13. –44 | 23. –386 |
| 4. 56 | 14. –27 | 24. 360 |
| 5. 174 | 15. 44 | 25. –472 |
| 6. 136 | 16. 88 | 26. 1.102 |
| 7. 99 | 17. 48 | 27. –16 |
| 8. 75 | 18. 64 | 28. 219 |
| 9. 53 | 19. 9 | 29. –11 |
| 10. 160 | 20. –221 | 30. 382 |

**Was ist bei der Klammerrechnung zu beachten?**
Klammern drücken eine vorrangige Rechenoperation, vor anderen in der Rechenreihenfolge, aus.

- Regel 1: Punktrechnung geht vor Strichrechnung
- Regel 2: den Wert innerhalb der Klammern immer zuerst ermitteln

Regel 3: Klammern innerhalb von Klammern sind zuerst aufzulösen. Klammern werden immer von innen nach außen aufgelöst.

## Bruchrechnung

Löse alle Aufgaben im Kopf und notiere gegebenenfalls Nebenrechnungen auf einem Notizblatt.

Zeit: **15 Minuten**

1. Aufgabe: $\frac{4}{2} + \frac{6}{3} =$

2. Aufgabe: $\frac{6}{4} + \frac{1}{5} =$

3. Aufgabe: $\frac{4}{5} - \frac{3}{6} =$

4. Aufgabe: $\frac{5}{3} - \frac{5}{6} =$

5. Aufgabe: $\frac{1}{3} \times \frac{5}{3} =$

6. Aufgabe: $\frac{2}{2} \div \frac{5}{4} =$

7. Aufgabe: $3\frac{12}{6} =$

8. Aufgabe: $5\frac{8}{7} =$

9. Aufgabe: $6 \times \frac{5}{24} =$

10. Aufgabe: $14 \times \frac{5}{56} =$

11. Aufgabe: $4\frac{2}{3} \times 6\frac{2}{1} =$

12. Aufgabe: $4\frac{3}{2} \div 2\frac{3}{2} =$

## Lösungen: Bruchrechnung

Zu 1.:

$$\frac{4}{2}+\frac{6}{3}=\frac{12}{6}+\frac{12}{6}=\frac{24}{6}=$$

4

Zu 2.:

$$\frac{6}{4}+\frac{1}{5}=\frac{30}{20}+\frac{4}{20}=\frac{34}{20}=$$

$$1\frac{7}{10}$$

Zu 3.:

$$\frac{4}{5}-\frac{3}{6}=\frac{24}{30}-\frac{15}{30}=\frac{9}{30}=$$

$$\frac{3}{10}$$

Zu 4.:

$$\frac{5}{3}-\frac{5}{6}=\frac{10}{6}-\frac{5}{6}=\frac{5}{6}$$

Zu 5.:

$$\frac{1}{3}\times\frac{5}{3}=\frac{1\text{x}5}{3\text{x}3}=\frac{5}{9}$$

Zu 6.:

$$\frac{2}{2}\div\frac{5}{4}=\frac{2}{2}\times\frac{4}{5}=\frac{2\text{x}4}{2\text{x}5}=$$

$$\frac{8}{10}=\frac{4}{5}$$

Zu 7.:

Zähler: 6 x 3+12=30

$$3\frac{12}{6}=\frac{30}{6}=5$$

Zu 8.:

Zähler: 7 x 5+8=43

$$5\frac{8}{7}=\frac{43}{7}=6\frac{1}{7}$$

Zu 9.:

Zähler: 6 x 5 = 30

$$6\times\frac{5}{24}=\frac{30}{24}=\frac{5}{4}=1\frac{1}{4}$$

Zu 10.:

Zähler: 14 x 5 = 70

$$14\times\frac{5}{56}=\frac{70}{56}=\frac{5}{4}=1\frac{1}{4}$$

Zu 11.:

$$4\frac{2}{3}\times\quad 6\frac{2}{1}=\frac{14}{3}\times\frac{8}{1}=$$

$$\frac{112}{3}=37\ \frac{1}{3}$$

Zu 12.:

$$4\frac{3}{2}\div2\frac{3}{2}=\frac{11}{2}\div\frac{7}{2}=\frac{11}{2}\times$$

$$\frac{2}{7}=\frac{22}{14}=\frac{11}{7}=1\frac{4}{7}$$

## Gleichungen lösen

Löse alle Aufgaben im Kopf und notiere dir gegebenenfalls deine Zwischenschritte auf ein Notizblatt. Löse die Gleichungen nach x auf.

Zeit: **10 Minuten**

1. Aufgabe

$13x - 4 = 52 + 5x$

x =

2. Aufgabe

$2x - 9 = -49 + 7x$

x =

3. Aufgabe

$3x + 12 = 92 - 7x$

x =

4. Aufgabe

$8x + 8 = 2 + 14x$

x =

5. Aufgabe

$13x + 5 = 33 + 9x$

x =

6. Aufgabe

$7x - 8 = -17 + 8x$

x =

7. Aufgabe

$21x + 10 = 74 + 13x$

x =

8. Aufgabe

$-4x - 6 = -18 + 2x$

x =

## Lösungen: Gleichungen lösen

1. Aufgabe
$13x - 4 = 52 + 5x$
$13x - 5x - 4 = 52 \mid -5x$
$8x - 4 = 52 \mid +4$
$8x = 56 \mid \div 8$
$\mathbf{x = 7}$

2. Aufgabe
$2x - 9 = -49 + 7x$
$2x - 9 = -49 + 7x \mid -7x$
$-5x - 9 = -49 \mid +9$
$-5x = -40 \mid \div (-5)$
$\mathbf{x = 8}$

3. Aufgabe
$3x + 12 = 92 - 7x$
$3x + 7x + 12 = 92 \mid +7x$
$10x + 12 = 92 \mid -12$
$10x = 80 \mid \div 10$
$\mathbf{x = 8}$

4. Aufgabe
$8x + 8 = 2 + 14x$
$8x - 14x + 8 = 2 \mid -14x$
$-6x = 2 - 8 \mid -8$
$-6x = -6 \mid \div (-6)$
$\mathbf{x = 1}$

5. Aufgabe
$13x + 5 = 33 + 9x$
$13x - 9x + 5 = 33 \mid -9x$
$4x + 5 = 33 \mid -5$
$4x = 28 \mid \div 4$
$\mathbf{x = 7}$

6. Aufgabe
$7x - 8 = -17 + 8x \mid -8x$
$-1x - 8 = -17 \mid +8$
$-1x = -9 \mid \div (-1)$
$\mathbf{x = 9}$

7. Aufgabe
$21x + 10 = 74 + 13x$
$21x - 13x + 10 = 74 \mid -13x$
$8x + 10 = 74 \mid -10$
$8x = 64 \mid \div 8$
$\mathbf{x = 8}$

8. Aufgabe
$-4x - 6 = -18 + 2x$
$-4x - 2x - 6 = -18 \mid -2x$
$-6x - 6 = -18 \mid +6$
$-6x = -12 \mid \div (-6)$
$\mathbf{x = 2}$

# Prozentrechnung

Aufgaben zur Prozentrechnung sind in Einstellungstests sehr beliebt. Um die richtige Lösung zu finden, sollten die drei Werte Grundwert (G), Prozentwert (W) und Prozentsatz (p) ein Begriff sein, denn einer dieser Werte ist meistens gefragt und muss anhand der allgemeinen Formel (p % = W ÷ G) ermittelt werden. Bitte beachte an dieser Stelle, dass die Formel gegebenenfalls umgeformt werden muss.

p % = p ÷ 100

**Beispiel**
In der folgenden Beispielaufgabe wollen wir die Formel nun anwenden und aufzeigen, wie eine Aufgabe aus dem Bereich Prozentrechnung gelöst werden kann.

Beispielaufgabe: Wie viel sind 5 % von 200?
p = 5 %
G = 200
W = ?

Die oben gegebene Formel lässt sich nach den verschiedenen Variablen G, W und p umstellen.

p % = W ÷ G
W = p % × G
G = W ÷ p %

In diesem Fall ist W gesucht. Daher berechnen wir W = 5 % × 200 beziehungsweise W = (5 ÷ 100) × 200 = 10.

Zeit: **15 Minuten**

1. Von den 32 Schülern haben drei Schüler eine 1 geschrieben und weitere fünf haben die Note 2. Die anderen waren bei einer 3 oder schlechter. Wie viel Prozent der Schüler waren besser als eine 3?
a) 20 %
b) 40 %
c) 25 %
d) 30 %

2. Vor zehn Jahren gab es 35 % Singlehaushalte in der EU. Und es gab 260 Mio. Haushalte mit mehr als einer Person. Wie viele Singlehaushalte gab es in der EU?
a) 130 Mio.
b) 140 Mio.
c) 35 Mio.
d) 120 Mio.

3. Der Joghurt, den Meike kaufen möchte, ist 250 g schwer. Auf der Verpackung steht, dass dieser 16 g Fett enthält. Wie viel Prozent Fett enthält der Joghurt?
a) 6,4 %
b) 7,8 %
c) 16 %
d) 2,5 %

4. Herr Glück hat 900 Euro inklusive Zinsen von seinem Bankkonto abgehoben. Das Geld wurde ein Jahr lang zu einem stolzen Zinssatz von 20 % fest verzinst. Wie viel Kapital musste Herr Glück vor einem Jahr anlegen, um diese Summe zu erhalten?
a) 180 Euro
b) 750 Euro
c) 700 Euro
d) 450 Euro

5. Herr Schmidt kauft ein neues Auto für 50.000 Euro. Leider hat das Auto bereits nach kurzer Zeit einen Getriebeschaden, was hohe Reparaturkosten verursacht. Herr Schmidt erhält aus diesem Grund von seinem Händler 20 % des Kaufpreises erstattet. Wie viel Euro erhält Herr Schmidt vom Händler?
a) 10.000 Euro
b) 20.000 Euro
c) 25.000 Euro
d) 30.000 Euro

6. Frau Feldbusch kauft sich für 500 Euro Aktien. Aufgrund einer guten wirtschaftlichen Entwicklung steigen die Aktienkurse auf 200 % des eingesetzten Kapitals. Wie viel Euro sind diese Aktien nun Wert?
a) 500 Euro
b) 1.000 Euro
c) 2.000 Euro
d) 5.000 Euro

7. Wie drückt man das Verhältnis 16 von 32 in Prozent aus (Prozentsatz)?
a) 16 %
b) 32 %
c) 60 %
d) 50 %

8. 8 % sind 80 Einheiten, wie viel sind 100 % (Grundwert)?
a) 100 Einheiten
b) 1.000 Einheiten
c) 400 Einheiten
d) 4.000 Einheiten

9. Der Preis für eine Kilowattstunde wird von 0,25 Euro auf 0,30 Euro erhört. Wie hoch ist die Steigerung in %?
a) 20 %
b) 25 %
c) 30 %
d) 5 %

10. Bei meiner Stamm-Apotheke erhalte ich drei Prozent Rabatt auf alle Rechnungen. Meine letzte Rechnung betrug vor Abzug 40,00 Euro. Wie hoch war die Ersparnis?
a) vier Euro
b) zwölf Euro
c) 1,20 Euro
d) 0,40 Euro

11. Im Polizeibezirk Bochum arbeiten 1.500 Männer und 500 Frauen. Wie hoch ist der prozentuale Frauenanteil in diesem Bezirk?
a) 15 %
b) 20 %
c) 25 %
d) 30 %

12. Der Bauer hat insgesamt 90 Apfelbäume und will 18 weitere anpflanzen. Wie viel Prozent sind das?
a) 18 %
b) 20 %
c) 24 %
d) 19 %

13. Der Pizza-Lieferservice wirbt mit 20 % Rabatt bei der nächsten Bestellung. Luisa möchte sich eine 15,00 Euro Pizza bestellen. Wie hoch wäre die Ersparnis?
a) 2,50 Euro
b) 3,00 Euro
c) 2,00 Euro
d) 1,50 Euro

14. Wie hoch ist die Wahrscheinlichkeit in Prozent, als Kandidat bei der Show „Wer wird Millionär" eine Million Euro zu gewinnen, wenn es nur sechs Kandidaten von 300 schaffen?
a) 0,6 %
b) 1,5 %
c) 3 %
d) 2 %

15. Bei einer mobilen Blitzkontrolle beträgt die Wahrscheinlichkeit, dass jemand zu schnell fährt, etwa zehn Prozent. Die Blitzkontrolle wurde an einer vielbefahrenen Straße aufgebaut. Hier fahren von 7.00 Uhr bis 16.00 Uhr etwa 2.100 Autos entlang. Pro Ticket fallen Kosten von durchschnittlich zehn Euro an. Wie hoch ist der Betrag, der hier im genannten Zeitraum an Strafen eingenommen wird?
a) 2.100 Euro
b) 2.200 Euro
c) 2.300 Euro
d) 2.400 Euro

16. Wie viele Birnen können gekauft werden, wenn zehn Prozent von 80 Birnen vom Markt genommen wurden?
a) 76 Birnen
b) 88 Birnen
c) 70 Birnen
d) 72 Birnen

17. Ende April 2015 waren in den Bremer Justizvollzugsanstalten 1.350 Strafgefangene inhaftiert. Das sind etwa vier Prozent weniger als im Vorjahr, so das Statistikamt. Wie viele Strafgefangene waren im Vorjahr inhaftiert?
a) 1.445 Strafgefangene
b) 1.296 Strafgefangene
c) 1.404 Strafgefangene
d) 1.498 Strafgefangene

18. Im Jahr 2013 wurden deutschlandweit 9.640 Tote durch Verkehrsunfälle verzeichnet. Darunter waren 1.364 Motorradunfälle und 3.456 PKW-Unfälle. Wie viel Prozent der Tode wurden nicht durch Motorräder oder PKWs verursacht?
a) 15 %
b) 25 %
c) 50 %
d) 75 %

**Lösungen: Prozentrechnung**

| | | |
|---|---|---|
| 1. c) | 7. d) | 13. b) |
| 2. b) | 8. b) | 14. d) |
| 3. a) | 9. a) | 15. a) |
| 4. b) | 10. c) | 16. d) |
| 5. a) | 11. c) | 17. c) |
| 6. b) | 12. b) | 18. c) |

Zu 1.: c) Zuerst muss die Anzahl der Schüler, die besser als eine 3 waren, berechnet werden: drei (Anzahl der Note 1) + fünf (Anzahl der Note 2) = acht. Eingesetzt in die Formel für Prozentrechnung, ergibt sich ein Wert von $p = 8 \div 32 \times 100\ \% = 25\ \%$.

Zu 2.: b) Um herauszufinden, wie viele Singlehaushalte es gegeben hat, muss zuerst die Gesamthaushaltszahl bestimmt werden. Hierzu stellen wir die Formel um: $G= W \div p\ \% \times 100\ \% = 260$ Mio. $\div\ 65\ \% \times 100\ \% = 400$ Mio. Mit Hilfe des berechneten Grundwerts lässt sich in Teilschritt zwei der Prozentwert durch $W = p\ \% \times G = 35\ \% \div 100\ \% \times 400$ Mio. = 140 Mio. ermitteln.

Zu 3.: a) Einsetzen in die Formel bringt: $p = 16 \div 250 \times 100\ \% = 6{,}4\ \%$.

Zu 4.: b) Mit $p = 120\ \%$ und $W = 900$ Euro erhält man: $G = W \div p \times 100\ \% = 750$ Euro. Der Prozentsatz p wird so gewählt, da man im Vorjahr 100 % hatte und jetzt durch die Zinsen 20 % dazugekommen sind.

Zu 5.: a) Wird die Gleichung nach dem Prozentwert W umgestellt und für $p = 20\ \%$ und $G = 50.000$ Euro gewählt, so erhält man: $W = p\ \% \times G = 10.000$ Euro

Zu 6.: b) Entsprechen 500 Euro gleich 100 %, so verdoppelt sich dieser Wert, um auf 200 % zu kommen. Antwort b) ist korrekt.

Zu 7.: d) $p = 16 \div 32 \times 100\ \% = 50\ \%$. In diesem Fall wird mit 100 % multipliziert, da das Resultat in Prozent gewünscht ist. Ist nur das Verhältnis gefragt, so stimmt Antwort d) ebenfalls.

Zu 8.: b) Mit W = 80 Einheiten und p = 8 %: G = W ÷ p × 100 % = 1.000 Einheiten.

Zu 9.: a) Bei dieser Aufgabe ist zu beachten, dass G und W richtig gewählt werden: Da es sich um eine Steigerung handelt, wird der Prozentsatz auch über 100 % betragen.

Daher müssen nach der Berechnung p = 0,30 ÷ 0,25 × 100 % = 120 %, mit W = 0,30 Euro und G = 0,25 Euro, die anfänglichen 100 % abgezogen werden, um auf die reine Steigerung zu kommen.

Zu 10.: c) Siehe Lösung Aufgabe 5: W = p % × G = 1,20 Euro

Zu 11.: c) Die große Gefahr ist hierbei, dass anstatt mit 2.000 Beschäftigten nur mit dem Anteil der Männer von 1.500 Arbeitern gerechnet wird. Eingesetzt ergibt dies: p = 500 ÷ 2.000 × 100 % = 25 %

Zu 12.: b) p = 18 ÷ 90 × 100 % = 20 %

Zu 13.: b) Siehe Lösung Aufgabe 5: W = p % × G = 3,00 Euro

Zu 14.: d) p = 6 ÷ 300 × 100 % = 2 %

Zu 15.: a) Diese Aufgabe besteht aus zwei Teilschritten: die Berechnung der Anzahl an Autos, die mit großer Wahrscheinlichkeit zu schnell fahren, und der daraus resultierenden Gesamtsumme. Für Ersteres dient die Formel W = p % × G = 210 Autos, mit p = 10 % und G = 2.100 Autos. Da jedes Auto durchschnittlich 10 € bezahlt, lautet das Resultat in Teilschritt 2: 210 × 10 € = 2.100 €.

Zu 16.: d) Siehe Lösung Aufgabe 5: W = p % × G = 72 Stück. Hierbei ist zu beachten, dass nicht die im Text erwähnten 10 % für p gewählt werden, sondern die verbleibenden 90 %.

Zu 17.: c) Die Ende April 2015 1.350 Inhaftierten entsprechen 96 %, die aus dem Vorjahr 100 %. Daraus ergibt sich: 1.350 × 4 % =54
100 % = 1.350 + 54 = 1.404

Zu 18.: c) Da nach den Verkehrsunfällen gefragt ist, welche weder von PKWs noch Motorrädern verursacht worden sind, müssen von den 9.640 Toten insgesamt 4.820 Opfer (Summe der Motorrad- und PKW-Unfälle) subtrahiert werden. So berechnet sich p nach: p = 4.820 ÷ 9.640 × 100 % = 50 %

## Zinsrechnung

Die **Deutsche Zinsmethode** sieht vor, dass jeder Monat mit 30 Zinstagen und ein gesamtes Jahr mit 360 Zinstagen gerechnet wird. Somit werden Monate, die als Ganzes zwischen Anfangsdatum und Enddatum des Zinszahlungszeitraums liegen, unabhängig von ihrer tatsächlichen Tagesanzahl mit je 30 Tagen gezählt.

Löse alle Aufgaben und trage das Ergebnis entsprechend ein. Bei Rechenaufgaben darfst du Nebenrechnungen auf ein Notizblatt schreiben.

Zeit: **10 Minuten**

1. Ein Kapital von 22.500 € wird zu einem Zinssatz von 7,5 % angelegt. Wie hoch ist der Zins nach neun Monaten und zehn Tagen?

Ergebnis: ___________ €

2. Das Haus der Familie Müller ist mit einer Hypothek belastet. Familie Müller zahlt bei einem Zinssatz von 8,5 % monatlich 637,50 € Zinsen. Wie hoch ist die Hypothek?

Ergebnis: ___________ €

3. Herr Schmidt kauft ein Auto zum Preis von 13.750 € und lässt diese Summe vom Auto-händler finanzieren. In einem Jahr hat Herr Schmidt 15.331,25 € gezahlt. Wie hoch war der Zinssatz?

Ergebnis: ___________ %

4. Zum Bau eines Einfamilienhauses benötigt Familie Koch eine Hypothek von 150.000 €. Die Zinsen für die ersten fünf Jahre sind auf 6 % pro Jahr festgelegt. Außerdem muss Familie Koch 1 % Tilgung pro Jahr zahlen. Wie hoch sind die monatlichen Kosten der Familie Koch?

Ergebnis: ___________ €

5. Ein Sparer erhält für sein Kapital von 42.500 € bei einem Zinssatz von 6,5 % 552,50 € ausgezahlt. Wie lange war das Kapital angelegt?

Ergebnis: ___________ Tage

6. Für ein Darlehen von 33.000 € mussten bei einem Zinssatz von 8 % insgesamt 9.240 € an Zinsen gezahlt werden. Nach welcher Zeit wurde das Darlehen abgelöst?

Ergebnis: __________ Monate

7. Ein Kleinwagen kostet 15.600€, wenn er bar bezahlt wird. Das Auto kann auch in zwei Raten zu 8.000€ bezahlt werden, wobei die erste Rate sofort und die zweite nach einem halben Jahr fällig ist. Wie viel beträgt der Zinssatz, den der Verkäufer bei diesem Abzahlungsgeschäft verlangt?

Ergebnis: ___________ %

8. Deine Eltern haben für dich auf der Bank Festgeld bei einem Zinssatz von 3,00 % angelegt. Nach einem Jahr werden dir auf deinem Sparbuch dafür 45 € Zinsen gutgeschrieben.
a) Berechne, wie viel Geld deine Eltern für dich angelegt haben.
b) Berechne, wie viel Zinsen du in zehn Tagen erhältst.

Ergebnis:
a) = ___________ €
b) = ___________ €

## Mögliche Lösungswege: Zinsrechnung

Zu 1.: **1.312,50 €**
Jahreszins = 22.500 € × 7,5 % ÷ 100 %= 1.687,50€
Tageszins = 1.687,50 € ÷ 360 = 4,6875 €
Gesamtzins = 4,6875 € × 280 = 1.312,50 €

Zu 2.: **90.000 €**
Jahreszahlung= 637,50 € × 12 = 7.650 €
Kapital = 7.650 € ÷ 8,5 % × 100 % = 90.000 €

Zu 3.: **11,5 %**
Zinszahlung = 15.331,25 € - 13.750 €= 1.581,25 €
Prozentwert= 1.581,25 € ÷ 13.750 € × 100 % = 11,5 %

Zu 4.: **875 €**
Jahreszins = 150.000 € ÷ 100 % × 7 % = 10.500 €
Monatszins = 10.500 € ÷ 12 = 875€

Zu 5.: **72 Tage**
Jahreszins = 42.500 € × 6,5 % ÷ 100 %= 2.762,50 €
Tageszins = 2.762,50 € ÷ 360 = 7,67361111 €
Anlagedauer = 552,50 € ÷ 7,67361111 € = 72

Zu 6.: **42 Monate**
Jahreszins = 33.000 € × 8 % ÷ 100 % = 2.640 €
Monatszins = 2.640 € ÷ 12 = 220 €
Anlagedauer = 9.240 € ÷ 220 € = 42

Zu 7.: **5,263 %**
Der Verkäufer leiht dem Käufer 7.600 Euro für ein halbes Jahr und verlangt dafür eine „Gebühr“ von 400 Euro.
Zinssatz = 400 € × 100 % ÷ 7.600 € = 5,263 %

Zu 8. a) **1.500€**, b) **1,25 €**
Zu a): Anlagesumme = 45 € × 100 % ÷ 3 % = 1.500 €
Zu b) Tageszins = 45 € ÷ 360 = 0,125 €
Tageszins = 0,125 € x 10 = 1,25 €

## Dreisatz

Der Dreisatz (auch Verhältnisgleichung genannt) ist ein Lösungsverfahren, um in den meisten Fällen aus drei gegebenen Werten eines Verhältnisses den unbekannten vierten Wert zu berechnen. Dabei unterscheidet man bei der Schwierigkeit der Aufgaben zwischen einem einfachen Dreisatz (je mehr A, desto mehr B), umgekehrten Dreisatz (Je mehr A, desto weniger B) und zusammengesetzten Dreisatz (beispielsweise je mehr A und je weniger B, desto mehr C).

**Beispiel**
Das folgende Beispiel soll dir helfen, die Vorgehensweise zur Lösung von Dreisatzaufgaben ins Gedächtnis zu rufen:

Beispielaufgabe: Drei Hamburger kosten neun Euro. Wie viel kosten vier Hamburger?

Meistens wird bei Dreisatzaufgaben versucht, zunächst den Wert für eine Sache zu berechnen. In diesem Fall also der Preis für einen Hamburger.

Da drei Hamburger neun Euro kosten, berechnen wir 9 Euro ÷ 3 Hamburger = 3 Euro pro Hamburger. Ein Hamburger kostet also 3 Euro.

Da an der Stelle nach vier Hamburgern gefragt ist, berechnen wir: 4 × 3 Euro = 12 Euro. Vier Hamburger kosten also 12 Euro.

Zeit: **20 Minuten**

1. Anlässlich des Firmenjubiläums von sechs Mitarbeitern, welche zusammen 60 Jahre bei dieser Firma arbeiten, erhalten diese eine Prämie von insgesamt 1.200 Euro. Die Prämie errechnet sich nach der Anzahl der Dienstjahre. Karim Schuster wird nächstes Jahr sein 15-jähriges Jubiläum erreichen und überlegt, ob er mit der Prämie seinen Jahresurlaub zahlen kann, der 540 Euro kosten wird. Kann er das?
a) Ja, er kann den Urlaub mit der Prämie zahlen.
b) Nein, er kann den Urlaub nicht mit der Prämie zahlen.
c) Ja, es bleibt sogar noch was für Cocktails übrig.
d) Ja, wenn er noch 80 Euro dazuzahlt.

2. Eine Belegschaft von zwölf Arbeitern hat in je acht Stunden an sieben Tagen 390.000 Federn produziert. Über einen Zeitraum von 16 Tagen sollen 2.340.000 Federn produziert werden. Wie viele Arbeiter werden am Band benötigt, wenn acht Stunden am Tag gearbeitet wird?
a) unter 20 Arbeiter
b) zwischen 20 und 29 Arbeiter
c) zwischen 30 und 36 Arbeiter
d) mehr als 36 Arbeiter

3. Zwei Pumpen füllen in sechseinhalb Stunden einen Pool, welcher 13.000 Liter fasst. Für einen Pool, der 21.000 Liter fasst, werden drei dieser Pumpen verwendet. Wie lange benötigen diese Pumpen, um den Pool zu füllen?
a) vier Stunden
b) fünf Stunden
c) sechs Stunden
d) sieben Stunden

4. Hans möchte Rindfleisch kaufen. 450 g kosten 13,50 Euro. Was kostet ein Kilogramm Rindfleisch?
a) 28 Euro
b) 27 Euro
c) 45 Euro
d) 30 Euro

5. Für die Vorbereitungen auf einen Tornado stattet Familie Frisch ihren Bunker aus. Vor einigen Jahren ist das Ehepaar mit neun Konserven und zwölf Litern Wasser für drei Tage ausgekommen. Mittlerweile hat das Ehepaar zwei Kinder und möchte sich im Notfall für fünf Tage versorgen können. Wie viele Konserven und wie viel Liter Wasser sollte die Familie in den Bunker bringen, wenn jede Person die gleiche Menge verbraucht?
a) zehn Konserven und 15 Liter Wasser
b) 15 Konserven und 25 Liter Wasser
c) 20 Konserven und 30 Liter Wasser
d) 30 Konserven und 40 Liter Wasser

6. Aus drei Brunnen können maximal 24 Familien mit Wasser versorgt werden. Wie viele Familien können aus 20 Brunnen mit Wasser versorgt werden?
a) 160 Familien
b) 140 Familien
c) 120 Familien
d) 150 Familien

7. Ein Weizenfeld wird von fünf Mähdreschern in neun Tagen bestellt. Wie lange brauchen 15 Mähdrescher dafür?
a) drei Tage
b) vier Tage
c) fünf Tage
d) sechs Tage

8. Zwei Maurer brauchen 48 Stunden, um eine Mauer hochzuziehen. Wie viele Stunden benötigen sechs Maurer für die gleiche Arbeit?
a) zehn Stunden
b) 16 Stunden
c) 18 Stunden
d) 24 Stunden

9. Mona ist 24 Kilometer gefahren und hat 1,2 Liter Benzin verbraucht. Wie viel Liter verbraucht sie auf 100 Kilometern?
a) zehn Liter
b) fünf Liter
c) acht Liter
d) 2,4 Liter

10. Um ein Waldstück von 80.000 Quadratmetern abzusuchen, benötigen zehn Polizisten 40 Stunden. Wie lange benötigen fünf Polizisten für eine Fläche von 50.000 Quadratmetern?
a) 25 Stunden
b) 50 Stunden
c) 80 Stunden
d) 100 Stunden

11. Für die Strecke von der Polizeiwache zum Einsatzort benötigt der Fahrer 24 Minuten bei der zulässigen Höchstgeschwindigkeit von 80 km/h. Mit Blaulicht kann er etwa 40 km/h schneller fahren. Wie lange benötigt er für die Strecke, wenn er das Blaulicht verwendet?

a) vier Minuten
b) 16 Minuten
c) 20 Minuten
d) 48 Minuten

12. Für die Fertigstellung eines Rohbaus von einem neuen Gebäudeteil benötigen vier Bauarbeiter, die täglich sieben Stunden arbeiten, 20 Tage. Ein Maurer hatte einen Arbeitsunfall. Die übrigen Bauarbeiter können den Verlust etwas kompensieren, indem sie täglich eine Stunde länger arbeiten, also acht Stunden am Tag. Wie viele Tage dauert es nun, bis der neue Gebäudeteil fertiggestellt wird?

a) zirka 20 Tage
b) zirka 21 Tage
c) zirka 23 Tage
d) zirka 33 Tage

13. Zwei Fliesenleger benötigen für das Fliesen einer 32 Quadratmeter großen Garage vier Stunden. Wie lange brauchen fünf Fliesenleger für 40 Quadratmeter?

a) fünf Stunden
b) vier Stunden
c) drei Stunden
d) zwei Stunden

14. Um eine Mauer von 32 Quadratmeter zu ziehen, brauchen zwei Maurer vier Stunden. Wie lange brauchen drei Maurer für eine 144 Quadratmeter Mauer?

a) zehn Stunden
b) elf Stunden
c) zwölf Stunden
d) 15 Stunden

15. Für eine Strecke benötigt man neun Stunden bei einer Geschwindigkeit von 80 km/h. Wie hoch muss die Geschwindigkeit sein, wenn man diese Strecke in sechs Stunden schaffen möchte?
a) 90 km/h
b) 100 km/h
c) 110 km/h
d) 120 km/h

16. Ein leitender Angestellter möchte vom Unternehmen ein Geschäftsauto gestellt bekommen. Er muss allerdings ein Prozent des Kaufwertes monatlich versteuern. Wie viel Euro muss er im Jahr zusätzlich versteuern, wenn das Geschäftsauto 32.000 Euro kostet?
a) 8.340 Euro
b) 3.840 Euro
c) 320 Euro
d) 3.200 Euro

17. Ein Polizeiauto verbraucht auf 100 Kilometer etwa neun Liter Benzin. Wie viel Benzin benötigt dieses Auto für 350 Kilometer?
a) 31,5 Liter Benzin
b) 32 Liter Benzin
c) 32,5 Liter Benzin
d) 33,5 Liter Benzin

18. Für eine kleine Feier zum Einstand plant Lara, für sich und ihre elf Kollegen 60 Euro für Getränke ein. Kurzfristig melden sich vier Personen ab. Für das übrige Geld möchte sie nun noch einen edlen Tropfen kaufen. Wie viel Geld kann sie dafür ausgeben?
a) 15 Euro
b) 20 Euro
c) 25 Euro
d) 30 Euro

19. In fünf Tagen schaffen es zwei Paketdienste 800 Päckchen auszuliefern. Wie viele Päckchen können maximal ausgeliefert werden, wenn drei Paketdienste nur zwei Tage Zeit haben?
a) 480 Päckchen
b) 1.200 Päckchen
c) 240 Päckchen
d) 320 Päckchen

20. Von einem Containerschiff werden in 30 Minuten sieben Container entladen. Wie lange dauert die Entladung von 56 weiteren Containern?
a) vier Stunden
b) fünf Stunden
c) sechs Stunden
d) sieben Stunden

21. Vier Arbeiter benötigen zwölf Arbeitsstunden, um ein Waldstück vollständig zu roden. Welche Zeit benötigen zehn Arbeiter für dieselben Rodungsarbeiten?
a) vier Stunden 48 Minuten
b) vier Stunden acht Minuten
c) vier Stunden 36 Minuten
d) vier Stunden 54 Minuten

22. Ein Student gibt an 14 Tagen im Monat jeweils fünf Euro in der Mensa aus. Für wie viele Tage würde das gleiche Geld reichen, wenn er jeweils nur 3,50 Euro ausgeben würde?
a) 20 Tage
b) 25 Tage
c) 17 Tage
d) 19 Tage

## Lösungen: Dreisatz

| | | |
|---|---|---|
| 1. b) | 9. b) | 17. a) |
| 2. c) | 10. b) | 18. b) |
| 3. d) | 11. b) | 19. a) |
| 4. d) | 12. c) | 20. a) |
| 5. d) | 13. d) | 21. a) |
| 6. a) | 14. c) | 22. a) |
| 7. a) | 15. d) | |
| 8. b) | 16. b) | |

Zu 1.: b) Da die Prämie anhand der geleisteten Dienstjahre aufgeteilt wird, muss als Erstes ermittelt werden, wie viel Prozent Karim Schuster von dem Geld erhält. Dazu erfolgt die Rechnung: p = 15 ÷ 60 × 100 % = 25 % (siehe hierzu Kapitel Prozentrechnung). Um nun Karim Schusters Summe zu errechnen, multipliziert man die 1.200 Euro mit 0,25 (1 = 100 %, 0,25 = 25 %) und erhält einen Betrag von 300 Euro. Daher kann er den Urlaub nicht vollständig mit seiner Prämie bezahlen.

Zu 2.: c) Zuerst wird berechnet, wie viele Federn ein Arbeiter pro Tag herstellen kann: 390.000 Federn ÷ 7 Tage = 55.714 Federn/Tag. Auf einen Mitarbeiter kommen somit 55.714 Federn ÷ 12 Arbeiter = 4.643 Federn. Wenn nun 2.340.000 Federn in 16 Tagen produziert werden sollen, müssen 2.340.000 Federn ÷ 16 Tage = 146.250 Federn/Tag hergestellt werden. Durch den ersten Schritt liegt die Erkenntnis vor, dass ein Mitarbeiter 4.643 Federn/Tag schafft. Somit werden 146.250 Federn ÷ 4.643 Federn = 31,5 (Mitarbeiter) benötigt.

Zu 3.: d) Wenn zwei Pumpen 13.000 Liter befördern, trägt jede der beiden mit 6.500 Liter bei. Da sie den Pool in 6,5 Stunden befüllen, werden 1.000 Liter pro Stunde gepumpt (6.500 Liter/6,5h = 1.000 Liter/h). Für einen Pool mit 21.000 Liter Fassvermögen und drei Pumpen wird die gleiche Rechnung angewendet. Jede Pumpe trägt mit 7.000 Liter Gesamtvolumen bei. Bei 1.000 Liter pro Stunde brauchen die drei Pumpen also sieben Stunden, um den Pool zu füllen.

Zu 4.: d) Der klassische Dreisatz lässt sich auch grafisch lösen:
450 g → 13,50 Euro
1.000 g → x
x = 1.000 ÷ 450 × 13,50 Euro = 30 Euro

Zu 5.: d) Wenn zwei Personen zwölf Liter Wasser und neun Konserven in drei Tagen verbrauchen, so verbrauchen sie zu zweit pro Tag 12 Liter ÷ 3 = 4 Liter Wasser und 9 Konserven ÷ 3 = 3 Konserven pro Tag. Um nun den Fünf-Tages-Vorrat für vier Personen zu bestimmen, werden die Pro-Tag-Mengen mal zwei multipliziert und anschließend mal fünf: 4 Liter × 2 (Zwei Menschen werden zu einer „Einheit" zusammengefasst.) × 5 Tage = 40 Liter und 3 Konserven × 2 × 5 = 30 Konserven

Zu 6.: a) Wenn drei Brunnen 24 Familien versorgen, versorgt ein Brunnen allein maximal acht Familien. Somit können von 20 Brunnen acht Familien × 20 = 160 Familien leben.

Zu 7.: a) Fünf Mähdrescher benötigen neun Tage für ein Feld. Wird nun aber die dreifache Menge an Mähdreschern eingesetzt, so brauchen sie nur ein Drittel der Zeit, ergo drei Tage.

Zu 8.: b) Zwei Maurer arbeiten 48 Stunden für eine Mauer, somit beträgt die Arbeitszeit für einen Maurer, um eine Mauer hochzuziehen, 96 Stunden. Arbeiten nun sechs Maurer gleichzeitig, minimiert sich die Arbeitszeit auf 96 Stunden ÷ 6 Arbeiter = 16 Stunden.

Zu 9.: b) Siehe Lösung Aufgabe 4: x = 100 ÷ 24 × 1,2 l = 5 Liter

Zu 10.: b) Ein Polizist sucht pro Stunde 200 Quadratmeter ab (80.000 ÷ 10 ÷ 40 = 200). Für eine Fläche von 50.000 Quadratmetern benötigen somit fünf Polizisten 50 Stunden Zeit. (50.000 ÷ 200 ÷ 5 = 50 Stunden).

Zu 11.: b) Mit Blaulicht fährt der Fahrer 120 km/h. Ohne Blaulicht bewegt sich der Fahrer nur mit zwei Drittel der Geschwindigkeit fort. Braucht er also mit 80 km/h 24 Minuten, so legt er die Strecke mit höherem Tempo in einer Zeit von ⅔ × 24 Minuten = 16 Minuten zurück (Er spart sich somit ein Drittel der Zeit, da er um ein Drittel schneller fährt mit Blaulicht.).

Zu 12.: c) Insgesamt arbeiten vier Bauarbeiter 560 Stunden, um den Rohbau fertigzustellen: 4 Arbeiter × 7 Stunden = 28 Stunden Gesamtarbeitszeit pro Tag, 28 Stunden × 20 Tage = 560 Stunden. Drei Arbeiter, die jeden Tag acht Stunden arbeiten, weisen eine Gesamtarbeitszeit von 24 Stunden pro Tag auf. Somit folgt: 560 Stunden ÷ 24 Stunden (je Tag) = 23,33 Tage

Zu 13.: d) Zwei Fliesenleger brauchen vier Stunden für 32 Quadratmeter. Ein Fliesenleger bearbeitet somit in vier Stunden 16 Quadratmeter. In einer Stunde daher 16 Quadratmeter ÷ 4 Stunden = 4 Quadratmeter. Arbeiten fünf Fliesenleger gleichzeitig, schaffen sie in einer Stunde 20 Quadratmeter. Da die doppelte Fläche zu fliesen ist, benötigen sie zwei Stunden.

Zu 14.: c) Siehe Lösung Aufgabe 13: In einer Stunde schafft ein Maurer vier Quadratmeter, daher ziehen drei Maurer zwölf Quadratmeter Mauer in einer Stunde hoch.

Da die zu bauende Mauer 144 Quadratmeter Fläche besitzt, benötigen drei Maurer zwölf Stunden: 144 Quadratmeter ÷ 12 Quadratmeter pro Stunde = 12 Stunden

Zu 15.: d) Mit Hilfe der Formel s = v × t, wobei s für die zurückgelegte Strecke, t für die Zeit und v für die Geschwindigkeit steht, ermittelt man zuerst die Gesamtstrecke: s = 80 km/h × 9 h = 720 km. Wird die Zeitspanne verringert, so muss die Geschwindigkeit zunehmen: v = s ÷ t = 720 km ÷ 6 h = 120 km/h

Zu 16.: b) Die monatliche Steuer des Angestellten beträgt 32.000 Euro × 0,01 = 320 Euro. Somit muss er jährlich 320 Euro × 12 = 3.840 Euro Abgaben zahlen.

Zu 17.: a) Für 100 km verbraucht das Auto neun Liter Benzin. Fährt er jetzt 3,5-mal so viel, steigt auch sein Verbrauch um das 3,5-fache: 9 Liter Benzin × 3,5 = 31,5 Liter Benzin.

Zu 18.: b) Die eingeplanten 60 Euro verteilen sich gleichmäßig auf zwölf Gäste: 60 Euro ÷ 12 Gäste = 5 Euro pro Gast. Sagen nun vier Gäste ab, stehen Lara 20 Euro zum Kauf eines edlen Tropfens zur Verfügung: 5 Euro × 4 = 20 Euro

Zu 19.: a) Zwei Paketdienste liefern in fünf Tagen 800 Päckchen aus. Daher liefert ein Paketdienst 400 Päckchen in fünf Tagen und 80 Pakete an einem Tag aus: 800 Päckchen ÷ 2 = 400 Päckchen, 400 Päckchen ÷ 5 Tage = 80 Pakete pro Tag. Stellen drei Lieferanten gleichzeitig 80 Pakete am Tag zu, schaffen sie in Summe 240 pro Tag. Da sie zwei Tage Zeit haben, verdoppelt sich der Wert: 240 Pakete pro Tag × 2= 480 Pakete pro Tag

Zu 20.: a) In 30 Minuten können sieben Container entladen werden. Insgesamt fehlen noch 56 = 7 × 8 Container. Wie zu erkennen ist, ist die Zahl 56 das Achtfache von sieben, daher dauert die Entladung noch 8 × 0,5 Stunden = 4 Stunden.

Zu 21.: a) Die Gesamtarbeitszeit der vier Arbeiter beträgt 4 × 12 Stunden = 48 Stunden. Verteilen sich diese Stunden auf zehn Arbeiter, so benötigen sie 4,8 Stunden bei gleichzeitigem Roden. Zu beachten ist, dass eine Umrechnung in Minuten erfolgen muss: 60 Minuten × 0,8 (da 80 % der Stunde benötigt wird) = 48 Minuten

Zu 22.: a) Der Student verbraucht insgesamt 14 Tage × 5 Euro = 70 Euro in der Mensa. Reduziert er seinen täglichen Verzehr auf 3,50 Euro, so kann er an 70 ÷ 3,50 Euro pro Tag = 20 Tagen davon essen.

## Sprachanalogien

Sogenannte Sprachanalogien werden in zahlreichen Aufnahmetests verwendet. Die Aufgabe dabei ist, die Wortgleichung sinnvoll zu ergänzen. Das erste und zweite Wort in der Gleichung stehen in einer Beziehung zueinander. Ziel ist es, zwischen dem dritten und dem Lösungswort eine ähnliche Beziehung herzustellen. Richtig ist immer nur eine Lösung.

Zeit: **10 Minuten**

1. Linde / Eiche = Dackel / ?
a) Boxer
b) Hund
c) Vierbeiner
d) Schnauze

2. Bleistift / spitzen = Messer / ?
a) schneiden
b) stechen
c) schleifen
d) scharf

3. Bluse / T-Shirt = kurze Hose / ?
a) Rock
b) Unterhose
c) BH
d) Unterwäsche

4. Herbst / Apfel = Obst / ?
a) Sommer
b) Monat
c) Jahreszeit
d) Gemüse

5. Mensch / Nahrung = Auto / ?
a) Getriebe
b) Benzin
c) Reifen
d) Vordersitz
e) Windschutzscheibe

6. Obst / Banane = Gemüse / ?
a) Gurke
b) Kiwi
c) Apfel
d) Orange
e) Grapefruit

7. Küken / Vögel = Baby / ?
a) Rentner
b) Erwachsener
c) Jugendlicher
d) Homo Sapiens
e) Kleinkind

8. Skateboard / fahren = Pferd / ?
a) dressieren
b) reiten
c) füttern
d) schlachten
e) streicheln

9. hoch / tief = schnell / ?
a) lang
b) unendlich
c) breit
d) weit
e) langsam

10. Papier / Stift = Wand / ?
a) Schere
b) Kleber
c) Perforator
d) Wandfarbe
e) Tapete

11. Tee / Wasser = Kaffee / ?
a) Bohnen
b) Tasse
c) Wasser
d) Kanne
e) Schwarz

12. wenig / viel = null / ?
a) unendlich
b) nichts
c) mehr
d) ein bisschen
e) 1.000

13. Flugzeug / Himmel = Deutschland / ?
a) Universum
b) Berge
c) Land
d) Amerika
e) Europa

14. lachen / Freude = weinen / ?
a) Spaß
b) lustig
c) Trauer
d) Ekel
e) Tränen

15. Sommer / Sonne = Winter / ?
a) Blumen
b) kalt
c) langweilig
d) Schnee
e) Frühling

16. Morgen / Kind = Abend / ?
a) Mensch
b) Erwachsener
c) Frau
d) Junge
e) Affe

17. Herz / Mensch = Adler / ?
a) Krieg
b) Himmel
c) Sand
d) Frieden
e) Hass

18. Tier / Fell = Baum / ?
a) Wurzel
b) Rinde
c) Ast
d) Blätter
e) Stamm

19. Kilogramm / Gewicht = Minute / ?
a) Armbanduhr
b) Stunde
c) Tag
d) Zeit
e) Jahr

20. Meter / Länge = Unze / ?
a) Gold
b) Römer
c) Entfernung
d) Zeit
e) Masse

21. Hamburger / USA = Fish and Chips / ?
a) Deutschland
b) Großbritannien
c) Polen
d) Russland
e) Frankreich

22. vorwärts / rückwärts = rechts / ?
a) oben
b) unten
c) links
d) vorne
e) hinten

23. Knopf / Plastik = T-Shirt / ?
a) Glas
b) Holz
c) Eisen
d) Stoff
e) Feder

24. Kürbis / Herbst = Plätzchen / ?
a) Sommer
b) Winter
c) Frühsommer
d) Frühling
e) Juli

## Lösungen: Sprachanalogien

| | | |
|---|---|---|
| 1. a) | 9. e) | 17. b) |
| 2. c) | 10. d) | 18. b) |
| 3. a) | 11. c) | 19. d) |
| 4. c) | 12. a) | 20. e) |
| 5. b) | 13. e) | 21. b) |
| 6. a) | 14. c) | 22. c) |
| 7. e) | 15. d) | 23. d) |
| 8. b) | 16. b) | 24. b) |

Zu 1.: a) In diesem Fall passt nur Lösung a), da es sich hierbei um eine Hunderasse handelt. Linde und Eiche sind zwei verschiedene Baumarten, Dackel und Boxer zwei Hunderassen.

Zu 2.: c) Einen Bleistift spitzt man, ein Messer schleift man. Beides sind Methoden, um den jeweiligen Gegenstand in den Optimal-Zustand zu versetzen.

Zu 3.: a) Bluse ist die elegante, T-Shirt die legere Variante eines Oberteils. Gleicher Zusammenhang gilt für Rock und kurzer Hose.

Zu 4.: c) Es werden die Oberbegriffe gesucht: Apfel → Obst, Herbst → Jahreszeit.

Zu 5.: b) Ein Mensch benötigt Nahrung zum Überleben, ein Auto funktioniert nur mit ausreichend Benzin.

Zu 6.: a) Die Banane gehört eindeutig in die Kategorie Obst. In den Antwortmöglichkeiten steht nur eine Gemüsesorte, daher muss Gurke die richtige Lösung sein.

Zu 7.: e) Küken entwickeln sich ohne Zwischenschritt zu Vögeln. Da der Mensch mehrere Stadien durchläuft, aber nur nach dem Folgeprozess gefragt wurde, ist Antwort e) Kleinkind richtig.

Zu 8.: b) Der Zusammenhang besteht in der richtigen Fortbewegungsmöglichkeit. Ein Skateboard fährt man, ein Pferd wird geritten.

Zu 9.: e) In dieser Aufgabe werden Gegensätze abgefragt: hoch / tief und schnell / langsam.

Zu 10.: d) Mit einem Stift wird ein Papier beschrieben, analog dazu mit Wandfarbe die Wand gestrichen.

Zu 11.: c) Das Entscheidende ist nicht die Herstellung des Grundprodukts (Teeblätter, Kaffeebohnen), sondern die Zutat, die zur Fertigstellung des Getränks verwendet wird – in beiden Fällen ist dies Wasser.

Zu 12.: a) siehe Lösung Aufgabe 9

Zu 13.: e) Das Flugzeug fliegt im Himmel, Deutschland liegt auf dem Kontinent Europa. Die geografische Lage ist entscheidend.

Zu 14.: c) Freude wird oft empfunden, wenn man lacht. Trauer hingegen, wenn man weint.

Zu 15.: d) Das charakteristische Merkmal für den Sommer ist die Sonne. Für den Winter ist Schnee typisch.

Zu 16.: b) Wird das Leben als Tag betrachtet, ist der Mensch am Morgen ein Kind und am Abend ein Erwachsener.

Zu 17.: b) Das Herz befindet sich im Brustkorb des Menschen, der Adler verbringt die meiste Zeit im Himmel. Der richtige Lebensraum ist gefragt.

Zu 18.: b) Der Körper eines Tieres ist von einem Fell ummantelt, genauso wie ein Baum von Rinde ummantelt ist.

Zu 19.: d) Kilogramm ist eine Maßeinheit für das Gewicht. Die Zeit wird unter anderem in Minuten gemessen.

Zu 20.: e) Meter ist ein Längenmaß, genauso wie eine Unze eine Gewichtseinheit ist.

Zu 21.: b) Ein typisches Gericht in den USA sind Hamburger. Großbritannien ist bekannt für Fish and Chips.

Zu 22.: c) In dieser Aufgabe werden Gegensätze abgefragt: vorwärts / rückwärts und rechts / links.

Zu 23.: d) Das Material, aus dem die Gegenstände produziert werden, ist gesucht.

Zu 24.: b) siehe Lösung Aufgabe 15

## Buchstabenreihen fortsetzen

Bei dieser Aufgabe musst du Buchstabenreihen fortsetzen. Ergänze die Reihen so, dass sie sinnvoll und logisch mit einem Buchstaben gefüllt werden. Zeit: **10 Minuten**

1. A B A C A D A E A ___
2. Z A Y A X A W A ___
3. A E A G A I A K A ___
4. Z G X F Z E X D Z ___
5. Y F E Y F E Y F ___
6. D Z E Y F X G W H ___
7. B A D C F E H G J ___
8. O P N Q M R L S K ___
9. A B E C I D O F U ___
10. ML ON QP SR ___
11. x w u t r q o n l k ___
12. w V U t S R q P O n M ___
13. Z y X w V u T s ____
14. d h O s d i P t d j Q u d k R ___
15. m i g j f d g c a ___
16. k l m n o n m l ___
17. Y w T p K ___
18. e b i f m j q n u r ___
19. z a y b x c w d v e ___
20. C G k O S ___

## Lösungen: Buchstabenreihen fortsetzen

| | | |
|---|---|---|
| 1. F | 8. T | 15. d |
| 2. V | 9. G | 16. k |
| 3. M | 10. UT | 17. e |
| 4. C | 11. j | 18. y |
| 5. E | 12. L | 19. u |
| 6. V | 13. R | 20. w |
| 7. I | 14. v | |

Zu 1.: F. Die Reihe wechselt je zwischen dem Buchstaben A und der Aufzählung des Alphabets.

Zu 2.: V. Die Reihe wechselt je zwischen dem Buchstaben A und der Aufzählung des Alphabets von hinten.

Zu 3.: M. Die Reihe wechselt je zwischen dem Buchstaben A und der Aufzählung des Alphabets, bei E beginnend und je einen Buchstaben überspringend.

Zu 4.: C. Die Reihe wechselt zwischen dem Buchstabenpaar Z und X sowie der Aufzählung des Alphabets rückwärts, bei G beginnend.

Zu 5.: E. Es ist eine Dreierreihe, in der die Buchstaben Y, F und E immer wiederholt werden.

Zu 6.: V. Die Buchstaben werden abwechselnd von D an dem Alphabet nach und von Z an gegen das Alphabet gereiht.

Zu 7.: I. Die Buchstaben werden abwechselnd von B und A dem Alphabet nach gereiht und überspringen dabei jeweils einen Buchstaben.

Zu 8.: T. Die Buchstaben werden abwechselnd von O sowie von P an dem Alphabet nach gereiht, von O an gegen, von P an in Richtung des Alphabets.

Zu 9.: G. Die Buchstaben werden abwechselnd von A und B dem Alphabet nach gereiht, wobei von A an die Vokale und von B an die Konsonanten aufgereiht werden.

Zu 10.: UT. Die Buchstaben werden rückwärts in Zweier-Päckchen gebündelt.

Zu 11.: j. Die Buchstaben werden ausgehend vom x rückwärts in dem Muster -1 -2 aneinandergereiht.

Zu 12.: L. Die Buchstaben werden dem Alphabet entsprechend rückwärts ausgehend vom w aufgezählt. Dabei ist jeder zweite und dritte Buchstabe groß.

Zu 13.: R. Die Buchstaben werden dem Alphabet entsprechend rückwärts aufgezählt. Dabei sind die Buchstaben abwechselnd klein und groß.

Zu 14.: v. Hier werden drei verschiedene Reihen miteinander verzahnt und jeweils durch ein d voneinander getrennt: hijk.../ OPQR.../stu...

Zu 15.: d. Die Buchstaben werden ausgehend vom m in dem Muster -4 -2 +3 aneinandergereiht.

Zu 16.: k. Die Buchstaben laufen dem Alphabet entsprechend bis zum o und von dort an wieder rückwärts.

Zu 17.: e. Die Buchstaben werden ausgehend vom Y in dem Muster -2 -3 -4 -5 aneinandergereiht.

Zu 18.: y. Die Buchstaben werden ausgehend vom e in dem Muster -3 +7 aneinandergereiht.

Zu 19.: u. Hier werden zwei verschiedene Reihen miteinander abwechselnd verzahnt: zyxwv... und abcde....

Zu 20.: w. Die Buchstaben werden ausgehend vom C in dem Muster +4 aneinandergereiht. Dabei ist jeder dritte Buchstabe klein.

## Textaufgaben

Textaufgaben sind im Einstellungstest eine wirkungsvolle Methode, um unsere Abstraktionsfähigkeit und gleichzeitig die rechnerische Fähigkeit auf die Probe zu stellen. Zeit: **20 Minuten**

1. Jemand sagt: „In zwei Jahren bin ich doppelt so alt wie ich vor vier Jahren war." Wie alt ist die Person?
a) zehn
b) zwölf
c) acht
d) 13

2. Wer ist am schnellsten? Liam ist langsamer als Anna. Anna ist schneller als Emilia. Liam ist langsamer als Kevin. Kevin ist schneller als Anna.
a) Liam
b) Anna
c) Emilia
d) Kevin

3. Arthur ist leichter als Benjamin, aber schwerer als Johanna.
Johanna ist schwerer als Peter. Wer ist der Schwerste?
a) Arthur
b) Benjamin
c) Johanna
d) Peter

4. Zwei Länder haben insgesamt zehn Einwohner. Niemand, der mehr als 85 Kilogramm wiegt, kann Präsident eines Landes werden. Die Einwohner der Länder sind jeweils 88 kg, 86 kg, 84 kg, 75 kg, 95 kg, 105 kg, 78 kg, 85 kg, 86 kg und 87 kg schwer. Wie viele Präsidenten gibt es?
a) fünf
b) sechs
c) drei
d) zwei

5. Du meldest dich zu einem Wettlauf an. Beim Endspurt überholst du den fünften Läufer, wirst dann aber von zwei anderen Läufern überholt. Mit welcher Platzierung läufst du ins Ziel ein?
a) vierter
b) fünfter
c) sechster
d) siebter

6. Wenn sechs Äpfel ein Kilogramm wiegen, wie viele Äpfel wiegen dann 2,5 Kilogramm?
a) zwölf
b) 16
c) 15
d) 13

7. Wer ist am stärksten? Andreas ist schwächer als Linus. Henry ist stärker als Patrick. Patrick ist stärker als Linus.
a) Andreas
b) Henry
c) Patrick
d) Linus

8. Wer ist am sorgfältigsten? Michael ist sorgfältiger als Ben. Annika ist sorgfältiger als Sarah. Annika ist lässiger als Ben. Sarah ist lässiger als Ben.
a) Michael
b) Ben
c) Sarah
d) Annika

9. Morgen ist Montag. Welcher Tag war einen Tag vor gestern?
a) Samstag
b) Freitag
c) Donnerstag
d) Sonntag

10. Jeder Cousin hat gleich viele Cousinen wie Cousins. Jede Cousine hat doppelt so viele Cousins wie Cousinen. Wie viele Cousinen gibt es in der Familie?
a) vier
b) drei
c) acht
d) eine

11. Eine Biene hat sechs Beine, eine Spinne sogar acht. Zusammen haben zwei Bienen und drei Spinnen genauso viele Beine wie zwölf Enten und ...
a) zwei Hunde.
b) drei Hunde.
c) sieben Hunde.
d) zwölf Hunde.

12. Wie oft kann man maximal 1,50 Euro ausgeben, wenn man 17,99 Euro hat?
a) 10,5-mal
b) 11-mal
c) 12-mal
d) 13-mal

13. Hans geht in den Supermarkt und möchte 20 Tafeln Schokolade kaufen. Eine Tafel kostet 0,89 Euro. Es gibt aber noch zwei Angebote: Angebot A – fünf Tafeln für 4,20 Euro oder das Angebot B – zehn Tafeln für 8,50 Euro. Sollte Hans ein Angebot nutzen und wenn ja, welches?
a) Hans sollte die Tafeln einzeln kaufen.
b) Hans sollte das Angebot A nutzen.
c) Hans sollte das Angebot B nutzen.
d) Die Angebote A und B sind gleichwertig.

14. Zwei Hasen benötigen acht Tage, um das Gras eines Rasens komplett aufzufuttern. Wie viele Tage benötigen zehn Hasen?

a) 1,8 Tage
b) zwei Tage
c) 1,4 Tage
d) 1,6 Tage

**Lösungen: Textaufgaben**

| 1. a) | 6. c) | 11. b) |
|---|---|---|
| 2. d) | 7. b) | 12. b) |
| 3. b) | 8. a) | 13. b) |
| 4. d) | 9. b) | 14. d) |
| 5. d) | 10. b) | |

Zu 1.: a) Stellt man eine Gleichung auf, lässt sich das Alter leicht berechnen. Dazu wird das Alter als Variable x definiert: $x + 2 = (x - 4) \times 2$
Löst man diese Gleichung nach x auf, erhält man: $2 = x - 8 \mid + 8; x = 10$.
Daher ist das aktuelle Alter x = zehn Jahre.

Zu 2.: d) Da Kevin schneller ist als Anna und Liam, aber Emilia langsamer ist als Anna, kann nur Kevin der Schnellste sein.

Zu 3.: b) Chronologisch ist Benjamin der Schwerste, gefolgt von Arthur, dann Johanna und Paul ist der Leichteste.

Zu 4.: d) Insgesamt gibt es vier Kandidaten, da jedes Land aber nur einen Präsidenten wählt, ist Antwort d) richtig.

Zu 5.: d) Wenn ich den Fünften überhole, nehme ich den Platz als Fünftplatzierter ein. Werde ich nun zweimal überholt, rutsche ich auf den siebten Platz zurück.

Zu 6.: c) Sechs Äpfel wiegen ein Kilo, das 2,5-fache, also 2,5 kg, ergeben sich durch die 2,5-fache Anzahl an Äpfel: $6 \times 2{,}5 = 15$ Äpfel

Zu 7.: b) Henry ist der Stärkste, gefolgt von Patrick, danach Linus und Andreas ist der Schwächste.

Zu 8.: a) Da Ben sorgfältiger ist als Sarah und Annika, aber lässiger ist als Michael, ist Michael der Sorgfältigste von allen vier.

Zu 9.: b) Wenn morgen Montag ist, haben wir heute Sonntag. Gestern war Samstag und der Tag davor war Freitag.

Zu 10.: b) Zur Lösung der Aufgabe stellen wir ein Gleichungssystem mit x = Anzahl Cousins und y = Anzahl Cousinen auf:
(I) $(|x| - 1) = |y|$
(II) $(|y| - 1) = 2\ |x|$
Gleichung (I) ist aus Sicht eines Cousins, daher steht auf der linken Seite $(x - 1)$, analog dazu Gleichung (II) aus Sicht einer Cousine. Die Variablen x und y sind in Betragsstrichen, da uns die reine Anzahl und nicht das Vorzeichen interessiert. Auflösen von (I) nach x ergibt:
(I) × $|x| = |y| + 1$
Einsetzen von (I)× in (II):
(II) × $(|y| - 1) = 2 \times (|y| + 1)$
$|y| - 1 = 2|y| + 2$
$|y| = - 3$
$y = |-3| = 3$
Insgesamt sind drei Cousinen in der Familie.

Zu 11.: b) Zusammen haben zwei Bienen und drei Spinnen 36 Beine: 6 Beine × 2 Bienen + 8 Beine × 3 Spinnen = 36 Beine. Zwölf Enten besitzen insgesamt 24 Beine, da 12 Enten × 2 Beine = 24 Beine sind. Somit fehlen noch insgesamt zwölf Hundebeine. Ein Hund hat vier Beine, damit ist Antwort b) richtig.

Zu 12.: b) Elfmal ist die richtige Antwort, da 17,99 Euro ÷ 1,50 Euro = 11,99 ergibt. In diesem Fall muss abgerundet werden.

Zu 13.: b) Vergleicht man die Angebote, zahlt man für den Einzelkauf 20 Tafeln × 0,89 Euro = 17,80 Euro. Nutzt man Angebot A, ergibt sich eine Summe von 16,80 Euro (4 × 4,20 Euro). Angebot B liegt im Mittelfeld mit 20 Tafeln für 17,00 Euro. Antwort b) ist somit korrekt.

Zu 14.: d) Zwei Hasen brauchen acht Tage, damit braucht ein Hase doppelt so lange (16 Tage), um den Rasen aufzufuttern. Teilen sich zehn Hasen die Arbeit, brauchen sie nur ein Zehntel der Zeit: 16 Tage ÷ 10 Hasen = 1,6 Tage.

## Wörter ermitteln

In dieser Aufgabe sind Buchstaben durcheinander gewürfelt. In die richtige Reihenfolge gebracht, ergeben sie ein sinnvolles Wort. Setze aus den Buchstaben das Wort zusammen. Es handelt sich dabei um Substantive in der Einzahl.

Zeit: **1 Minute**

1. **A W E G A**
2. **D E U D N**
3. **P F A L E**
4. **Y A N H D**
5. **A E S N H**
6. **B D A N E**
7. **R F H Ä E**
8. **E B L K A**
9. **A L R E G**
10. **H N F A E**
11. **S D O A L**
12. **C E S E H**
13. **T M R A K**
14. **D A L N E**
15. **F P A M D**
16. **T P K A E**
17. **R T A E V**

## Lösungen: Wörter ermitteln

| | | |
|---|---|---|
| 1. WAAGE | 7. FÄHRE | 13. MARKT |
| 2. DUDEN | 8. KABEL | 14. NADEL/LADEN |
| 3. APFEL | 9. LAGER/REGAL | 15. DAMPF |
| 4. HANDY | 10. FAHNE/HAFEN | 16. PAKET |
| 5. SAHNE | 11. SALDO | 17. VATER |
| 6. ABEND | 12. ECHSE | |

## Oberbegriffe finden

Wähle aus jeweils sechs Begriffen die zwei aus, zu denen es einen gemeinsamen Oberbegriff gibt. Markiere die Buchstaben mit der korrekten Lösung. Welche beiden Wörter passen zu einem gemeinsamen Oberbegriff? Zeit: **3 Minuten**

1.
a) Diabetes
b) Osteomalazie
c) Skorbut
d) Influenza
e) Röteln
f) Akne

2.
a) Schiff
b) Meer
c) Fisch
d) Qualle
e) Delfin
f) Wal

3.
a) Silo
b) Flugzeug
c) Bank
d) Tresor
e) Stall
f) Weizen

4.
a) Golf
b) Turnen
c) Volleyball
d) Schwimmen
e) Kraftsport
f) Radfahren

5.
a) Wald
b) Tanne
c) Laub
d) Knolle
e) Eiche
f) Sonnenblume

6.
a) Tür
b) Keller
c) Sofa
d) Schrank
e) Haus
f) Dachziegel

7.
a) Laufstrecke
b) Kilometer
c) Ende
d) Anfang
e) Läufer
f) Zeit

8.
a) DVD-Player
b) Fernseher
c) Videospiel
d) CD
e) Magazin
f) Buchhandlung

9.
a) Helm
b) Motorrad
c) Pilot
d) Tragflächen
e) Flugzeug
f) Flughafen

10.
a) Wrack
b) Torso
c) Fortbewegungsmittel
d) Salz
e) Holz
f) Pinsel

**Lösungen: Oberbegriffe finden**

| 1. b) und c) | 5. b) und e) | 9. b) und e) |
|---|---|---|
| 2. e) und f) | 6. c) und d) | 10. a) und b) |
| 3. a) und d) | 7. c) und d) | |
| 4. a) und c) | 8. a) und b) | |

Zu 1.: Vitamin-Mangel (Vit. D bzw. Vit. C)

Zu 2.: Säugetiere

Zu 3.: Speicher

Zu 4.: Ballsportarten

Zu 5.: Baumart

Zu 6.: Möbel

Zu 8.: Abspielgeräte

Zu 9.: Fortbewegungsmittel

## Tatsache oder Meinung

Bei dieser Aufgabe musst du prüfen, ob es sich bei den Aussagen um eine Tatsache oder eine Meinung handelt. Zeit: **5 Minuten**

1. Fliegen ist gefährlich.

2. Der Weltraum ist mysteriös.

3. Manche Menschen behaupten, die Erde sei eine Scheibe.

4. Manche Politiker lügen.

5. Politiker lügen oft.

6. Rauchen ist ungesund.

7. Rosen riechen gut.

8. Lesen bildet.

9. Reichtum macht das Leben leichter.

10. Menschen sind soziale Lebewesen.

11. Es ist nicht alles Gold was glänzt.

12. Wohnungskatzen zu halten ist Tierquälerei.

13. Rotwein passt am besten zu rotem Fleisch.

14. Filme werden immer aufwendiger produziert.

15. Von Alkohol bekommen einige Menschen Kopfschmerzen.

16. Das Universum ist unendlich.

17. Väter sind reich an Erfahrung.

18. Junge Menschen sind aktiver als alte.

19. Kochen ist eine Kunst.

20. Pflanzen haben ein Bewusstsein, behaupten manche Personen.

**Lösungen: Tatsache oder Meinung**

| | | |
|---|---|---|
| 1. Meinung | 8. Meinung | 15. Tatsache |
| 2. Meinung | 9. Meinung | 16. Meinung |
| 3. Tatsache | 10. Tatsache | 17. Meinung |
| 4. Tatsache | 11. Tatsache | 18. Meinung |
| 5. Meinung | 12. Meinung | 19. Meinung |
| 6. Tatsache | 13. Meinung | 20. Tatsache |
| 7. Meinung | 14. Meinung | |

## Schlussfolgerungen / Syllogismen I

Im Einstellungstest werden häufig bestimmte Aussagen getroffen oder Regeln und Einzelfälle genannt, die zu bestimmten Ergebnissen führen. Die Testperson muss dann entscheiden, ob die Aussage stimmt oder zu welchem Ergebnis die Regeln und Einzelfälle führen.

**Beispiel**
Welcher Weg ist der Kürzeste?
Weg A ist länger als Weg B.
Weg B ist kürzer als Weg C.
Weg C ist gleich kurz wie Weg D.
Weg D ist kürzer als Weg A.
Lösung: Weg B ist der Kürzeste.
Erklärung:
A > B
C > B
C = D daraus folgt (C = D) > B und A > B -> Weg B ist der Kürzeste
A > D daraus folgt A > C&D > B -> Weg B ist der Kürzeste

Welche der angebotenen Schlussfolgerungen ist richtig?

Zeit: **10 Minuten**

1. Alle Europäer sind Rechtshänder. Alle Rechtshänder sind Mechaniker.
a) Einige Mechaniker sind Europäer.
b) Alle Mechaniker sind Europäer.
c) Alle Rechtshänder sind Europäer.
d) Nicht alle Europäer sind Mechaniker.

2. Kein Schüler ist Lehrer. Einige Lehrer sind Beamte. Jemand ist entweder Schüler oder Lehrer. Ein Beamter kann, muss aber nicht, Lehrer sein.
a) Alle Schüler sind Beamte.
b) Alle Beamte sind Schüler.
c) Kein Schüler ist Beamter.
d) Einige Beamte könnten Schüler sein.

3. Einige Tiere sind Säugetiere. Alle Säugetiere sind grün.
a) Alle Tiere sind grün.
b) Einige Tiere sind grün.
c) Keines der Tiere ist grün.
d) Einige Tiere sind braun.

4. Alle Smartphones haben eine Kamera. Einige Kameras sind hochauflösend.
a) Alle Smartphones haben eine hochauflösende Kamera.
b) Einige Smartphones haben eine hochauflösende Kamera.
c) Keins der Smartphones hat eine hochauflösende Kamera.
d) Alle Kameras sind hochauflösend.

5. Alle Rennbahnen sind Straßen. Alle Straßen sind Verkehrsflächen.
a) Alle Rennbahnen sind Verkehrsflächen.
b) Keine Rennbahn ist eine Verkehrsfläche.
c) Keine Straße ist eine Verkehrsfläche.
d) Alle Straßen sind Rennbahnen.

6. Alle Scheren sind Pflanzen. Einige Scheren sind groß.
a) Alle Pflanzen sind groß.
b) Einige Pflanzen sind groß.
c) Keine der Pflanzen ist groß.
d) Alle Pflanzen sind klein.

7. Alle Komiker sind Unterhalter. Einige Unterhalter sind Musiker.
a) Alle Musiker sind nicht Komiker.
b) Alle Musiker sind Komiker.
c) Einige Musiker sind Komiker.
d) Kein Musiker ist ein Komiker.

8. Alle Italiener essen Pizza. Alle Italiener sind Europäer.
a) Einige Europäer essen Pizza.
b) Alle Europäer essen Pizza.
c) Alle Europäer sind Italiener.
d) Kein Europäer ist ein Italiener.

9. Alle Piloten sind Abenteurer. Keine Abenteurer sind Bergsteiger.
a) Einige Piloten sind keine Bergsteiger.

b) Alle Piloten sind keine Bergsteiger.
c) Einige Bergsteiger sind Piloten.
d) Alle Bergsteiger sind Piloten.

10. Einige Fluglinien verwenden alte Flugzeuge. Alte Flugzeuge sind sicher.
a) Alle Fluglinien sind sicher.
b) Einige Fluglinien verwenden sichere Flugzeuge.
c) Alle sicheren Flugzeuge sind alt.
d) Keines der sicheren Flugzeuge ist alt.

11. Einige Zahlen sind Primzahlen. Primzahlen sind immer schwarz.
a) Alle schwarzen Zahlen sind Primzahlen.
b) Einige schwarze Zahlen sind Primzahlen.
c) Alle Zahlen sind schwarz.
d) Zahlen sind entweder schwarz oder weiß.

12. Alle Polizisten sind schnell. Einige Menschen sind schnell. Schnelle Polizisten sind Menschen.
a) Alle Polizisten sind Menschen.
b) Alle Menschen sind Polizisten.
c) Alle schnellen Menschen sind Polizisten.
d) Kein Mensch ist ein Polizist.
e) Schnelle Polizisten sind keine Menschen.

13. Ein Pandabär ist ein Säugetier. Einige Säugetiere sind Affen. Ein Säugetier ist entweder ein Affe oder ein Pandabär.
a) Einige Pandabären sind Affen.
b) Alle Pandabären sind Affen.
c) Ein Affe kann ein Säugetier sein.
d) Alle Affen sind Säugetiere.
e) Ein Pandabär kann ein Affe sein.

14. Alle Universitäten haben Gebäude. Einige Gebäude sind einsturzgefährdet.
a) Alle Universitäten sind einsturzgefährdet.
b) Alle einsturzgefährdeten Gebäude sind Universitäten.

c) Einige Universitäten haben einsturzgefährdete Gebäude.
d) Ein einsturzgefährdetes Gebäude kann eine Universität sein.

15. Alle Gebäude sind Objekte. Alle Häuser sind Gebäude.
a) Alle Häuser sind Objekte.
b) Einige Häuser sind keine Objekte.
c) Ein Objekt kann kein Haus sein.
d) Alle Gebäude sind Häuser.

**Lösungen: Schlussfolgerungen I**

| 1. a) | 6. b) | 11. b) |
|---|---|---|
| 2. d) | 7. c) | 12. a) |
| 3. b) | 8. a) | 13. c) |
| 4. b) | 9. b) | 14. c) und d) |
| 5. a) | 10. b) | 15. a) |

Zu 1.: a) Europäer -> Rechtshänder -> Mechaniker; die Reihe funktioniert nur in eine Richtung, somit ist Schlussfolgerung b) und c) falsch. Da alle Europäer Rechtshänder und alle Rechtshänder Mechaniker sind, stimmt d) ebenfalls nicht. Somit ist a) korrekt.

Zu 2.: d) Da nicht ausgeschlossen wird, dass Schüler auch Beamte sein könnten, ist in diesem Fall Antwort d) richtig.

Zu 3.: b) einige Tiere -> Säugetiere; Säugetiere -> grün. Wenn in der ersten Aussage das letzte und in der zweiten Aussage das erste Wort inhaltlich übereinstimmen, kann der Zwischenschritt weggelassen werden.

Zu 4.: b) Smartphones -> Kamera; einige Kameras -> hochauflösend. Wenn alle Smartphones eine Kamera besitzen, aber nicht alle Kameras hochauflösend sind, gibt es Kameras mit und ohne hochauflösender Grafik. Antwort b) ist korrekt.

Zu 5.: a) Rennbahnen -> Straßen; Straßen -> Verkehrsflächen. Wie in Aufgabe 3 kann der Zwischenschritt entfernt werden, wenn er identisch ist.

Zu 6.: b) Scheren -> Pflanzen; einige Scheren -> groß. Da es mehr Pflanzen gibt als nur Scheren, fällt Antwort a) weg. Antwort c) und d) schließen sich ebenfalls aus, da nicht alle Pflanzen groß sind, aber auch nicht alle klein (siehe Teilschritt 2).

Zu 7.: c) Komiker -> Unterhalter; einige Unterhalter -> Musiker. Nur Antwort c) ist korrekt, da die Reihe auch umgedreht werden kann: einige Musiker, Unterhalter, Komiker.

Zu 8.: a) Italiener -> Pizza; Italiener -> Europäer. Da die Italiener nur ein Teil von Europa sind, essen einige Europäer Pizza. Gleiche Erklärung für Ausschluss b), c) und d).

Zu 9.: b) Piloten -> Abenteurer; Abenteurer -> kein Bergsteiger. Um den Zwischenschritt zu entfernen, wird die Aussage „gedreht".

Zu 10.: b) einige Fluglinien -> alte Flugzeuge; alte Flugzeuge sicher. Der Zwischenschritt kann übersprungen werden.

Zu 11.: b) einige Zahlen -> Primzahlen; Primzahlen -> schwarz. Es ist anzunehmen, dass mehrere Farben und mehr schwarze Zahlenarten existieren, nicht nur die Primzahlen, daher stimmen die Aussagen a), c) und d) nicht.

Zu 12.: a) Da alle Polizisten schnell sind und schnelle Polizisten Menschen sind, sind somit alle Polizisten Menschen.

Zu 13.: c) Es wird nicht ausgeschlossen, dass Affen etwas anderes sein können als Säugetiere, deshalb ist c) richtig.

Zu 14.: d) Einige Gebäude sind einsturzgefährdet. Aufgrund der Tatsache, dass nicht alle Gebäude einsturzgefährdet sind, sind es auch nicht alle Universitäten. Antwort a) ist falsch. Nicht nur in der Universität existieren einsturzgefährdete Gebäude, somit fällt Antwort b) weg.

Da nicht klar definiert ist, ob die Gebäude, die einsturzgefährdet sind, zu einer Universität gehören, ist c) ebenfalls falsch. Nur Antwort d) berücksichtigt alle Aspekte und nennt eine wahre Schlussfolgerung.

Zu 15.: a) Gebäude ist eine Untermenge von Objekt. Haus ist eine Untermenge von Gebäude. Somit sind alle Häuser auch Objekte.

## Schlussfolgerungen / Syllogismen II

Bei dieser Aufgabe musst du Schlussfolgerungen überprüfen, die aufgrund bestimmter Behauptungen aufgestellt wurden. Die Aufgabe wird durch absurde Aussagen erschwert, was für Verwirrung sorgen soll. Den realen Bezug zu den einzelnen Aussagen kannst du dabei außer Acht lassen. Konzentriere dich lieber auf die Kernaussagen.

Markiere die Antworten jeweils mit „richtig“ oder „falsch“.

**Beispiel:**
Alle Hunde essen Bananen. Bananen können fliegen. Also könne alle Hunde fliegen.

**Lösung:** Falsch. Nur weil Hunde Bananen essen und Bananen fliegen können, heißt das nicht, dass Hunde auch fliegen können.

Zeit: **10 Minuten**

1. Niemand mit blauer Nase kann Bundeskanzler sein. Alle Menschen haben blaue Nasen. Also kann kein Mensch Bundeskanzler sein.
a) richtig b) falsch

2. Alle Pflanzen haben Fenster. Alle Fenster haben Briefe. Deshalb haben alle Pflanzen Briefe.
a) richtig b) falsch

3. Alle Giraffen sind Kunstsammler. Manche Kunstsammler sitzen in Käfigen. Also sitzen manche Giraffen in Käfigen.
a) richtig b) falsch

4. Alle Radios können lesen. Kühlschränke können schreiben. Also können Radios Kühlschränke schreiben.
a) richtig b) falsch

5. Kühlschränke können schreiben, aber nicht lesen. Radios können lesen, aber nicht schreiben. Töpfe können lesen und schreiben. Also sind Töpfe intelligenter als Radios und Kühlschränke.
a) richtig b) falsch

6. Mützen können alles beißen. Alle Autos sind Mützen und alle Mäuse sind eckig, weil sie Mützen essen. Also können alle Autos beißen.
a) richtig b) falsch

7. Wenn alle Bauern verheiratet und alle Verheirateten Rentner sind, sind also alle Verheirateten Bauern.
a) richtig b) falsch

8. Wenn alle rosa Elefanten zur Schule gehen und lesen können und rote Kugelschreiber nur rosa Elefanten sind, wenn sie singen und zur Arbeit gehen, dann sind also rosa Elefanten rote Kugelschreiber.
a) richtig b) falsch

9. Elefanten tauchen gerne unter. Bäume auch. Also sind Elefanten Bäume.
a) richtig b) falsch

10. Einige Kohlköpfe sind Lokomotiven. Einige Lokomotiven spielen Klavier. Also spielen einige Kohlköpfe Klavier.
a) richtig b) falsch

11. Alle Raupen sind Busfahrer. Alle Busfahrer können fliegen, weil sie Krokodile sind. Krokodile haben zwei Beine. Alle Raupen haben deshalb zwei Beine.
a) richtig b) falsch

12. Einige Raupen sind Häuser und alle Häuser lieben Käse. Also lieben alle Raupen Käse.
a) richtig b) falsch

13. Kühe können fliegen, weil sie Flügel haben. Vögel haben keine Flügel. Also können Vögel nicht fliegen.
a) richtig b) falsch

14. Alle Bleistifte sind Würmer. Würmer können fliegen. Also können alle Bleistifte fliegen.
a) richtig b) falsch

15. Einige Hunde sind alt. Die meisten alten Hunde haben keine Zähne. Daraus folgt alte Hunde sind Hunde mit und ohne Zähne.
a) richtig b) falsch

16. Keine zwei Baumarten sehen gleich aus. Birken und Pappeln sehen genau gleich aus. Also sind Birken und Pappeln nicht zwei Baumarten.
a) richtig b) falsch

**Lösungen**

Zu 1.: a) Richtig. Wenn alle Menschen blaue Nasen haben, kann auch keiner Bundeskanzler werden.

Zu 2.: a) Richtig. Wenn alle Pflanzen Fenster und alle Fenster Briefe haben, muss jede Pflanze auch Briefe haben.

Zu 3.: b) Falsch. Auch wenn einige Giraffen Kunstsammler sind, heißt das nicht gleichzeitig, dass Kunstsammler auch Giraffen sind. Also sitzen nur manche Kunstsammler in Käfigen.

Zu 4.: b) Falsch. Es gibt keinen Zusammenhang. Es wird weder gesagt, dass Radios schreiben können noch, dass sie Kühlschränke schreiben können.

Zu 5.: b) Falsch. Nur weil Töpfe lesen und schreiben können sagt das nichts über ihre Intelligenz aus.

Zu 6.: a) Richtig. Weil alle Autos Mützen sind, haben Autos die gleichen Eigenschaften wie Mützen. Also können Autos alles beißen.

Zu 7.: b) Falsch. Nur weil es heißt, dass alle Bauern verheiratet sind, heißt das noch lange nicht, dass alle Verheirateten Bauern sind.

Zu 8.: b) Falsch. Rosa Elefanten gehen zur Schule und rote Kugelschreiber sind nur rosa Elefanten, wenn sie singen und zur Arbeit gehen. Somit sind nicht alle Elefanten rote Kugelschreiber.

Zu 9.: b) Falsch. Nur weil Elefanten gerne tauchen, sind sie keine Bäume.

Zu 10.: b) Falsch. Auch wenn einige Kohlköpfe Lokomotiven sind, heißt das nicht gleichzeitig, dass Lokomotiven auch Kohlköpfe sind. Also spielen nur einige Lokomotiven Klavier.

Zu 11.: a) Richtig. Weil alle Raupen Busfahrer sind und Busfahrer fliegen können, weil sie Krokodile sind, müssen alle Raupen zwei Beine haben.

Zu 12.: b) Falsch. Es sind nicht alle Raupen Häuser, also lieben auch nicht alle Raupen Käse.

Zu 13.: a) Richtig. Die Kühe können fliegen, weil sie Flügel haben. Da Vögel keine Flügel haben, können sie nicht fliegen.

Zu 14.: a) Richtig. Wenn alle Bleistifte Würmer sind und Würmer fliegen können, dann können auch alle Bleistifte fliegen.

Zu 15.: a) Richtig. Die meisten Hunde haben keine Zähne, das heißt aber nicht, dass alle alten Hunde keine Zähen haben.

Zu 16.: a) Richtig. Wenn Birken und Pappeln genau gleich aussehen, können sie keine zwei Baumarten sein.

## Zahnrad-Aufgaben

Zeit: **5 Minuten**

1. Welche Drehrichtung ist bei diesen Zahnrädern richtig eingezeichnet?

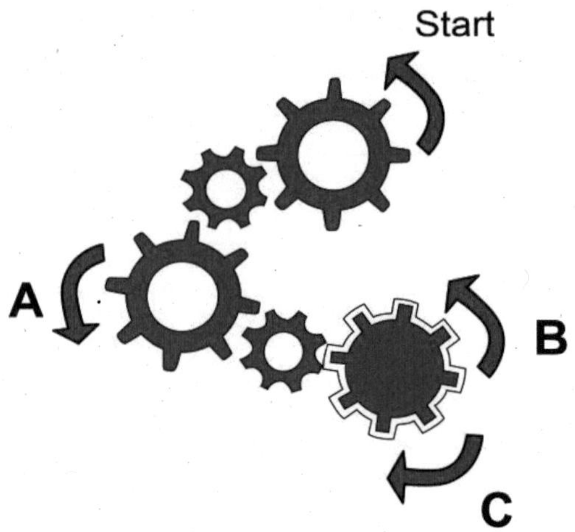


a) A und B
b) nur B
c) nur C
d) nur A

2. Welche Drehrichtung ist bei diesen Zahnrädern richtig eingezeichnet?

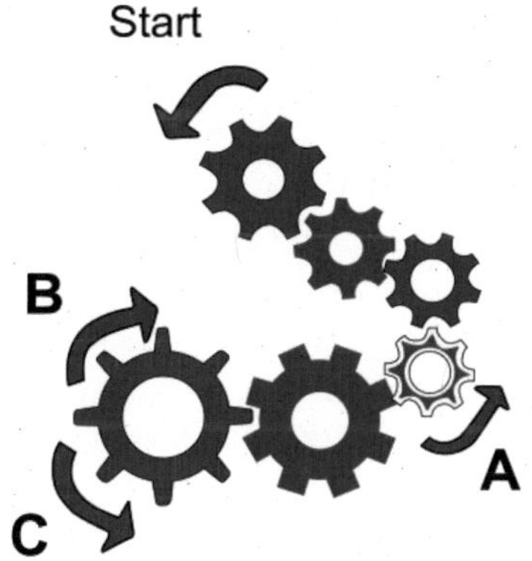


a) A und B
b) nur A
c) nur B
d) nur C

3. Welche Drehrichtung ist bei diesen Zahnrädern richtig eingezeichnet?

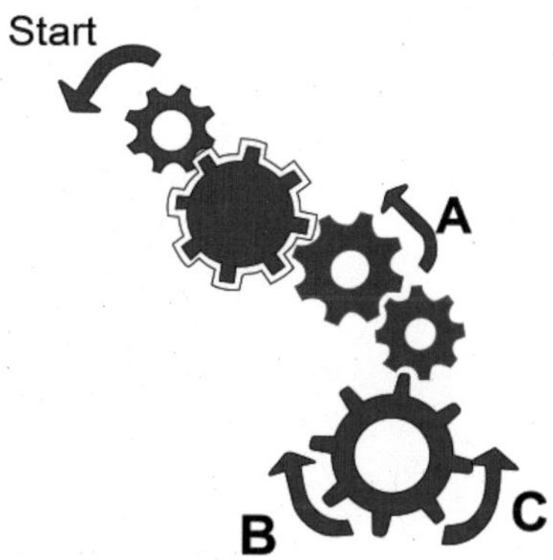


a) A und B
b) A und C
c) nur A
d) nur B

4. Welche Drehrichtung ist bei diesen Zahnrädern richtig eingezeichnet?

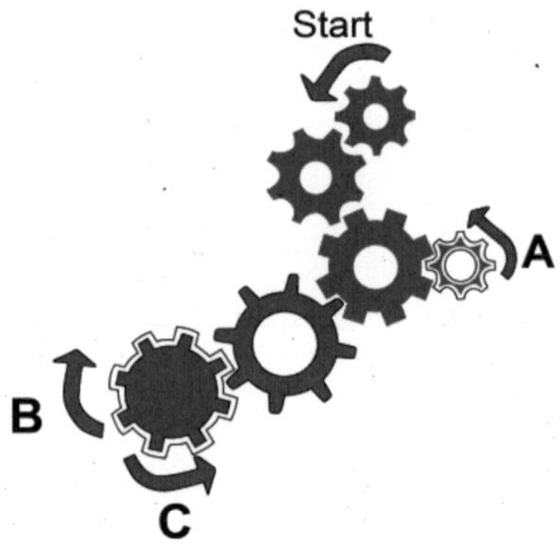


a) A und B
b) A und C
c) nur B
d) nur C

5. Welche Drehrichtung ist bei diesen Zahnrädern richtig eingezeichnet?

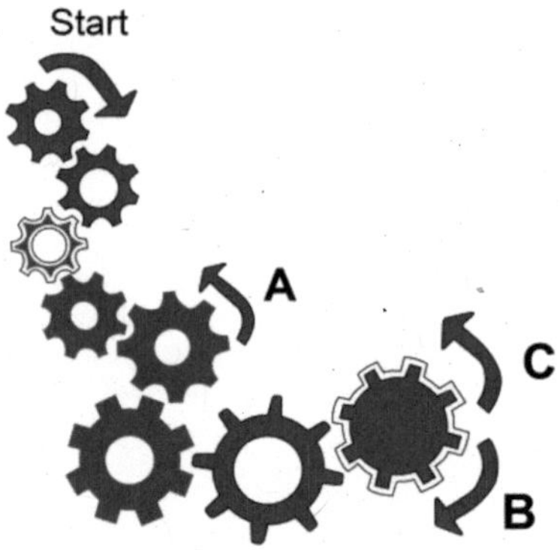


a) A und B
b) A und C
c) nur B
d) nur C

6. Welche Drehrichtung ist bei diesen Zahnrädern richtig eingezeichnet?

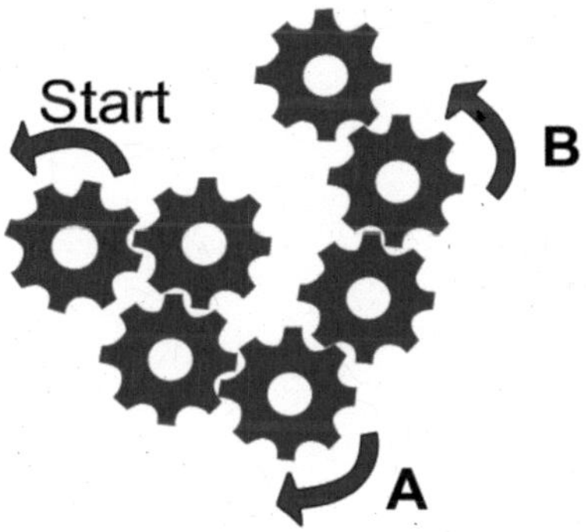


a) A und B
b) nur A
c) nur B
d) nicht A und nicht B

7. Welche Drehrichtung ist bei diesen Zahnrädern richtig eingezeichnet?

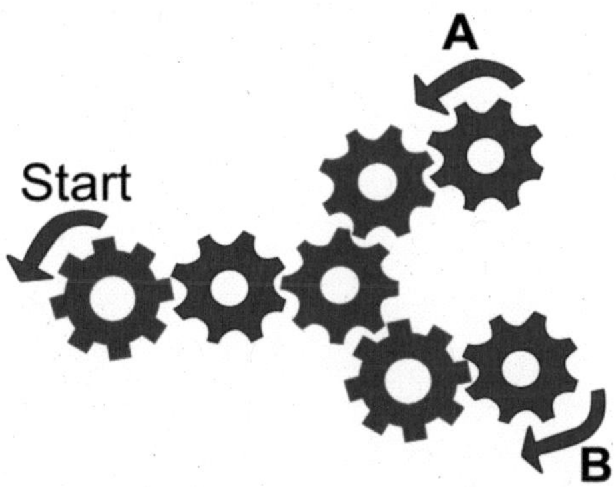


a) A und B
b) nur A
c) nur B
d) nicht A und nicht B

8. Welche Drehrichtung ist bei diesen Zahnrädern richtig eingezeichnet?

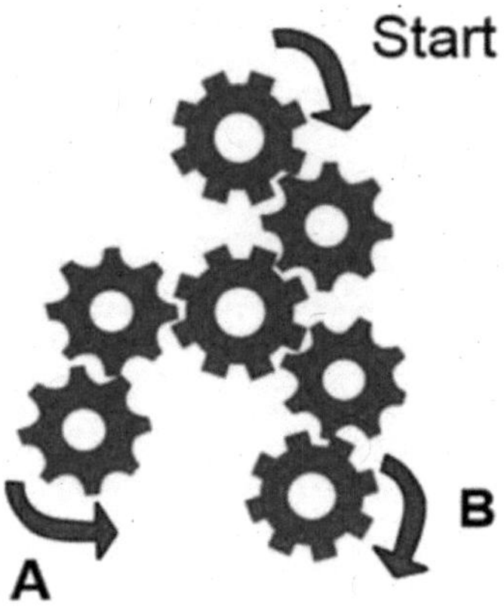


a) A und B
b) nur A
c) nur B
d) nicht A und nicht B

9. Welche Drehrichtung ist bei diesen Zahnrädern richtig eingezeichnet?

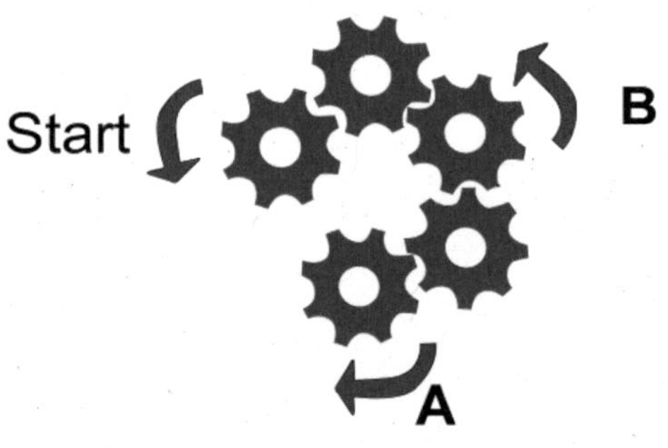


a) A und B
b) nur A
c) nur B
d) nicht A und nicht B

10. Welche Drehrichtung ist bei diesen Zahnrädern richtig eingezeichnet?

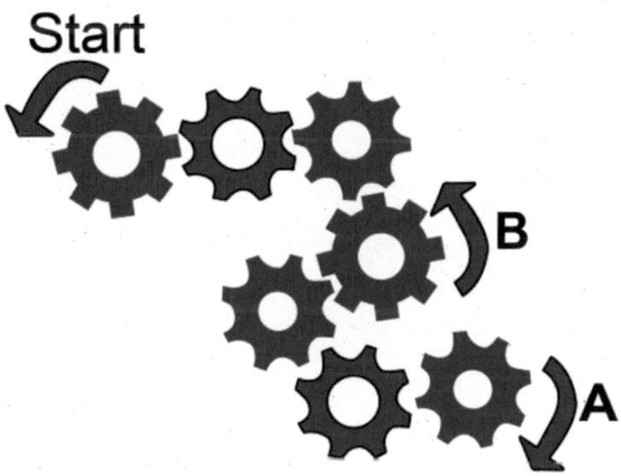


a) A und B
b) nur A
c) nur B
d) nicht A und nicht B

Lösungen: Zahnrad-Aufgaben

| 1. a) | 5. d) | 9. c) |
|---|---|---|
| 2. c) | 6. b) | 10. d) |
| 3. b) | 7. b) | |
| 4. d) | 8. c) | |

## Dominosteine

Die folgenden Aufgaben kommen häufig in Einstellungstests vor. Wenn du das System einmal durchschaut hast, sind sie jedoch leicht zu lösen.

Die Augenzahl der Dominosteine ist in einem bestimmten Schema angeordnet. Es bleibt jeweils ein Feld in den drei Reihen leer. Deine Aufgabe ist es, die versteckte Regel einer Dominoreihe zu finden und den einzig logisch ergänzenden Stein aus dem Lösungsblock zu bestimmen. Betrachte dabei die erste und die zweite Reihe der Augenzahl auf einem Dominostein separat.

Es sind folgende Schemata möglich: aufsteigende Reihe, absteigende Reihe, Addition, Subtraktion, wiederkehrende Folgen.

Zeit: **5 Minuten**

**1.**

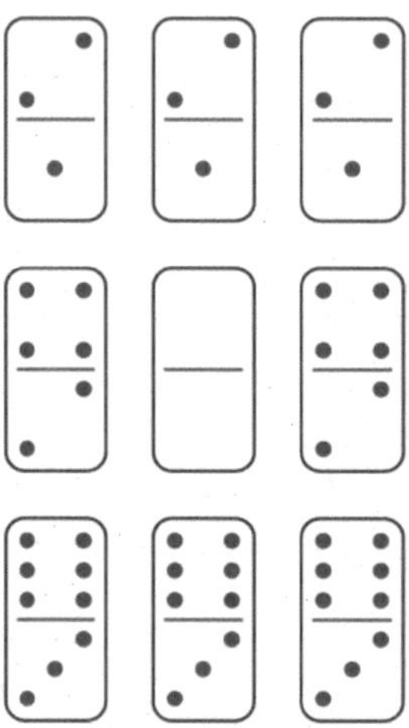

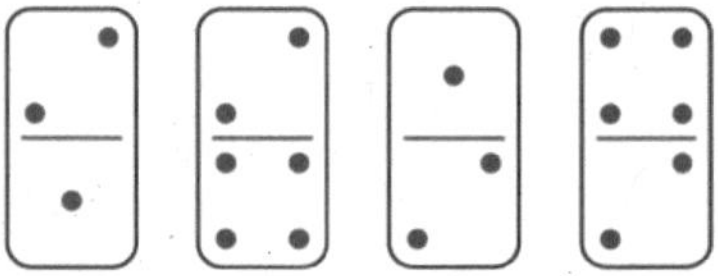

a) b) c) d)

**2.**

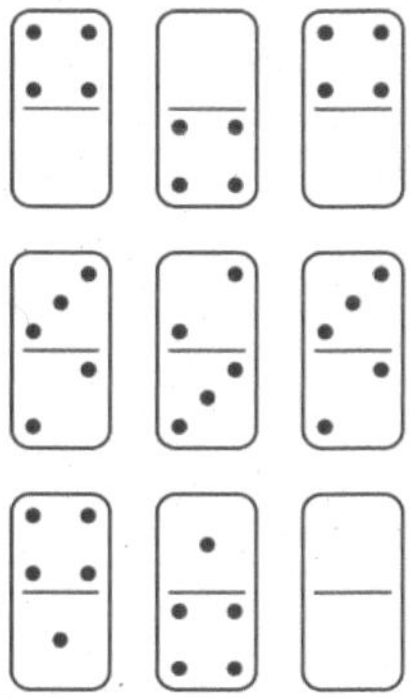

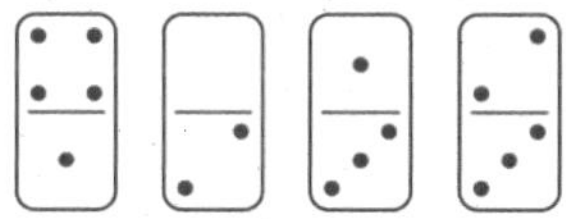

a) b) c) d)

**3.**

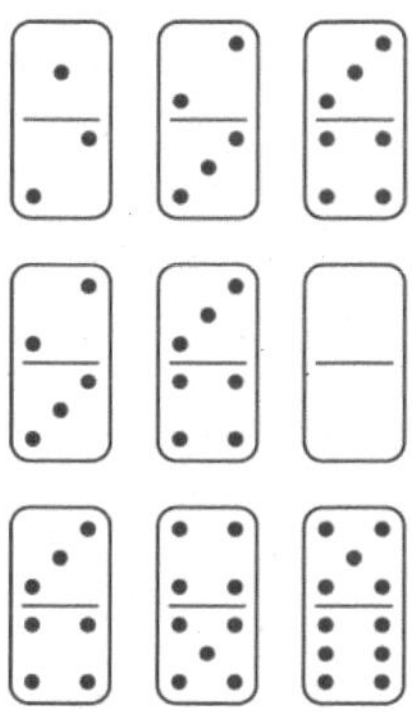

a) b) c) d)

**4.**

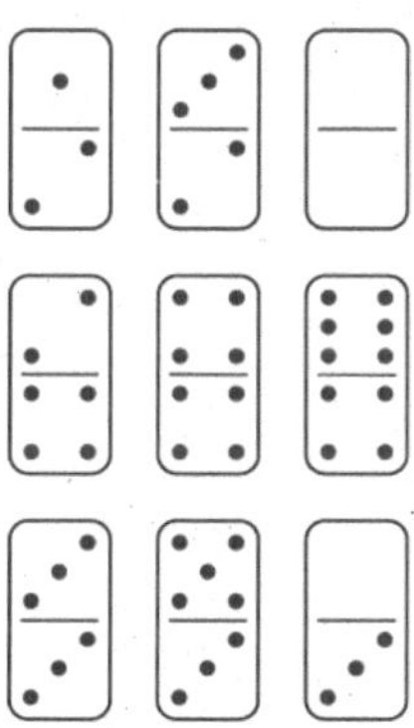

a) b) c) d)

**5.**

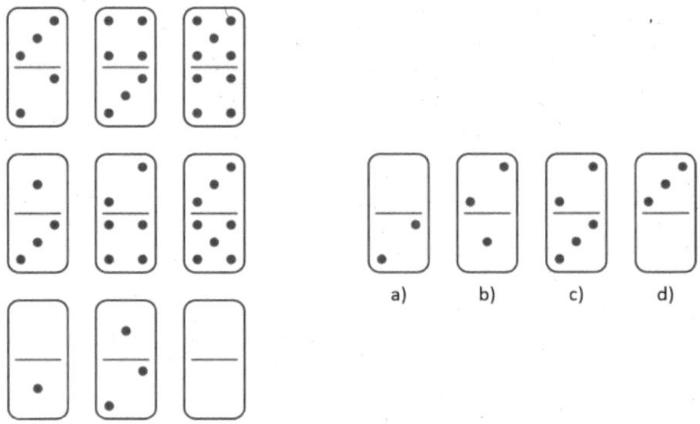


**6.**

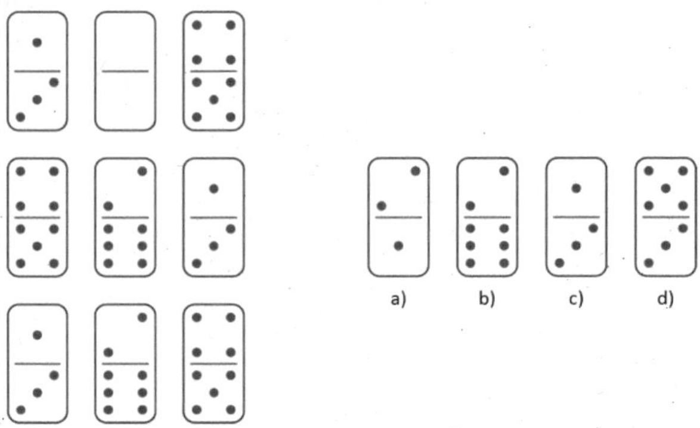


**7.**

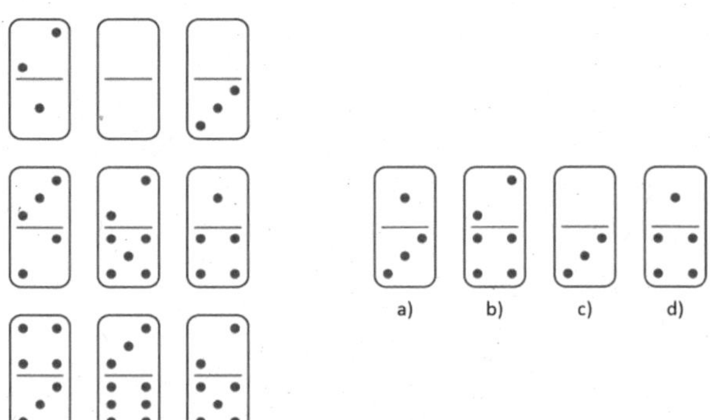

**8.**

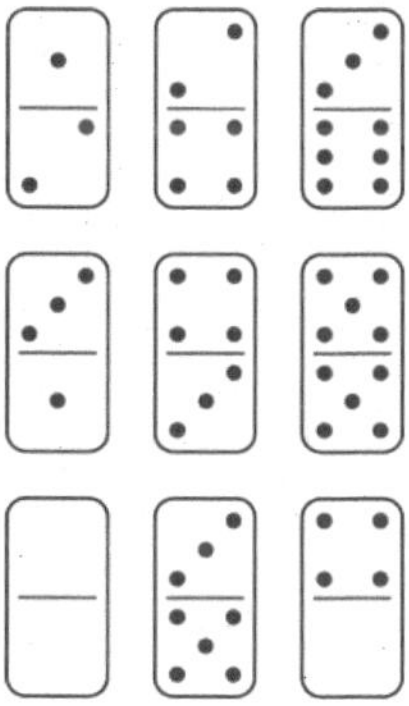

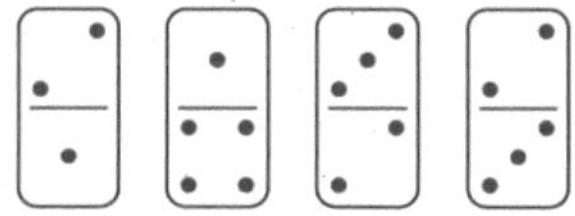

a) b) c) d)

**9.**

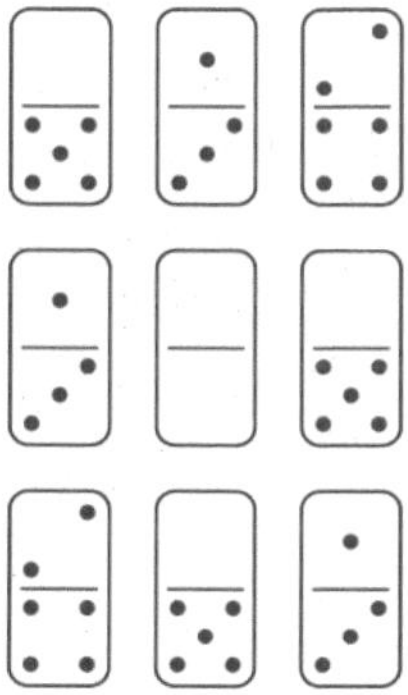

a) b) c) d)

Lösungen: Dominosteine

| 1. d) | 4. b) | 7. d) |
| --- | --- | --- |
| 2. a) | 5. c) | 8. d) |
| 3. c) | 6. b) | 9. c) |

## Würfeldrehen

Bei dieser Aufgabe erhältst du jeweils einen Würfel. Wähle aus fünf Vorlagen den Würfel, der zu der abgebildeten Ausgangsformation passt. Markiere den Buchstaben mit der korrekten Lösung.Zeit: **5 Minuten**

**1.**

a) b) c) d) e)

**2.**

a) b) c) d) e)

**3.**

a) b) c) d) e)

**4.**

a) b) c) d) e)

**5.**

a) b) c) d) e)

**6.**

a) b) c) d) e)

## Lösungen: Würfeldrehen

| 1. d) | 3. b) | 5. a) |
|---|---|---|
| 2. e) | 4. c) | 6. c) |

Zu 1.: d) Den Würfel links kippen und 90° im Uhrzeigersinn drehen.

Zu 2.: e) Den Würfel nach vorne kippen.

Zu 3.: b) Den Würfel 90° gegen den Uhrzeigersinn drehen und nach hinten kippen.

Zu 4.: c) Den Würfel nach vorne kippen und 90° im Uhrzeigersinn drehen.

Zu 5.: a) Den Würfel zweimal nach rechts kippen.

Zu 6. c) Den Würfel 90° gegen den Uhrzeigersinn drehen und nach hinten kippen.

## Spiegelungen

Aufgaben mit Spiegelbildern kommen in Einstellungstests häufig vor, um dein räumliches Vorstellungsvermögen zu testen. Du findest fünf Figuren vor, von denen du immer vier durch Drehen zur Deckung bringen bzw. genau übereinanderlegen kannst. Bei einer Figur ist dies nicht möglich – sie wurde gespiegelt und ist also nicht deckungsgleich mit den anderen. Finde die gespiegelte Figur aus der jeweiligen Reihe heraus.

Zeit: **15 Minuten**

| | a) | b) | c) | d) | e) |
|---|---|---|---|---|---|
| 1. |  |  |  |  |  |
| 2. |  |  | 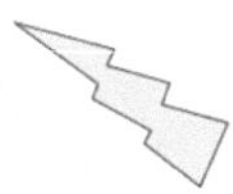 |  | 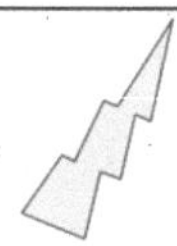 |
| 3. |  | 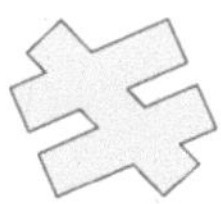 | 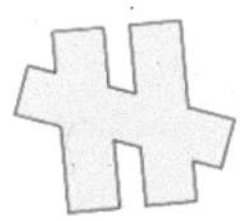 | 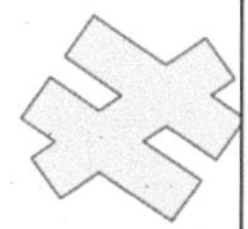 | 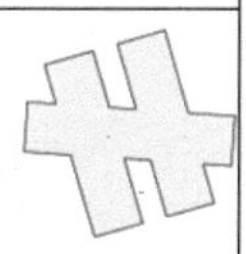 |
| 4. |  |  |  |  |  |
| 5. | 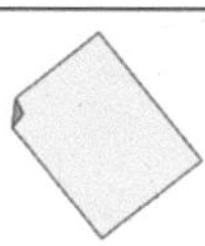 | 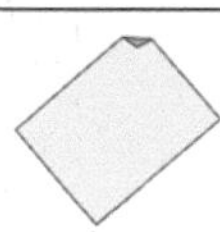 | 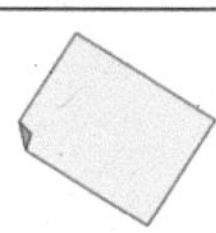 |  |  |

| | a) | b) | c) | d) | e) |
|---|---|---|---|---|---|
| 6. | 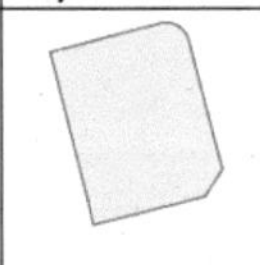 |  | 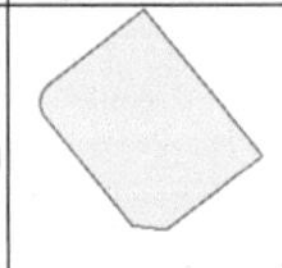 | 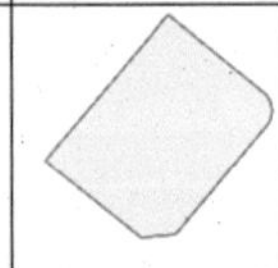 |  |
| 7. | 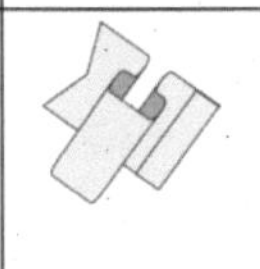 | 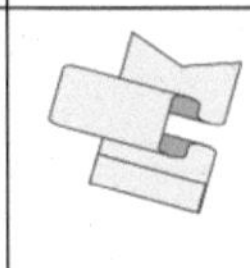 | 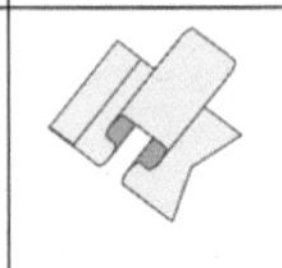 | 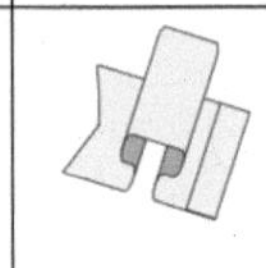 | 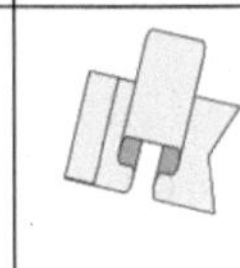 |
| 8. | 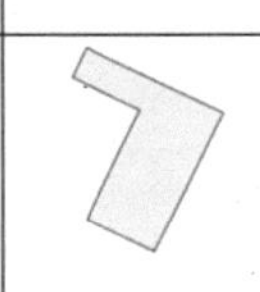 | 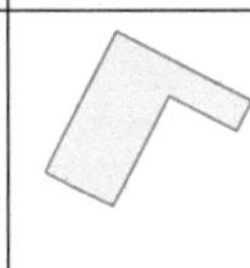 | 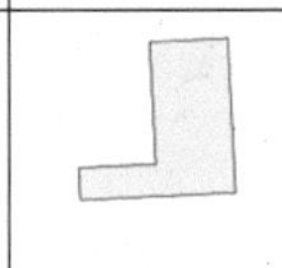 | 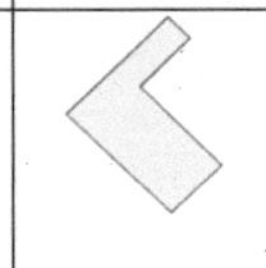 | 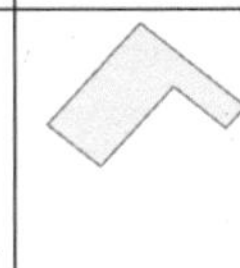 |
| 9. | 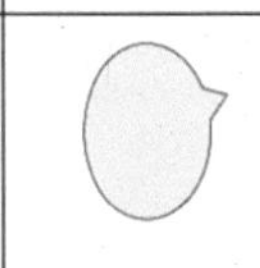 | 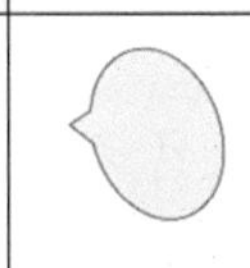 | 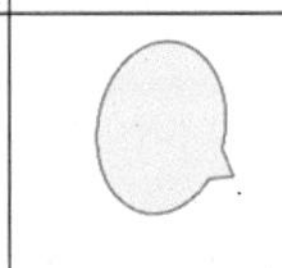 | 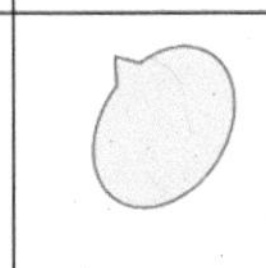 | 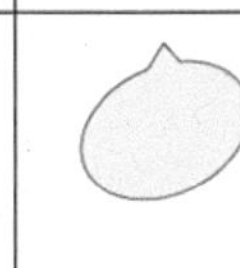 |
| 10. | 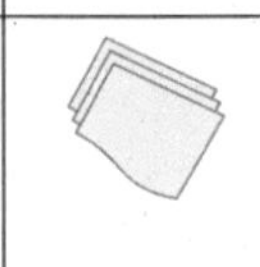 |  | 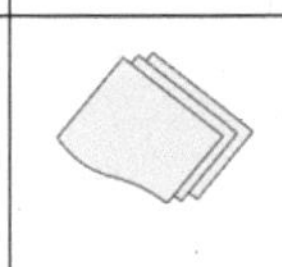 | 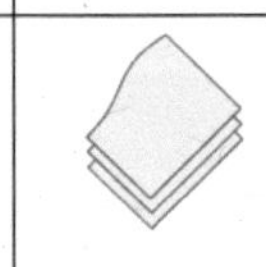 | 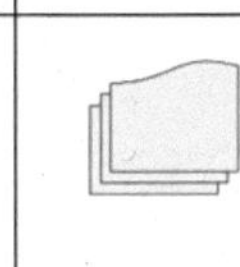 |
| 11. | 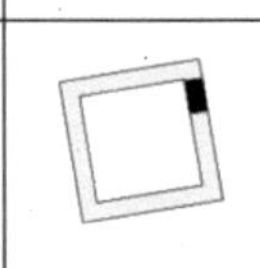 | 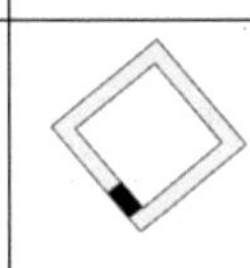 | 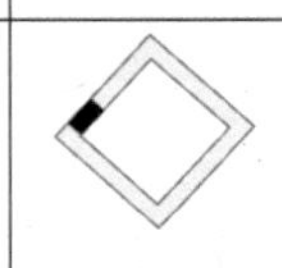 | 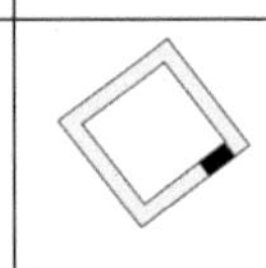 | 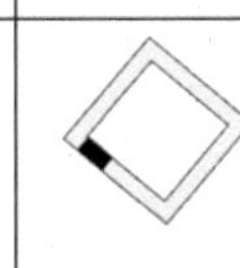 |
| 12. | 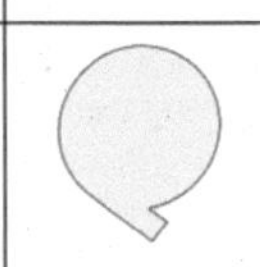 | 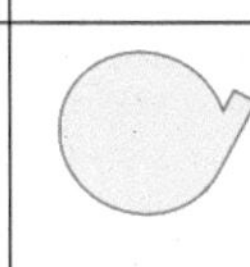 | 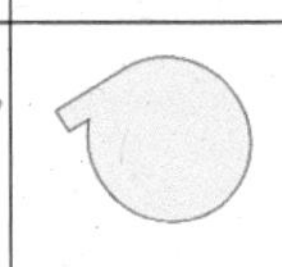 | 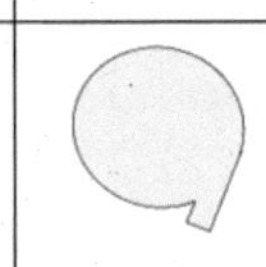 | 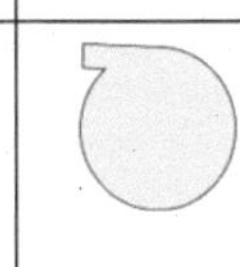 |

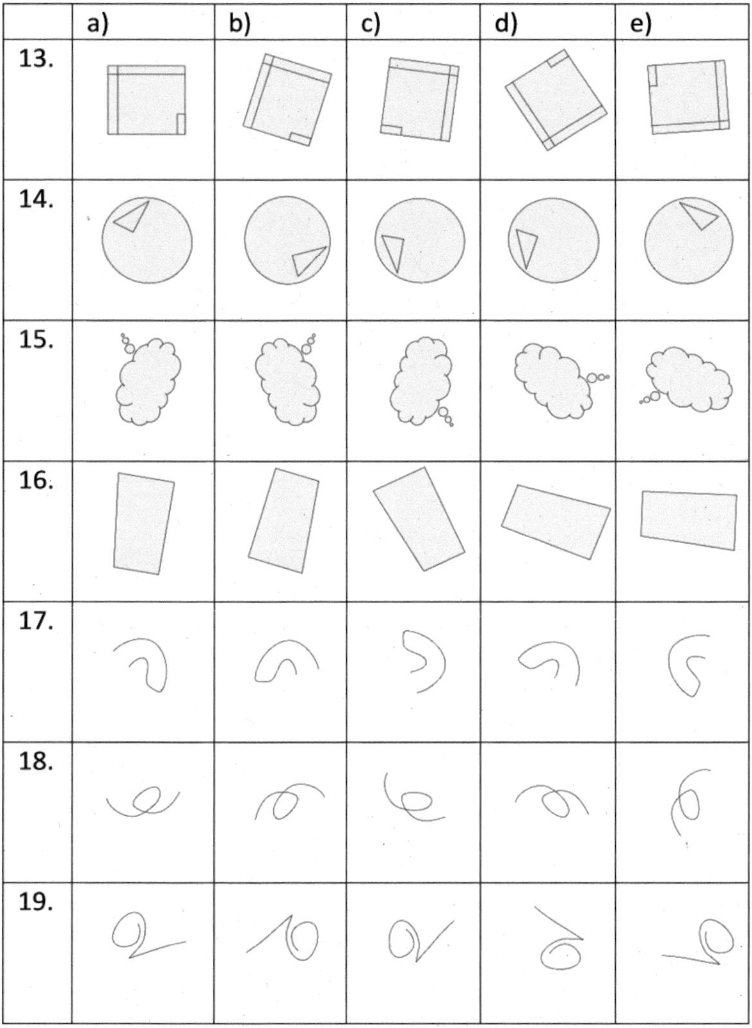
a)
b)
c)
d)
e)
13.
14.
15.
16.
17.
18.
19.

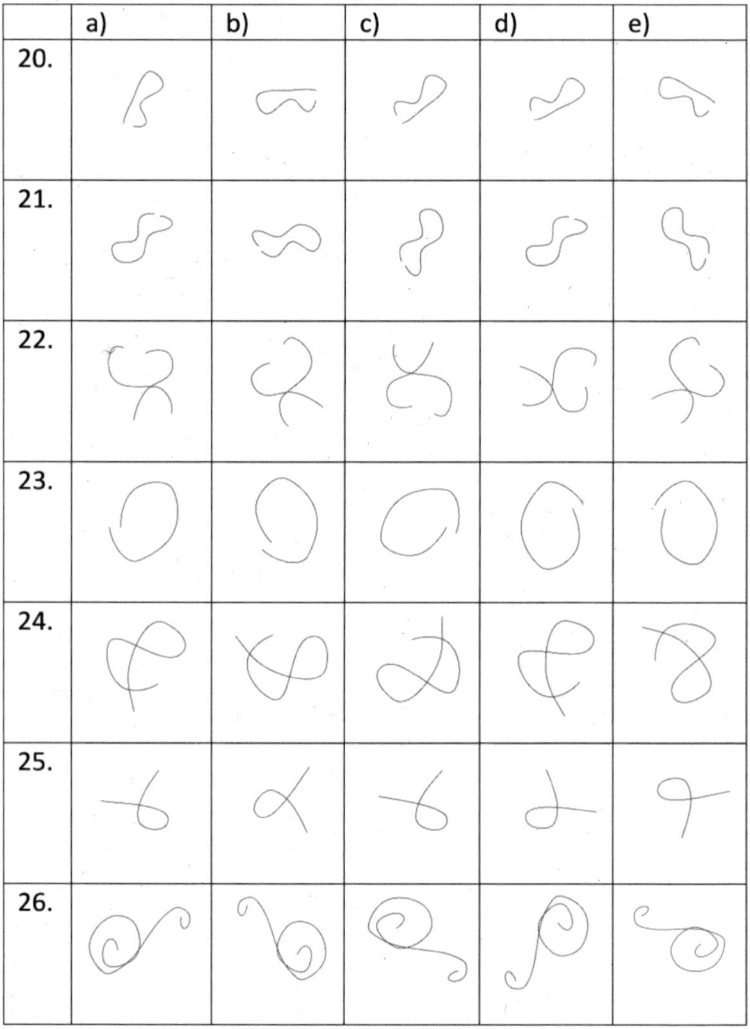
a)
b)
c)
d)
e)
20.
21.
22.
23.
24.
25.
26.

| | a) | b) | c) | d) | e) |
|---|---|---|---|---|---|
| 27. |  |  |  |  |  |
| 28. |  |  |  |  |  |

Lösungen: Spiegelungen

| | | |
|---|---|---|
| 1. c) | 11. e) | 21. c) |
| 2. d) | 12. d) | 22. b) |
| 3. b) | 13. b) | 23. e) |
| 4. a) | 14. a) | 24. b) |
| 5. e) | 15. b) | 25. d) |
| 6. c) | 16. e) | 26. b) |
| 7. d) | 17. a) | 27. e) |
| 8. a) | 18. d) | 28. c) |
| 9. a) | 19. e) | |
| 10. a) | 20. a) | |

## Flächen zählen

Bei dieser Aufgabe musst du sämtliche Flächen eines Körpers zählen. Denke daran, auch die nicht sichtbaren Flächen immer mitzuzählen.

Zeit: **5 Minuten**

1.

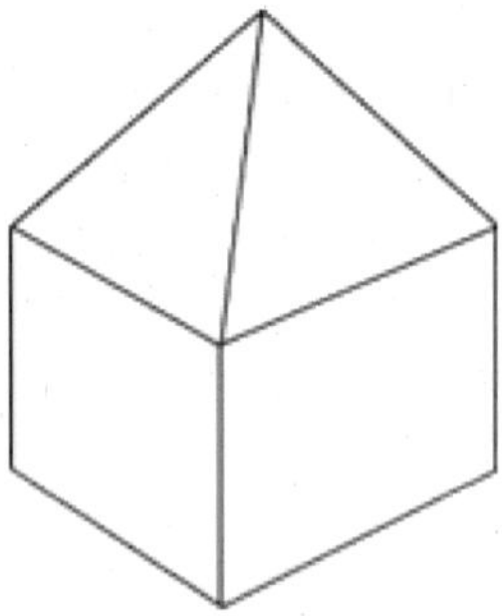

Anzahl der Flächen:

2.

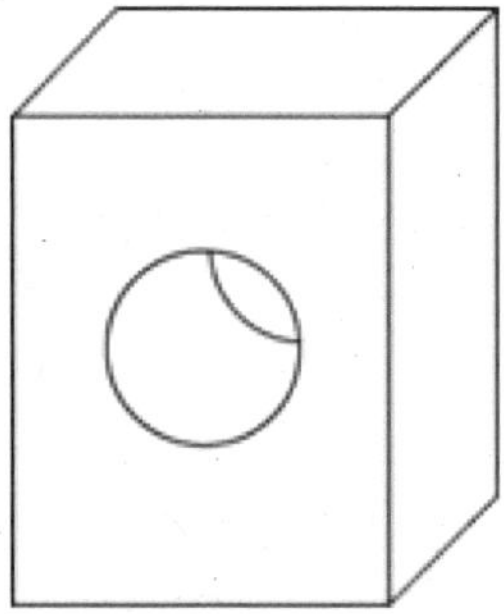

Anzahl der Flächen:

3.

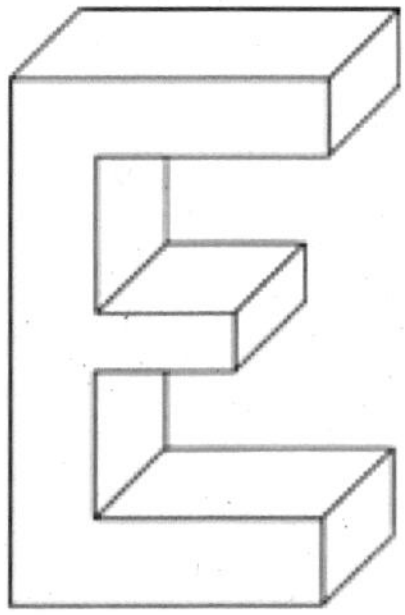

Anzahl der Flächen:

4.

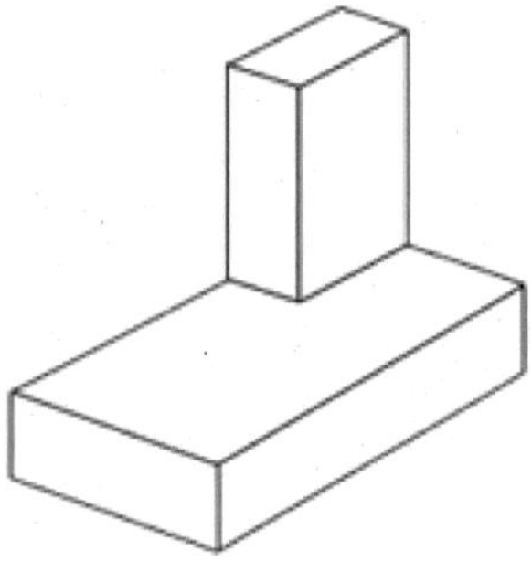

Anzahl der Flächen:

5.

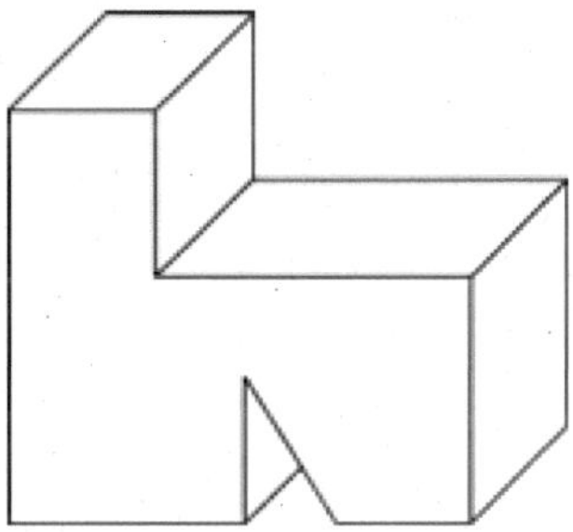

Anzahl der Flächen:

6.

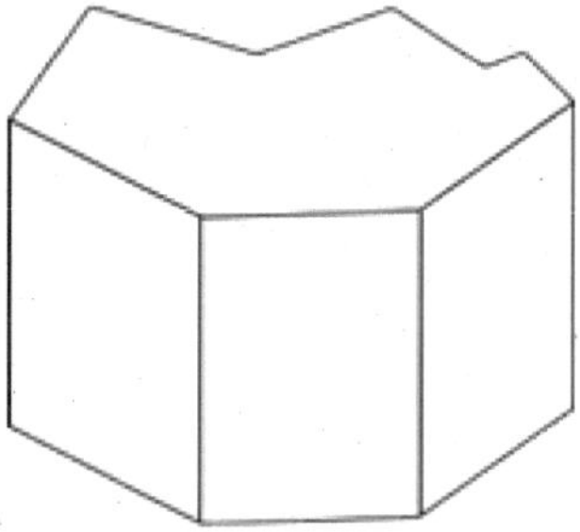

Anzahl der Flächen:

7.

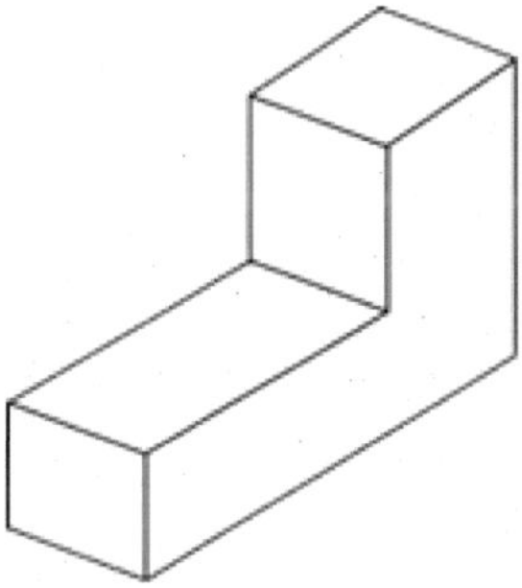

Anzahl der Flächen:

8.

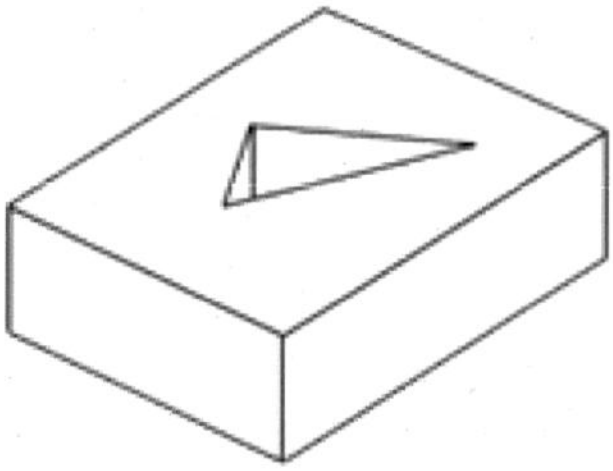

Anzahl der Flächen:

**Lösungen:**

Zu 1.: 9
Zu 2.: 7
Zu 3.: 14
Zu 4.: 9
Zu 5.: 11
Zu 6.: 11
Zu 7.: 8
Zu 8.: 9

# Konzentration

Durch Aufgaben zur Konzentrationsfähigkeit versuchen Arbeitgeber, Vorhersagen zu treffen, wie gründlich, schnell und zuverlässig jemand arbeitet. Trotzdem sollte man sich als Bewerber nicht aus der Ruhe bringen lassen und versuchen, in der gegebenen Zeit so viele Aufgaben wie möglich zu lösen.

## bqpd-Test

Aus der folgenden Buchstabenreihe muss jeder Buchstabe d, der durch zwei Striche gekennzeichnet ist, markiert werden. Folgende Kombinationen gelten dabei als richtig:

| I |  | II |
|---|---|---|
| d | d | d |
| I | II |  |

Zeit: **3 Minuten**

1. Wie viele Markierungen (Treffer) hat die folgende Zeile:

| I | II |  | I | II |  | I | II |  | I |  |  | I | II | I |  |  | I |  | II |  | I |  |  | I |
|---|---|---|---|---|---|---|---|---|---|---|---|---|---|---|---|---|---|---|---|---|---|---|---|---|
| b | d | b | d | b | d | b | d | b | d | b | b | b | d | d | d | d | b | d | d | q | d | b | q | d |
|  |  |  |  | I | II |  | I | II |  | I | II |  | I |  |  | I | II | I |  |  | I |  | II |  |

Anzahl:

2. Wie viele Markierungen (Treffer) hat die folgende Zeile:

| I |  |  | I | I | II |  | I | II |  | I | II |  | I |  |  | I | II | I |  |  | I |  | II |  |
|---|---|---|---|---|---|---|---|---|---|---|---|---|---|---|---|---|---|---|---|---|---|---|---|---|
| d | b | d | b | b | d | b | q | b | b | d | b | d | q | d | b | d | b | d | d | d | d | d | b | d |
| II |  | I | II |  | I | II |  | I |  |  | I | II | I |  |  | I |  | II |  | I |  |  | I |  |

Anzahl:

3. Wie viele Markierungen (Treffer) hat die folgende Zeile:

b d d d q q d d d d d b d d d d d q d d d b b d d

Anzahl:

4. Wie viele Markierungen (Treffer) hat die folgende Zeile:

d d d d q d q d d d b d d b q b d d b q d d d d b

Anzahl:

5. Wie viele Markierungen (Treffer) hat die folgende Zeile:

q d d d b d d d q b d d b b d d q d d d d q b d b

Anzahl:

6. Wie viele Markierungen (Treffer) hat die folgende Zeile:

d d d b d b d d d d b d d d b q d d b d d q d d b

Anzahl:

7. Wie viele Markierungen (Treffer) hat die folgende Zeile:

d d d b d b d d d d b d d d b q d d b d d q d d b

Anzahl:

8. Wie viele Markierungen (Treffer) hat die folgende Zeile:

d d d b d b d d d d b d d d b q d d b d d q d d b

Anzahl:

9. Wie viele Markierungen (Treffer) hat die folgende Zeile:

| | | | | | | | | | | | | | | | | | | | | | | | | |
|---|---|---|---|---|---|---|---|---|---|---|---|---|---|---|---|---|---|---|---|---|---|---|---|---|
| | I | | | I | II | I | | | I | | II | I | | | I | I | II | | I | II | | I | II | |
| d | b | d | b | b | d | b | q | b | b | d | b | d | q | d | b | d | b | d | d | d | d | d | b | d |
| II | | I | II | | I | II | | I | | | I | II | I | II | | | II | II | I | | | I | I | |

Anzahl:

10. Wie viele Markierungen (Treffer) hat die folgende Zeile:

| | | | | | | | | | | | | | | | | | | | | | | | | |
|---|---|---|---|---|---|---|---|---|---|---|---|---|---|---|---|---|---|---|---|---|---|---|---|---|
| II | I | | | I | I | II | | I | II | | I | II | | I | | | I | II | I | | | I | | II |
| d | b | d | b | b | d | b | q | b | b | d | b | d | q | d | b | d | b | d | d | d | d | d | b | d |
| | I | II | I | II | | | II | II | I | | | I | I | | II | | I | II | | I | II | | I | |

Anzahl:

**Lösungen: bqpd-Test**

| | | |
|---|---|---|
| 1. 4 Treffer | 5. 6 Treffer | 9. 6 Treffer |
| 2. 2 Treffer | 6. 5 Treffer | 10. 4 Treffer |
| 3. 5 Treffer | 7. 7 Treffer | |
| 4. 2 Treffer | 8. 10 Treffer | |

## Weg/Pfad finden

Jeder Pfad führt von einem Buchstaben zu einer bestimmten Zahl. Versuche, den Pfad nachzuvollziehen und ordne den Buchstaben die passende Zahl zu.

Zeit: **3 Minuten**

1. Aufgabe

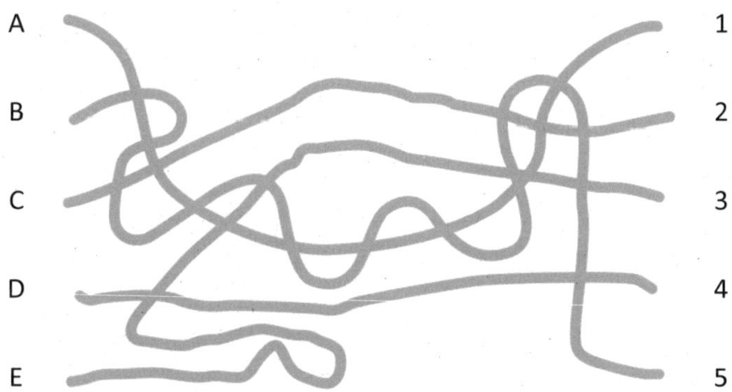


Trage die zugehörigen Zahlen ein:

A - B - C - D - E -

2. Aufgabe

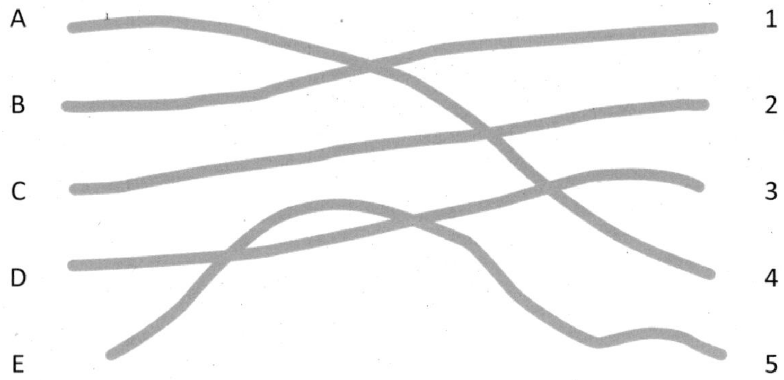


Trage die zugehörigen Zahlen ein:

A - B - C - D - E -

3. Aufgabe

Trage die zugehörigen Zahlen ein:

A - B - C - D - E -

4. Aufgabe

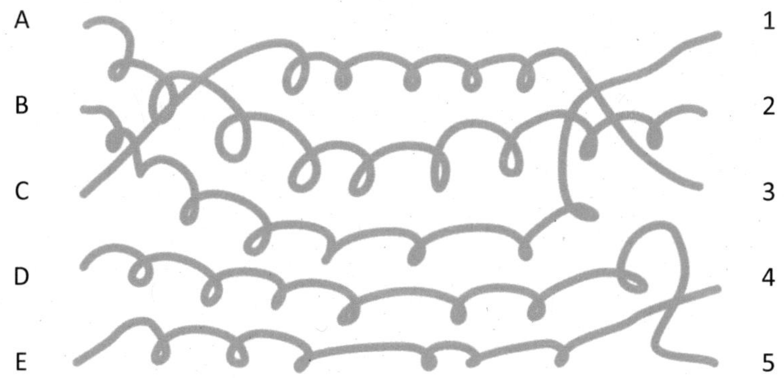


Trage die zugehörigen Zahlen ein:

A - B - C - D - E -

5. Aufgabe

Trage die zugehörigen Zahlen ein:

A - B - C - D - E -

## 6. Aufgabe

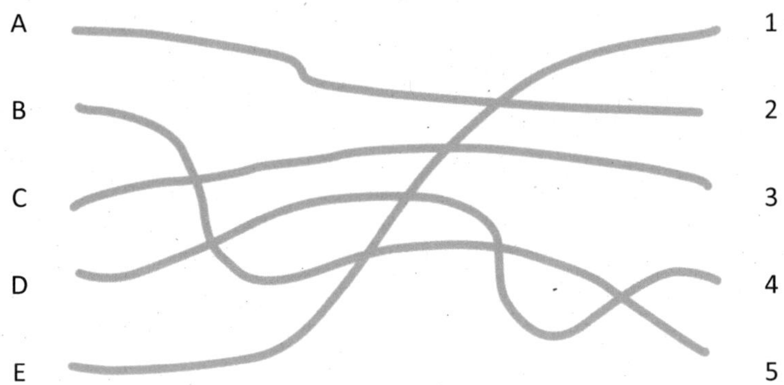


Trage die zugehörigen Zahlen ein:

A - B - C - D - E -

## 7. Aufgabe

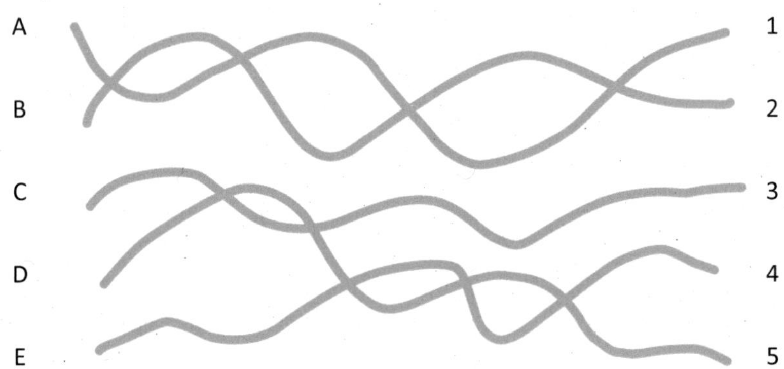


Trage die zugehörigen Zahlen ein:

A - B - C - D - E -

8. Aufgabe

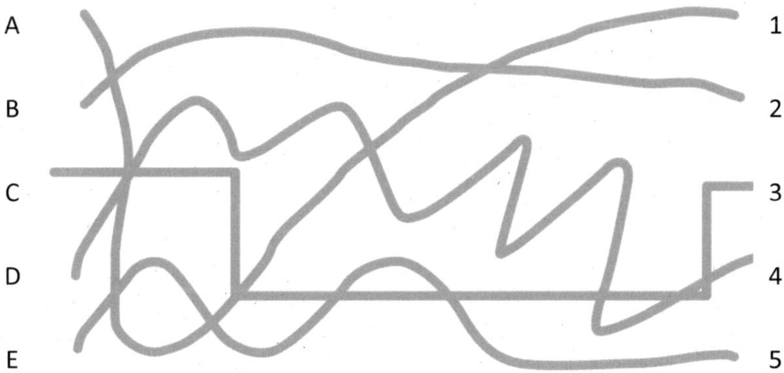


Trage die zugehörigen Zahlen ein:

A - B - C - D - E -

9. Aufgabe

Trage die zugehörigen Zahlen ein:

A - B - C - D - E -

10. Aufgabe

Trage die zugehörigen Zahlen ein:

A - B - C - D - E -

**Lösungen: Weg/Pfad finden**

1. A 1, B 5, C 2, D 4, E 3
2. A 4, B 1, C 2, D 3, E 5
3. A 5, B 1, C 2, D 3, E 4
4. A 2, B 1, C 3, D 5, E 4
5. A 5, B 2, C 3, D 1, E 4
6. A 2, B 5, C 3, D 4, E 1
7. A 1, B 2, C 3, D 5, E 4
8. A 1, B 2, C 3, D 4, E 5
9. A 1, B 2, C 5, D 3, E 4
10. A 3, B 2, C 4, D 5, E 1

## Stadtplan einprägen

Bei dieser Aufgabe musst du dir in **3 Minuten** einen Stadtplan einprägen. Im Anschluss musst du dazu einige Fragen beantworten.

Bitte beantworte jetzt folgende Fragen zum Stadtplan.

Zeit: **2 Minuten**

1. Wie heißt die Straße, in der sich die Schule befindet?
a) Frankfurter Allee
b) Biesenthaler Straße
c) Bismarckstraße
d) Charlottenburger Chaussee

2. Wie heißt die Straße, in der sich der Friedhof befindet?
a) Kaiser-Wilhelm-Allee
b) Fliederweg
c) Leipziger Straße
d) Kaiserallee

3. Wie heißt die Straße, in der sich das Kino befindet?
a) Leipziger Straße
b) Bismarckstraße
c) Beerenstraße
d) Beethovenplatz

4. Wie heißt die Straße, in der sich der Bahnhof befindet?
a) Leipziger Straße
b) Nietzschestraße
c) Kaiser-Wilhelm-Allee
d) Willy-Brandt-Platz

5. Welche Einrichtung befindet sich am Bärenweg?
a) Feuerwehr
b) Golfplatz
c) Parkplatz
d) Seebad

6. Welche Einrichtung befindet sich an der Charlottenburger Chaussee?
a) Friseur
b) Kino
c) Polizei
d) Bahnhof

7. Welche Einrichtung befindet sich am Fliederweg?
a) Schule
b) Reiterhof
c) Klinik
d) Seebad

8. Welche Einrichtung befindet sich am Willy-Brandt-Platz?
a) Flughafen
b) Feuerwehr
c) Stadion
d) Golfplatz

**Lösungen: Stadtplan einprägen**

Zu 1.: c) Bismarckstraße

Zu 2.: a) Kaiser-Wilhelm-Allee

Zu 3.: d) Beethovenplatz

Zu 4.: a) Leipziger Straße

Zu 5.: b) Golfplatz

Zu 6.: c) Polizei

Zu 7.: d) Seebad

Zu 8.: a) Flughafen

## Zahlen merken

Bei diesem Gedächtnistest musst du dir 30 Zahlen in **2 Minuten** merken. Nachdem du dir die Zahlen eingeprägt hast, markierst du aus 100 Zahlen diejenigen, die du dir zuvor gemerkt hast.

| | | | | |
|---|---|---|---|---|
| 5 | 12 | 35 | 42 | 22 |
| 24 | 30 | 28 | 9 | 43 |
| 45 | 15 | 18 | 38 | 49 |
| 52 | 61 | 2 | 56 | 27 |
| 73 | 58 | 85 | 77 | 66 |
| 64 | 92 | 74 | 82 | 96 |

Markiere alle Zahlen, die du dir vorher eingeprägt hast. Du hast dafür **2 Minuten** Zeit. Bedenke, um so weniger Fehler du machst, um so mehr Punkte erhältst du.

| | | | | | | | | | |
|---|---|---|---|---|---|---|---|---|---|
| 1 | 2 | 3 | 4 | 5 | 6 | 7 | 8 | 9 | 10 |
| 11 | 12 | 13 | 14 | 15 | 16 | 17 | 18 | 19 | 20 |
| 21 | 22 | 23 | 24 | 25 | 26 | 27 | 28 | 29 | 30 |
| 31 | 32 | 33 | 34 | 35 | 36 | 37 | 38 | 39 | 40 |
| 41 | 42 | 43 | 44 | 45 | 46 | 47 | 48 | 49 | 50 |
| 51 | 52 | 53 | 54 | 55 | 56 | 57 | 58 | 59 | 60 |
| 61 | 62 | 63 | 64 | 65 | 66 | 67 | 68 | 69 | 70 |
| 71 | 72 | 73 | 74 | 75 | 76 | 77 | 78 | 79 | 80 |
| 81 | 82 | 83 | 84 | 85 | 86 | 87 | 88 | 89 | 90 |
| 91 | 92 | 93 | 94 | 95 | 96 | 97 | 98 | 99 | 100 |

## Lösungen: Zahlen merken

| | | | | | | | | | |
|---|---|---|---|---|---|---|---|---|---|
| 1 | **2** | 3 | 4 | **5** | 6 | 7 | 8 | **9** | 10 |
| 11 | **12** | 13 | 14 | **15** | 16 | 17 | **18** | 19 | 20 |
| 21 | **22** | 23 | **24** | 25 | 26 | **27** | **28** | 29 | **30** |
| 31 | 32 | 33 | 34 | **35** | 36 | 37 | **38** | 39 | 40 |
| 41 | **42** | **43** | 44 | **45** | 46 | 47 | 48 | **49** | 50 |
| 51 | **52** | 53 | 54 | 55 | **56** | 57 | **58** | 59 | 60 |
| **61** | 62 | 63 | **64** | 65 | **66** | 67 | 68 | 69 | 70 |
| 71 | 72 | **73** | **74** | 75 | 76 | **77** | 78 | 79 | 80 |
| 81 | **82** | 83 | 84 | **85** | 86 | 87 | 88 | 89 | 90 |
| 91 | **92** | 93 | 94 | 95 | **96** | 97 | 98 | 99 | 100 |

## Wörter merken

Hier musst du dir aus fünf Bereichen mehrere Wörter merken und diese nachher wieder anhand der Anfangsbuchstaben den korrekten Bereichen zuordnen.

Merke dir innerhalb von **3 Minuten** die folgenden Kategorien mit den dazugehörigen Begriffen.

Für das Beantworten der Fragen hast du **10 Minuten** Zeit.

Berufe: Bienenzüchter – Imker – Quantenphysiker – Tierarzt – Unternehmer

Städte: Chemnitz – Düsseldorf – Jena – München – Stuttgart

Namen: Emil – Xavier – Lena – Otto – Ricarda

Länder: Zypern – Albanien – Kolumbien – Norwegen – Weißrussland

Sportarten: Polo – Fechten – Handball – Volleyball – Golf

1. In welche Gruppe gehört der Begriff mit dem Anfangsbuchstaben A?
a) Städte
b) Berufe
c) Namen
d) Länder
e) Sportarten

2. In welche Gruppe gehört der Begriff mit dem Anfangsbuchstaben B?
a) Länder
b) Namen
c) Städte
d) Sportarten
e) Berufe

3. In welche Gruppe gehört der Begriff mit dem Anfangsbuchstaben C?
a) Länder
b) Städte
c) Namen
d) Berufe
e) Sportarten

4. In welche Gruppe gehört der Begriff mit dem Anfangsbuchstaben D?
a) Namen
b) Länder
c) Berufe
d) Städte
e) Sportarten

5. In welche Gruppe gehört der Begriff mit dem Anfangsbuchstaben E?
a) Berufe
b) Städte
c) Namen
d) Länder
e) Sportarten

6. In welche Gruppe gehört der Begriff mit dem Anfangsbuchstaben F?
a) Berufe
b) Städte
c) Namen
d) Länder
e) Sportarten

7. In welche Gruppe gehört der Begriff mit dem Anfangsbuchstaben G?
a) Namen
b) Berufe
c) Städte
d) Länder
e) Sportarten

8. In welche Gruppe gehört der Begriff mit dem Anfangsbuchstaben H?
a) Städte
b) Länder
c) Namen
d) Berufe
e) Sportarten

9. In welche Gruppe gehört der Begriff mit dem Anfangsbuchstaben I?
a) Berufe
b) Städte
c) Sportarten
d) Länder
e) Namen

10. In welche Gruppe gehört der Begriff mit dem Anfangsbuchstaben J?
a) Berufe
b) Länder
c) Städte
d) Namen
e) Sportarten

11. In welche Gruppe gehört der Begriff mit dem Anfangsbuchstaben K?
a) Städte
b) Sportarten
c) Berufe
d) Länder
e) Namen

12. In welche Gruppe gehört der Begriff mit dem Anfangsbuchstaben L?
a) Städte
b) Namen
c) Berufe
d) Sportarten
e) Länder

13. In welche Gruppe gehört der Begriff mit dem Anfangsbuchstaben M?
a) Berufe
b) Städte
c) Namen
d) Sportarten
e) Länder

14. In welche Gruppe gehört der Begriff mit dem Anfangsbuchstaben N?
a) Berufe
b) Sportarten
c) Länder
d) Städte
e) Namen

15. In welche Gruppe gehört der Begriff mit dem Anfangsbuchstaben O?
a) Berufe
b) Länder
c) Städte
d) Namen
e) Sportarten

16. In welche Gruppe gehört der Begriff mit dem Anfangsbuchstaben P?
a) Namen
b) Städte
c) Berufe
d) Länder
e) Sportarten

17. In welche Gruppe gehört der Begriff mit dem Anfangsbuchstaben Q?
a) Berufe
b) Länder
c) Namen
d) Städte
e) Sportarten

18. In welche Gruppe gehört der Begriff mit dem Anfangsbuchstaben R?
a) Städte
b) Namen
c) Länder
d) Sportarten
e) Berufe

19. In welche Gruppe gehört der Begriff mit dem Anfangsbuchstaben S?
a) Städte
b) Berufe
c) Namen
d) Länder
e) Sportarten

20. In welche Gruppe gehört der Begriff mit dem Anfangsbuchstaben T?
Namen
a) Städte
b) Berufe
c) Länder
d) Namen
e) Sportarten

21. In welche Gruppe gehört der Begriff mit dem Anfangsbuchstaben U?
a) Berufe
b) Städte
c) Namen
d) Länder
e) Sportarten

22. In welche Gruppe gehört der Begriff mit dem Anfangsbuchstaben V?
a) Namen
b) Berufe
c) Städte
d) Sportarten
e) Länder

23. In welche Gruppe gehört der Begriff mit dem Anfangsbuchstaben W?
a) Städte
b) Länder
c) Namen
d) Berufe
e) Sportarten

24. In welche Gruppe gehört der Begriff mit dem Anfangsbuchstaben X?
a) Namen
b) Berufe
c) Städte
d) Sportarten
e) Länder

25. In welche Gruppe gehört der Begriff mit dem Anfangsbuchstaben Z?
a) Namen
b) Länder
c) Berufe
d) Sportarten
e) Städte

## Lösungen: Wörter merken

| | | |
|---|---|---|
| 1. d) | 10. c) | 19. a) |
| 2. e) | 11. d) | 20. b) |
| 3. b) | 12. b) | 21. a) |
| 4. d) | 13. b) | 22. d) |
| 5. c) | 14. c) | 23. b) |
| 6. e) | 15. d) | 24. a) |
| 7. e) | 16. e) | 25. b) |
| 8. e) | 17. a) | |
| 9. a) | 18. b) | |

## Textinhalte einprägen

Bei dieser Aufgabe musst du dir einen Pressebericht einprägen. Lies dir den Bericht aufmerksam durch und merke dir die wichtigsten Details. Danach musst du einige Fragen zu dem Bericht beantworten.

Für das Einprägen des Presseberichts hast du **3 Minuten** Zeit.

**Düsseldorf, 08.05.2014**

**POL-D: Sonsbeck - A 57 in Richtung Nimwegen - Verkehrsunfall mit drei Beteiligten - Ein Leichtverletzter - Sperrung einer Richtungsfahrbahn**

Mittwoch, 7. Mai 2014, 21:50 Uhr Sonsbeck

Glück im Unglück hatten gestern Abend sechs von sieben Menschen, die bei Sonsbeck auf der A 57 in einen Unfall verwickelt waren. Ein 45-jähriger Mann erlitt leichte Verletzungen. Die Fahrtrichtung Nimwegen blieb für eine Stunde gesperrt. Polizei sucht Zeugen. Nach den bisherigen Ermittlungen der Autobahnpolizei war eine 26-jährige Frau aus Mönchengladbach mit ihrem grauen Mercedes auf dem rechten Fahrstreifen der A 57 in Richtung Nimwegen unterwegs. Etwa 500 Meter vor der Anschlussstelle Uedem kollidierte der Mercedes aus bislang unklaren Gründen mit dem roten Mazda eines 32-jährigen Niederländers (mit im Fahrzeug waren vier weitere Insassen) und dem VW eines 45-jährigen Mannes aus Uedem. Bei dem Unfallgeschehen wurde der VW-Fahrer leicht verletzt. Den entstandenen Sachschaden schätzen die eingesetzten Beamten auf etwa 35.000 Euro. Während der Unfallaufnahme blieb die Fahrbahn in Richtung Nimwegen für eine Stunde gesperrt. Das größte Stauausmaß betrug zirka 2.000 Meter.

Quelle: Pressebericht vom 08.05.2014, Polizei Düsseldorf

Für das Beantworten der Fragen hast du **2 Minuten** Zeit.

1. Der Unfall ereignete sich auf der A 57 in Richtung Nimwegen.
a) richtig b) falsch

2. Alle Personen, die in den Unfall verwickelt waren, blieben unverletzt.
a) richtig b) falsch

3. Ein 26-jähriger Mann war in Richtung Nimwegen unterwegs.
a) richtig b) falsch

4. Ein silberner Mercedes kollidierte mit einem roten Mazda und einem VW.
a) richtig b) falsch

5. Im roten Mazda befanden sich vier weitere Insassen.
a) richtig b) falsch

6. Ein 43-jähriger Mann erlitt leichte Verletzungen.
a) richtig b) falsch

7. Der Unfall ereignete sich am Mittwoch, den 07.05.2014.
a) richtig b) falsch

8. Der Sachschaden wird auf etwa 32.000 Euro geschätzt.
a) richtig b) falsch

**Lösungen: Textinhalte einprägen**

Zu 1.: a) Richtig. Der Unfall ereignete sich auf der A 57 in Richtung Nimwegen.

Zu 2.: b) Falsch. Sechs von sieben Menschen blieben unverletzt, ein 45-jähriger Mann erlitt leichte Verletzungen.

Zu 3.: b) Falsch. Es handelt sich um eine 26-jährige Frau, die in Richtung Nimwegen unterwegs war.

Zu 4.: b) Falsch. Ein grauer Mercedes kollidierte mit einem roten Mazda und einem VW.

Zu 5.: a) Richtig. Im roten Mazda des Niederländers befanden sich vier weitere Insassen.

Zu 6.: b) Falsch. Der Mann, der leichte Verletzungen erlitt, war 45 Jahre alt.

Zu 7.: a) Richtig. Der Unfall ereignete sich am Mittwoch, den 07.05.2014 um 21:50 Uhr.

Zu 8.: b) Falsch. Der geschätzte Sachschaden belief sich auf etwa 35.000 Euro.

## Warenliste einprägen

Bei dieser Aufgabe musst du dir eine Liste mit Waren einprägen. Du darfst dir keine Notizen machen. Danach solltest du dich mindestens **10 Minuten** mit etwas anderem beschäftigen, bevor du die dazugehörigen Fragen aus dem Gedächtnis beantwortest.

Zeit: **5 Minuten**

| **Markenname** | **Ware** | **Preis** | **Herkunftsland** |
|---|---|---|---|
| Galene | Bratpfanne | 18,99 € | Belgien |
| Fraban | Sportsocken | 14,99 € | Schweiz |
| Boreto | Käse | 17,99 € | Deutschland |
| Enor | Abschleppseil | 12,99 € | Luxemburg |
| Simas | Bauklötze | 15,99 € | Österreich |
| | | | |
| Spilane | Küchenwaage | 18,99 € | Belgien |
| Hagolan | Feinstrumpfhose | 14,99 € | Schweiz |
| Nafato | Lachs | 17,99 € | Deutschland |
| Pador | Scheibenwischer | 12,99 € | Luxemburg |
| Retas | Puppe | 15,99 € | Österreich |
| | | | |
| Dogane | Auflaufform | 18,99 € | Belgien |
| Uman | Halstuch | 14,99 € | Schweiz |
| Molito | Schinken | 17,99 € | Deutschland |
| Kandor | Motoröl | 12,99 € | Luxemburg |
| Libas | Knetmasse | 15,99 € | Österreich |

Achte darauf, dass alle Endungen der Marken aus den jeweiligen Herkunftsländern immer einer Warengruppe und einem Preis zuzuordnen sind. So kannst du dir das leichter einprägen.

| | | | |
|---|---|---|---|
| ...ne | Haushalt | 18,99 € | Belgien |
| ...an | Kleidung | 14,99 € | Schweiz |
| ...to | Lebensmittel | 17,99 € | Deutschland |
| ...or | KFZ | 12,99 € | Luxemburg |
| ...as | Spielwaren | 15,99 € | Österreich |

1. Wie lautet der Markenname für die Feinstrumpfhose?
a) Uman
b) Enor
c) Hagolan
d) Boreto

2. Wie lautet der Markenname für das Motoröl?
a) Pador
b) Kandor
c) Spilane
d) Libas

3. Wie lautet der Markenname für den Käse?
a) Boreto
b) Simas
c) Dogane
d) Nafato

4. Wie lautet der Markenname für die Puppe?
a) Simas
b) Galene
c) Molito
d) Retas

5. Wie lautet der Markenname für die Bratpfanne?
a) Spilane
b) Enor
c) Galene
d) Fraban

6. Welche Ware liefert die Firma Molito?
a) Schinken
b) Küchenwaage
c) Abschleppseil
d) Lachs

7. Welche Ware liefert die Firma Pador?
a) Motoröl
b) Puppe
c) Scheibenwischer
d) Käse

8. Welche Ware liefert die Firma Fraban?
a) Bauklötze
b) Sportsocken
c) Halstuch
d) Auflaufform

9. Welche Ware liefert die Firma Dogane?
a) Bratpfanne
b) Feinstrumpfhose
c) Motoröl
d) Auflaufform

10. Was kostet ein Kandor?
a) 14,99 €
b) 17,99 €
c) 12,99 €
d) 15,99 €

11. Was kostet eine Galene?
a) 15,99 €
b) 14,99 €
c) 12,99 €
d) 18,99 €

12. Was kostet ein Nafato?
a) 12,99 €
b) 14,99 €
c) 17,99 €
d) 18,99 €

13. Aus welchem Land stammt die Knetmasse?
a) Belgien
b) Deutschland
c) Österreich
d) Schweiz

14. Aus welchem Land stammt das Abschleppseil?
a) Luxemburg
b) Belgien
c) Schweiz
d) Österreich

15. Aus welchem Land stammen die Sportsocken?
a) Luxemburg
b) Österreich
c) Deutschland
d) Schweiz

**Lösungen: Warenliste einprägen**

| | | |
|---|---|---|
| 1. c) | 6. a) | 11. d) |
| 2. b) | 7. c) | 12. c) |
| 3. a) | 8. b) | 13. c) |
| 4. d) | 9. d) | 14. a) |
| 5. c) | 10. c) | 15. d) |

## Tabelle auswerten

In dieser Aufgabe musst du eine Tabelle auswerten, in der die Benotungen von Schülern in verschiedenen Schulfächern aufgelistet sind. Beantworte bitte nachstehende Fragen anhand dieser Tabelle. Markiere den Buchstaben mit der korrekten Lösung.

Zeit: **3 Minuten**

| **Noten** | **1** | **2** | **3** | **4** | **5** | **6** |
|---|---|---|---|---|---|---|
| **Deutsch** | Max | Franz | Julia | Erika | Bernd | Claudia |
| **Mathe** | Julia | Max | Franz | Claudia | Bernd | Erika |
| **Englisch** | Franz | Julia | Erika | Max | Claudia | Bernd |
| **Kunst** | Erika | Claudia | Bernd | Julia | Max | Franz |
| **Sport** | Julia | Max | Claudia | Bernd | Franz | Erika |

1. Max und Julia gehören zu den besten Schülern. Doch wer hat den besseren Notendurchschnitt?
a) Max
b) Julia

2. Welchen Notendurchschnitt hat Claudia?
a) 3,8
b) 4
c) 4,1
d) 4,5

3. Deutsch und Mathe gehören zu den wichtigsten Fächern. Welche beiden Schüler haben zusammen den besten Notendurchschnitt?
a) Franz und Max
b) Max und Julia
c) Julia und Franz

4. Mädchen oder Jungen? Wer von beiden hat die besseren Noten mit nach Hause gebracht?
a) Mädchen
b) Jungen

## Lösungen: Tabelle auswerten

Zu 1. b) Julia
Julia hat einen Notendurchschnitt von 2,2 und ist somit besser als Max, der nur einen Schnitt von 2,8 hat.

Zu 2. b) 4
Claudia hat ein Notendurchschnitt von genau 4.
$6 + 4 + 5 + 2 + 3 = 20 \div 5 = 4$

Zu 3. b) Max und Julia
Den besten Notendurchschnitt mit 1,75 in Mathe und Deutsch haben Max und Julia zusammen.

Zu 4. a) Mädchen
Die Mädchen schlagen die Jungs knapp mit einen Gesamtdurchschnitt von 3,4. Die Jungs kommen auf ein Notenschnitt von 3,6.

## Wörter bilden

Bei dieser Aufgabe musst du Wörter bilden, bei denen schon die Anfangs- und Endbuchstaben vorgegeben sind. Bilde jeweils immer fünf Wörter pro Aufgabe. Alle Wortklassen, Eigen- oder Städtenamen sind erlaubt. Nicht erlaubt sind Fremdsprachen, Wortneubildungen und Dialekte.

Zeit: **8 Minuten**

1. Anfang **B** | Ende **E**

_______________________

_______________________

_______________________

_______________________

_______________________

2. Anfang **M** | Ende **N**

_______________________

_______________________

_______________________

_______________________

_______________________

3. Anfang **A** | Ende **N**

_______________________

_______________________

_______________________

_______________________

_______________________

4. Anfang **S** | Ende **T**

_______________________

_______________________

_______________________

_______________________

_______________________

5. Anfang **E** | Ende **L**

_______________________

_______________________

_______________________

_______________________

_______________________

6. Anfang **K** | Ende **R**

_______________________

_______________________

_______________________

_______________________

_______________________

## Musterantworten: Wörter bilden

Zu 1.: Anfang **B** | Ende **E**
Bandbreite
Bürste
Briefe
Batterie
Brille

Zu 2.: Anfang **M** | Ende **N**
Millionen
Mädchen
Minuten
Mann
müssen

Zu 3.: Anfang **A** | Ende **N**
Anforderungen
angemessen
Antworten
aufwärmen
angeln

Zu 4.: Anfang **S** | Ende **T**
Stadt
Sport
Sonnenlicht
Start
Supermarkt

Zu 5.: Anfang **E** | Ende **L**
Edelstahl
Einzelhandel
E-Mail
Enkel
Esel

Zu 6.: Anfang **K** | Ende **R**
Kater
Kratzer
Käufer
Kammer
Kinder

## Wörter ergänzen

Bei dieser Aufgabe musst du Wörter bilden, bei denen der Wortanfang schon vorgegeben ist. Bilde jeweils immer fünf Wörter pro Aufgabe. Alle Wortklassen, Eigen- oder Städtenamen sind erlaubt. Nicht erlaubt sind Fremdsprachen, Wortneubildungen und Dialekte.

Zeit: **8 Minuten**

1. **Sport ...**

_______________

_______________

_______________

_______________

_______________

2. **Polizei ...**

_______________

_______________

_______________

_______________

_______________

3. **Zimmer ...**

_______________

_______________

_______________

_______________

_______________

4. **Unter ...**

_______________

_______________

_______________

_______________

_______________

5. **Regen ...**

_______________

_______________

_______________

_______________

_______________

6. **Roh ...**

_______________

_______________

_______________

_______________

_______________

## Musterantworten: Wörter ergänzen

Zu 1.: **Sport ...**
Sportfest
Sporthose
Sportverein
Sportstar
Sportler

Zu 2.: **Polizei ...**
Polizeiauto
Polizeifunk
Polizeiwache
Polizeimarke
Polizeibeamter

Zu 3.: **Zimmer ...**
Zimmertemperatur
Zimmermann
Zimmerlampe
Zimmerdecke
Zimmerschlüssel

Zu 4.: **Unter ...**
Unterarm
Unterlassung
Unterschrift
Untergang
Untersuchung

Zu 5.: **Regen ...**
Regenschirm
Regenwald
Regentropfen
Regenjacke
Regenrinne

Zu 6.: **Roh ...**
Rohstoff
Rohbau
Rohrpost
Rohrbruch
Rohzustand

## Personendaten abgleichen

Bei dieser Aufgabe geht es darum, die Personendaten links und rechts inhaltlich abzugleichen. Die Daten müssen nicht identisch formatiert sein, sollten aber die gleiche Information beinhalten. Beispiel: Umlaute ü,ö,ä können in der Form ue, ae, oe geschrieben sein. Telefonnummern, die ein unterschiedliches Format haben (0151, 0043151, +43 (0)151) gelten trotzdem als richtig. Bei der Vorwahl wird stets die österreichische Vorwahl verwendet, sodass +43 und 0 gleichzusetzen sind. Trage zum Schluss alle Datensatznummern ein, die einen inhaltlichen Fehler aufweisen.

Zeit: **3 Minuten**

| | |
|---|---|
| 1.<br>Michael Fischer<br>Geb.: 15. Juli 2001<br>Tel.: 0043 657 39 28 19 81 | Michaela Fischer<br>Geb.: 15. Juli 2001<br>Tel.: 0043 657 / 39281981 |
| 2.<br>Mattis Böhm<br>Geb.: 08.06.1997<br>Tel.: 0664 / 25 78 91 14 | Mattis Boehm<br>Geb.: 8. Juni 1997<br>Tel.: 0664 / 25 78 91 14 |
| 3.<br>Veronika Vogt<br>Geb.: 27. Februar 1999<br>Tel.: 0463 / 76 99 73 14 | Veronika Vogt<br>Geb.: 27. Februar 1999<br>Tel.: 0463 / 76987314 |
| 4.<br>Esther Dietrich<br>Geb.: 18 Sep. 2003<br>Tel.: 0043 66139281979 | Esther Ditrich<br>Geb.: 15 Juli 2001<br>Tel.: 0043 661 39 28 19 |

| | |
|---|---|
| 5.<br>Thilo Kühn<br>Geb.: 9. Mai 1997<br>Tel.: 0043 981376841378 | Thilo Kühn<br>Geb.: 9.05.1997<br>Tel.: 0981 / 37 68 41 378 |
| 6.<br>Lian Seidel<br>Geb.: 19. November 1971<br>Tel.: 0316 64 72 38 91 | Lian Seidel<br>Geb.: 19.11.1971<br>Tel.: 0316 647 238 91 |
| 7.<br>Juliane Arnold<br>Geb.: 9. Oktober 2002<br>Tel.: 0043 7612 31 24 87 | Juliane Arnold<br>Geb.: 9.10.2002<br>Tel.: 07612 31 24 78 |
| 8.<br>Mehmet Erdem<br>Geb.: 5. Januar 1978<br>Tel.: 0512 813 768 41 | Mehmet Erdem<br>Geb.: 05.01.1978<br>Tel.: 051281376841 |
| 9.<br>Michail Chokovski<br>Geb.: 13. August 1989<br>Tel.: 0043 681 638 947 64 | Michail Chokovski<br>Geb.: 13.08.1989<br>Tel.: 0043 68163894764 |
| 10.<br>Isabel Pfeiffer<br>Geb.: 16. März 2003<br>Tel.: 0690 / 73 41 59 98 | Isabel Pfeiffer<br>Geb.: 16.03.2002<br>Tel.: +43 (0)690073415998 |

Nummern der falschen Datensätze: ______________________

**Lösungen: Personendaten abgleichen**

Falsche Datensätze: 1, 3, 4, 7, 10

## Postkorbübung

Bei der Postkorbübung musst du innerhalb kürzester Zeit, meist innerhalb von 20 bis 50 Minuten, bestimmte Dokumente nach Wichtigkeit und Dringlichkeit sortieren und im Anschluss bestimmte Maßnahmen ableiten. Hierbei achten die Prüfer besonders auf deine Stressresistenz, dein Arbeitstempo, eine fehlerfreie Arbeitsweise und die Entschlussfähigkeit.

Und so kann deine Postkorbübung aussehen: Heute ist der 5. August 2019 und es ist genau 9:30 Uhr. Du bist Vertretungskraft für Herrn Joachim Faber, dem Projektmanager in einem IT-Unternehmen, welches Buchführungssoftware anbietet. Dein Kollege befindet sich bereits seit zwei Wochen im Urlaub und fällt weiterhin für eine ungewisse Zeit krankheitsbedingt aus. Du hast dir vorgenommen, sein E-Mail-Postfach aufzuräumen, in welchem sich bereits 30 ungelesene Nachrichten befinden. Für die Bearbeitung hast du dir folgende Gedanken gemacht:
Alle Fehlermeldungen, PC-Probleme und Softwarefehler leitest du direkt an den Entwickler Herr Söhrensen weiter

Ist eine Fehlermeldung, ein gemeldetes PC-Problem oder die Meldung über einen Softwarefehler älter als fünf Tage oder aber das Problem ist besonders dringend, rufst du den Absender stattdessen direkt an und bittest um einen Aufschub.

Handelt es sich um eine neue Anforderung an die Software, nimmst du den Vorschlag auf und antwortest dem Absender per E-Mail. Genauso verfährst du bei sonstigen Kundennachrichten.

Alle privaten E-Mails werden von dir ignoriert, genauso wie Spam-Mails oder E-Mails von Frau Katrin Lehmann.

Bei allen finanziellen Angelegenheiten (Mahnungen, Rechnungen, Rabatte, Angebote, Kostenvoranschläge) oder bei Kritik an der Organisation, leitest du die E-Mail an Frau Schmidt aus der Buchhaltung und Organisation weiter.

Bitte gebe nach jeder E-Mail an, wie du vorgehen würdest.

Deine Vorgehensweise:
a) Weiterleitung an Herr Söhrensen
b) Anruf
c) auf E-Mail antworten
d) ignorieren
e) Weiterleitung an Frau Schmidt

Für die folgende Aufgabe hast du **20 Minuten** Zeit.

**E-Mail Nr. 1:**
Datum: 29. Juli 2019, 9:00:24
Von: Monika Albrecht
Text:
Sehr geehrte Damen und Herren,

heute Morgen startete ich den PC und ich konnte die gestern gespeicherten Rechnungen nicht mehr aufrufen. Weder vom Desktop-PC aus noch von meinem Smartphone. Was soll ich nun machen?

Freundliche Grüße
Monika Albrecht

---

**E-Mail Nr. 2:**
Datum: 31. Juli 2019, 17:12:43
Von: Marlene Huber
Text:
Sehr geehrte Damen und Herren,

Ich glaube, bei Ihnen läuft etwas gewaltig schief. Ich kann weder telefonisch noch per E-Mail irgendjemanden erreichen. Ich versuche es schon seit über einer Woche und unsere Buchhaltung kann nicht weiterarbeiten. Das wird finanzielle Konsequenzen für Sie haben.

Mit freundlichen Grüßen
Marlene Huber

---

**E-Mail Nr. 3:**
Datum: 24. Juli 2019, 9:19:01
Von: Katrin Lehmann
Text:
Sehr geehrter Herr Faber,

wie schon die letzten Tage habe ich auch heute wieder das Problem, dass der Bildschirm während der Arbeit immer wieder ausgeht. Es wird auf einmal alles schwarz und ich kann nicht weiterarbeiten. Dann ziehe ich den Stecker, warte eine Minute und mache danach alles wieder an. Nach einer halben Stunde wieder das gleiche Problem. Bitte helfen Sie mir.

Mit freundlichen Grüßen

---

**E-Mail Nr. 4:**
Datum: 16. Juni 2019, 14:32:29
Von: Maja Scholz
Text:
Sehr geehrte Damen und Herren,

Ich habe letzte Woche Ihre Software gekauft, merke aber nun, dass mir das Kundenstammdaten-Modul fehlt. Wie kann ich es aktivieren? Muss ich dafür das Debitorenprogramm zusätzlich ordern oder lässt sich das mit wenigen Klicks beheben?

Mit freundlichen Grüßen
Maja Scholz

---

**E-Mail Nr. 5:**
Datum: 06. Juli 2019, 23:06:24
Von: Wladimir Sukin
Text:
Sehr geehrte Damen und Herren,

Ich weiß, Rechnungen können vergessen werden. Deshalb möchte ich Sie wiederholt an die Zahlung unserer Rechnung vom 23.05.2019 erinnern.

Mit freundlichen Grüßen
Wladimir Sukin

---

**E-Mail Nr. 6:**
Datum: 4. August 2019, 16:15:45
Von: Lotterie Nord-West
Text:
Sehr geehrte Damen und Herren,

Wir gratulieren Ihnen zu Ihrem Gewinn. Sie nahmen erfolgreich an unserer Glückslotterie teil und gewinnen 500.000 Euro. Damit wir Ihnen die Summe überweisen können, klicken Sie bitte hier: *LINK* und geben Sie Ihre Bankverbindung sowie Ihre TAN-Nummer ein. Schon wenige Augenblicke später führen wir den Transfer aus.

Mit freundlichen Grüßen
Ihre Lotterie Nord-West

---

**E-Mail Nr. 7:**
Datum: 28. Juli 2019, 11:10:18
Von: Katrin Lehmann
Text:
Sehr geehrter Herr Faber,

da ich noch immer keine Antwort auf meine E-Mail vom 24. Juli von Ihnen erhalten habe, sehe ich mich gezwungen, das Programm zu kündigen. Ich bitte Sie, mir die überwiesenen 28,90 Euro für die letzten drei Monate zurückzuerstatten.

Mit freundlichen Grüßen
i.V. Katrin Lehmann

---

**E-Mail Nr. 8:**
Datum: 30. Juli 2019, 19:45:42
Von: Hans Beck
Text:
Hallo Herr Faber,

Ich weiß nicht, ob ich bei Ihnen richtig bin, aber ich fange einfach mal an: Ich habe einen kleinen Handwerksbetrieb und möchte mich in naher Zukunft zur Ruhe setzen, deshalb wird der Betrieb aufgelöst. Mein Sohn möchte nun alle Kundenstammdaten, Lieferanten und Projekte in sein Unternehmen mit einer anderen Software überführen. Dazu müssen die Daten in einer „XML-Datei" vorliegen, so seine Aussage. Kann man das mit Ihrer Soft-ware so lösen?

Besten Dank im Voraus.
Mit freundlichen Grüßen
Hans Beck

---

**E-Mail Nr. 9:**
Datum: 15. Juli 2019, 14:35:58
Von: Firma Seibert
Text:
Sehr geehrte Damen und Herren,

Wir hatten bei Ihnen das gesamte FiBi-Paket gebucht, doch leider kann unsere IT die Software noch immer nicht installieren. Es kommt während des Installationsvorgangs zu einem unerwarteten Fehler, sodass dieser nicht abgeschlossen werden kann. Wir bitten um einen schnellen Rat von einem Fachmann.

Mit freundlichen Grüßen
i.A. Amelie Neumann
Firma Seibert

---

**E-Mail Nr. 10:**
Datum: 2. Aug. 2019, 12:13:41
Von: Mattis Krieger
Text:
Sehr geehrte Damen und Herren,

sehe ich das richtig, dass ich für den Rechnungsdruck das Dokument erst speichern muss, danach wieder schließen und erst dann öffnen und in ein PDF-Dokument umwandeln muss? Versuche ich die Rechnung aktuell direkt in das PDF-Format umzuwandeln, erhalte ich nur ein leeres Blatt. Es kann doch nicht so kompliziert sein, oder?

Mit freundlichen Grüßen
Mattis Krieger

---

**E-Mail Nr. 11:**
Datum: 03. August 2019, 17:24:15
Von: Jochen Kaiser
Text:
Sehr geehrte Damen und Herren,

nach anfänglicher Skepsis habe ich mich nun doch für Ihr Produkt entschieden und war die ersten Tage auch zufrieden. Nun überwiegt aber wieder die Skepsis, da ich beim Erstellen von Angebot 2 die Meldung erhalte: „Unknown Error". Ich weiß nicht, wie ich das Angebot abschließen soll, und mein Kunde wartet darauf. Im Anhang sende ich Ihnen einen Screenshot.

Mit freundlichen Grüßen
Kaiser

---

**E-Mail Nr. 12:**
Datum: 02. August 2019, 6:15:48
Von: Melanie Lange
Text:
Sehr geehrte Damen und Herren,

Ich sitze vor einem kleinen Problem und komme nicht weiter. Meine Kostenvoranschläge werden immer auf zwei Seiten gedruckt, obwohl ich nur eine Position habe. Bei den Rechnungen klappt es mit dem Druck auf eine Seite. Mache ich was falsch?

Mit freundlichen Grüßen
Melanie Lange

---

**E-Mail Nr. 13:**
Datum: 9. Juli 2019, 16:00:19
Von:
Text:
Hallo Joachim,

Ich bin's, die Mama von Josephie. Ich wollte fragen, ob Emelie nächste Woche Dienstag uns mal besuchen kommen mag. Josephie würde sich sehr darüber freuen. Gerne kann ich die beiden nach dem Kindergarten zusammen abholen.

Liebe Grüße
Monika

---

**E-Mail Nr. 14:**
Datum: 31. Juli 2019, 5:15:45
Von: Annabell Sauer
Text:
Sehr geehrter Herr Faber,

das mit dem Neustart hatte nicht funktioniert. Obwohl ich schon alles Mögliche ausprobiert habe, wird mir das PDF für die Rechnung nicht ausgegeben. Stattdessen erhalte ich ein Dokument mit lauter Sonderzeichen. Bitte helfen Sie mir. Ich bin schon echt verzweifelt.

Grüße
Annabell Sauer

---

**E-Mail Nr. 15:**
Datum: 1. August 2019 18:08:47
Von: Patrick Seilbach
Text:
Hi Joachim,

Ich hoffe, dir, deiner Frau und den Kindern geht es gut. Leider kann ich nächste Woche nicht mit zum geplanten Segeltörn, da in meiner Familie alle krankheitsbedingt ziemlich angeschlagen sind. Aber an der Kostenpauschale in Höhe von 300 Euro bleibe ich selbstverständlich weiter beteiligt.

Viele Grüße
Patrick

---

**E-Mail Nr. 16:**
Datum: 4. August 2019 13:11:18
Von: Shirin Arlan
Text:
Sehr geehrte Damen und Herren,

Wir haben die Software gekauft und uns fehlen noch folgende Funktionen: Wir müssen unsere Rechnungen direkt mit dem Paypal-Konto verbinden, sodass eine Zuordnung zu den Zahlungen möglich ist. Wir müssen alle Kontenbewegungen als CSV-Datei an die Steuerkanzlei weiterleiten. Wie können wir das bewerkstelligen?

Bitte melden Sie sich schnell.

Mit freundlichen Grüßen
Shirin Arlan

---

**E-Mail Nr. 17:**
Datum: 2. August 2019, 16:28:37
Von: Katrin Lehmann
Text:
Sehr geehrter Herr Faber,

Ich bin's mal wieder! :-) Das Problem mit meinem Bildschirm hat sich anscheinend von selbst gelöst. Mein Neffe kam letztens zu mir und meinte, dass ich wohl beim Putzen das Netzkabel des Monitors erwischt habe und dieses wohl etwas lose war. Das Kabel steckt nun wie es soll und alles funktioniert prima. Ich bleibe Ihnen somit auch weiterhin treu.

Mit freundlichen Grüßen
Katrin Lehmann

---

**E-Mail Nr. 18:**
Datum: 29. Juli 2019, 14:47:46
Von:
Text:
Sehr geehrte Damen und Herren,

wie besprochen sende Ich Ihnen unser Angebot für die beiden .NET-Entwickler zur Behebung der Fehler Nr. 2–5.

Mit freundlichen Grüßen

---

**E-Mail Nr. 19:**
Datum: 28. Juli 2019, 7:28:51
Von: Apotheker um die Ecke
Text:
Sehr geehrte Damen und Herren,

plagen auch Sie andauernd Potenzprobleme? Damit ist jetzt Schluss! Mit unseren neuen Produkten zur Bekämpfung von Erektionsstörungen haben Sie ein Problem weniger. Für schlappe 29,99 Euro erhalten Sie eine Packungseinheit zum Kennenlernpreis.

Mit freundlichen Grüßen
Ihr Apotheker

---

**E-Mail Nr. 20:**
Datum: 31. Juli 2019, 19:03:47
Von: Lennard Fuchs
Text:
Hallo Joachim,

der Kunde „Kanalbau Nord" hat unsere Rechnung mit der Nr. 938271 noch immer nicht beglichen, obwohl wir bereits zweimal angemahnt haben. Kannst du direkt mal nachhaken, woran das liegt?

Grüße von Lennard

## Lösungen: Postkorbübung

Hinweis: Bei einigen E-Mails sind mehrere Lösungen möglich. Wichtig ist nur, dass du den eigenen Lösungsansatz stichhaltig begründen kannst.

| |
|---|
| 1. a) |
| 2. e) |
| 3. d) |
| 4. c) |
| 5. e) |
| 6. d) |
| 7. d) |
| 8. c) |
| 9. b) |
| 10. a) |
| 11. b) |
| 12. a) |
| 13. d) |
| 14. b) |
| 15. d) |
| 16. c) |
| 17. d) |
| 18. e) |
| 19. d) |
| 20. e) |

# Sprache

Beinahe jeder Einstellungstest beinhaltet Aufgaben zum Wort- und Sprachverständnis. Ein guter Wortschatz, Sprachgefühl und Sprachfantasie sind hier gefragt. Wortbedeutungen müssen sinngemäß erfasst werden.

## Deutsche Grammatik

1. Wie viele Silben hat das folgende Wort: Rinderwahnsinn?
a) 3
b) 4
c) 5
d) 6

2. Wie wird das folgende Wort richtig getrennt: Interessantes?
a) In|ter|es|sa|ntes
b) Inte|ress|an|tes
c) In|ter|es|san|tes
d) In|te|res|san|tes

3. Wie wird das folgende Wort richtig getrennt: Zeiterfassung?
a) Zeit|er|fas|sung
b) Zeit|er|fass|ung
c) Zei|ter|fas|sung
d) Zei|ter|fass|ung

4. Welche Schreibweise ist richtig?
a) Strafverfolgung
b) Strafverfolgnug
c) Straafverfolgung
d) Strafverfolguung

5. Wie wird das Wort richtig geschrieben?
a) Schiffahrt
b) Schiffffahrt
c) Schifffahrtt
d) Schifffahrt

6. Wie wird das Wort richtig geschrieben?
a) Bundesgrenzsschutz
b) Bundesgrenzschutz
c) Bundegrenzschutz
d) Bundesgrenzschuts

7. Indikativ Präsens: kennen; ich ...?
a) kennen
b) kannte
c) kann
d) kenne

8. Wie wird das folgende Wort richtig getrennt: Auseinandersetzung?
a) Aus|ei|nan|der|set|zung
b) Aus|ein|an|de|rset|zung
c) Au|sei|nan|der|set|zung
d) Aus|ei|nan|der|setz|ung

9. Bei welchem Wort handelt es sich um ein Adjektiv?
a) herzlich
b) Baum
c) ich
d) wie

10. Bei welchem Wort handelt es sich um ein Adjektiv?
a) Dorf
b) schön
c) welche
d) schwimmen

11. Bei welchem Wort handelt es sich um ein Adjektiv?
a) Sommer
b) niemals
c) steuern
d) cool

12. Bei welchem Wort handelt es sich um ein Verb?
a) herzlich
b) Baum
c) wie
d) laufen

13. Bei welchem Wort handelt es sich um ein Adverb?
a) gestern
b) Montag
c) wie
d) bemerkenswert

14. Bei welchem Wort handelt es sich um ein Objekt in folgendem Satz: „Johanna und Susi spielen mit ihrem Hund."
a) Johanna
b) Susi
c) spielen
d) Hund
e) ihrem

15. Bei welchem Wort handelt es sich um ein Prädikat in dem folgenden Satz: „Johanna geht gerne in den Stadtpark."
a) Johanna
b) geht
c) gerne
d) in den
e) Stadtpark

16. Bei welchem Wort handelt es sich um ein Subjekt in folgendem Satz: „Robert schwimmt oft im See."
a) Robert
b) schwimmt
c) oft
d) im
e) See

17. Bei welchem Wort handelt es sich um eine Präposition?
a) wir
b) du
c) es
d) in
e) sein

18. Bei welchem Wort handelt es sich um eine Konjunktion?
a) herzlich
b) und
c) ich
d) sein
e) so

19. Bei welchem Wort handelt es sich um ein Verb?
a) hundert
b) Stiftung
c) süß
d) sehen

20. Bei welchem Wort handelt es sich um ein Verb?
a) rollen
b) Rolle
c) rollig
d) Rollator

21. Welches Wort ist ein Pronomen?
a) uns
b) in
c) weil
d) für

22. Welches Wort ist ein bestimmter Artikel?
a) ein
b) er
c) den
d) für

23. Welches Wort steht im Akkusativ?
a) der Ball
b) gelaufen
c) der Fußballer
d) einen Lastwagen

## Lösungen: Deutsche Grammatik

| | | |
|---|---|---|
| 1. b) | 9. a) | 17. d) |
| 2. d) | 10. b) | 18. b) |
| 3. a) | 11. d) | 19. d) |
| 4. a) | 12. d) | 20. a) |
| 5. d) | 13. a) | 21. a) |
| 6. b) | 14. d) | 22. c) |
| 7. d) | 15. b) | 23. d) |
| 8. a) | 16. a) | |

## Groß- und Kleinschreibung

Markiere den Satz mit der korrekten Schreibweise.

1. a) Ich stimme dir im Allgemeinen zu.
   b) Ich stimme Dir im allgemeinen zu.
   c) Ich Stimme dir im Allgemeinen zu.
   d) Ich stimme Dir im Allgemeinen zu.

2. a) Am Dienstag nachmittag können wir uns treffen.
   b) Am Dienstagnachmittag können wir uns treffen.
   c) Am Dienstag Nachmittag können wir uns Treffen.
   d) Am dienstag Nachmittag können wir uns treffen.

3. a) Jeweils am ersten des Monats findet die veranstaltung statt.
   b) Jeweils am Ersten des Monats findet die Veranstaltung statt.
   c) Jeweils am ersten des Monats findet die Veranstaltung statt.
   d) Jeweils am ersten des monats findet die Veranstaltung statt.

4. a) Im folgenden abschnitt wird das Ganze nochmals erklärt.
   b) Im Folgenden Abschnitt wird das ganze nochmals erklärt.
   c) Im folgenden Abschnitt wird das ganze nochmals Erklärt.
   d) Im folgenden Abschnitt wird das Ganze nochmals erklärt.

5. a) Von den unzähligen, die vor der Mauer standen, brach Jeder zweite in Tränen aus.
   b) Von den unzähligen, die vor der Mauer standen, brach jeder zweite in Tränen aus.
   c) Von den Unzähligen, die vor der Mauer standen, brach jeder Zweite in Tränen aus.
   d) Von den unzähligen, die vor der Mauer standen, brach jeder Zweite in Tränen aus.

6. a) Sie trug am liebsten Kleider in Weiß.
   b) Sie Trug am liebsten Kleider in weiß.
   c) Sie trug am Liebsten Kleider in Weiß.
   d) Sie trug am Liebsten Kleider in weiß.

7. a) Vom bayerischen Wald bis zu den ostfriesischen Inseln ...
   b) Vom Bayerischen Wald bis zu den Ostfriesischen Inseln ...
   c) Vom Bayerischen wald bis zu den Ostfriesischen inseln ...
   d) Vom bayerischen wald bis zu den ostfriesischen inseln ...

8. a) Die Ermittler tappten bei der Suche im Dunkeln.
   b) Die Ermittler Tappten bei der Suche im dunkeln.
   c) Die Ermittler tappten bei der suche im Dunkeln.
   d) Die Ermittler tappten bei der Suche im dunkeln.

9. a) Ihr wurde Angst und Bange bei dem gedanken an den Keller.
   b) Ihr wurde Angst und Bange bei dem Gedanken an den Keller.
   c) Ihr wurde Angst und bange bei dem Gedanken an den Keller.
   d) Ihr wurde angst und bange bei dem Gedanken an den Keller.

10. a) Sie haben dem Unternehmen großes leid zugefügt.
    b) Sie haben dem Unternehmen großes Leid zugefügt.
    c) Sie haben den unternehmen großes Leid zugefügt.
    d) Sie haben dem Unternehmen Großes Leid zugefügt.

11. a) Ist es dir recht, wenn wir morgen gemeinsam Essen?
    b) Ist es Dir recht, wenn wir Morgen gemeinsam essen?
    c) Ist es dir Recht, wenn wir Morgen gemeinsam Essen?
    d) Ist es dir recht, wenn wir morgen gemeinsam essen?

12. a) Es ist ein schöner Tag, die Sonne scheint und die Vögel zwitschern.
    b) Es ist ein schöner Tag, die Sonne scheint und die vögel zwitschern.
    c) Es ist ein schöner tag, die Sonne scheint und die Vögel zwitschern.
    d) Es ist ein schöner Tag, die Sonne scheint und die Vögel Zwitschern.

13. a) Er reiste zum ersten Mal nach China, aber viel Erfahrung hatte er nicht.
    b) Er Reiste zum ersten Mal nach China, aber viel Erfahrung hatte er nicht.
    c) Er reiste zum Ersten mal nach China, aber viel erfahrung hatte er nicht.
    d) Er reiste zum Ersten Mal nach China, aber viel erfahrung hatte er nicht.

14. a) Alles weitere kann mit mir besprochen werden.
    b) Alles Weitere kann mit Mir besprochen werden.
    c) Alles weitere kann mit mir Besprochen werden.
    d) Alles Weitere kann mit mir besprochen werden.

15. a) Meiner meinung nach ist es nicht gut, wenn ein Buch viele Rechtschreibfehler hat.
    b) Meiner Meinung nach ist es nicht gut, wenn ein Buch viele rechtschreibfehler hat.
    c) Meiner Meinung nach ist es nicht gut, wenn ein Buch viele Rechtschreibfehler hat.
    d) Meiner Meinung nach ist es nicht Gut, wenn ein Buch viele Rechtschreibfehler hat.

**Lösungen: Groß- und Kleinschreibung**

| | | |
|---|---|---|
| 1. a) | 7. b) | 13. a) |
| 2. b) | 8. a) | 14. d) |
| 3. b) | 9. d) | 15. c) |
| 4. d) | 10. b) | |
| 5. c) | 11. d) | |
| 6. a) | 12. a) | |

## Diktat schreiben

Im Folgenden findest du zwei Diktate. Lass dir diese Diktate am besten von einem Freund oder einer Freundin vorlesen und versuche, möglichst wenige Rechtschreib- und Grammatikfehler zu machen.

### Diktat 1 – Eskalation vermeiden (226 Wörter)

Das Recht auf freie Meinungsäußerung gehört ebenso zu den Grundrechten wie die Versammlungsfreiheit. Ursprünglich friedliche Großdemonstrationen, die sich plötzlich zu gewalttätigen Krawallen entwickeln, provozieren jedoch oftmals den Ruf nach einer genauen Definition, wo die Rechte der Demonstrierenden enden und die Pflichten beginnen. Die Gesetzeshüterinnen und Gesetzeshüter sehen sich hier häufig nur schwer voraussehbaren Situationen ausgesetzt, in denen es darauf ankommt, schnell und spontan zu reagieren, um Schlimmeres zu verhindern. Sowohl die Geschichte als auch die Psychologie lehrt, dass das Aufeinandertreffen großer Menschenmassen, die von verschiedenen Ideologien geleitet werden, gefährliche Mechanismen freisetzen kann. Die Gründe liegen klar auf der Hand. In der Gruppe fällt es leichter, seine Meinung zu vertreten, da man von Gleichgesinnten umgeben ist. Besonders riskant ist in diesem Zusammenhang jedoch auch das Phänomen, in der Masse verschwinden zu können. Das Moment der Eigenverantwortung nimmt ab, Hemmschwellen fallen und die Betroffenen lassen sich von den jeweiligen Strömungen mitreißen und im schlimmsten Fall zu aggressiven Handlungen verleiten. Wie also beugt man derartigen Übergriffen vor? Diktaturen und Militärregime bieten hier keinerlei Anhaltspunkte. Denn unter dem Vorwand, Eskalation zu verhindern, untersagen sie sämtliche Formen der Kundgebungen und Demonstrationen. Demonstrationen stellen ein wesentliches Element dieses Mitwirkens großer Bevölkerungsteile dar. Daher sollte nicht das Recht auf Versammlungs-freiheit infrage gestellt, sondern der Fokus auf die Entwicklung von Strategien der kommunikativen Konfliktlösung gelegt werden, um den friedlichen Ausgang von Demonstrationen zu garantieren.

### Diktat 2 – Teamwork ist bekanntermaßen alles (214 Wörter)

In einer Gesellschaft, in der sich alles nur um Leistungsstreben und Konkurrenzkampf dreht, gewinnt die Bedeutung von Teamwork eine immer größer werdende Rolle. Dies trifft vor allem auf Berufe zu, in denen nicht nur der Erfolg, sondern auch Gesundheit und Leben der Betroffenen von einer tadellosen Kommunikation und vorbildlichen Zusammenarbeit abhängen. Sei es nun im medizinischen oder sozialen Bereich, die Fähigkeit, gemeinsam mit Kolleginnen und Kollegen an einem Ziel zu arbeiten, ist ein entscheidendes Kriterium bei der Personalauswahl. Ähnliches gilt natürlich auch für die Polizeiarbeit, welche Experten auf unterschiedlichen Gebieten zusammenführt. Eine klare und transparente Verständigung zwischen den Beteiligten bildet dabei die Grundlage, um zu einem zuverlässigen Ermittlungsergebnis zu gelangen. Wer hier eine Schwäche sieht, sollte sich für einen anderen Beruf, in dem ein unabhängiges und eigenständiges Arbeiten als vorteilhaft angesehen wird, entscheiden. Bei einem Polizeieinsatz stellt diese Verhaltens- beziehungsweise Vorgehensweise jedoch ein unnötiges Risiko dar und kann nicht nur das eigene Leben, sondern auch das der Kollegin beziehungsweise des Kollegen sowie schutzbedürftiger Bürgerinnen und Bürger gefährden. In der Ausbildung sowie im Beruf gilt es also, ein entspanntes Arbeitsklima herzustellen, die Verständigung nach allen Regeln der Kunst zu fördern und auf diese Weise dafür zu sorgen, dass Unarten wie Ellenbogendenken, Diskriminierung und Mobbing, welche gerade hier ein gravierendes Sicherheitsrisiko darstellen, gar nicht erst aufkommen.

## Deutscher Lückentext

In den Lückentext-Übungen müssen die leeren Positionen um Pronomen, Verben, Adjektive, Subjekte, Artikel, Appositionen oder die korrekte Kasus- oder Pluralmarkierung ergänzt werden.

1. Der Kunde nimmt ____ Produkt entgegen, um es später auszuprobieren.
a) das
b) die
c) der
d) des

2. Auf dem Weg zur Arbeit wurde ___ Angestellten bewusst, dass er seine Brieftasche zuhause vergessen hatte.
a) des
b) den
c) dem
d) die

3. Es ist wichtig, sich einen ___blick zu verschaffen.
a) An
b) Aus
c) Um
d) Über

4. Meine Großeltern haben ___ Nachbarin, die täglich Unkraut jätet.
a) eine
b) ein
c) einen
d) einer

5. Wir leben in einer Straße, ___ ___ nicht viel los ist.
a) in das
b) in der
c) in dem
d) in die

6. Auf der Autobahn entdecke ich ein Fahrzeug, _____ zu schnell fährt.
a) welcher
b) welchen
c) welches
d) welchem

7. Der NSA-Untersuchungsausschuss soll Ausmaß und Hintergründe der Ausspähungen durch ____ Geheimdienste in Deutschland aufklären.
a) Ausland
b) ausländische
c) fremd
d) fremde

8. Unter einem Verbrechen wird gemeinhin ein schwerwiegender Verstoß gegen die Rechtsordnung ___ Gesellschaft oder die Grundregeln menschlichen Zusammenlebens verstanden.

a) seiner
b) keiner
c) einer
d) ihrer

9. Unter Kapital im volkswirtschaftlichen Sinne kann man alle bei der Erzeugung beteiligte Produktionsmittel _____.
a) lernen
b) verstehen
c) sehen
d) behandeln

10. Südostengland mit der Hauptstadt London, der klimatisch meist-begünstigte Teil Großbritanniens, unterscheidet sich in ____ Hinsicht von den anderen Teilen der Insel.
a) vielerlei
b) weiter
c) großer
d) mehrerer

11. Neben der Bushaltestelle steht ___ _____ Junge und wartet auf den Bus.
a) ein kleiner
b) eine kleine
c) ein kleines
d) einer kleiner

12. Dass die Betreuung für ältere Menschen zu viel kostet, ist eine ____stellung.
a) Über
b) Unter
c) Auf
d) Ab

13. Die Aussage, ___ die Anzahl der Gewaltdelikte jedes Jahr steigt, muss überprüft werden.
a) welche
b) daß
c) das
d) dass

14. Dass ___ der Höhepunkt ist, hat niemand bezweifelt.
a) dass
b) das
c) welches
d) daß

15. Das Werk des angesehenen italienischen __________ wurde mit dem Literaturnobelpreis ausgezeichnet.
a) Schriftstellern
b) Schriftsteller
c) Schriftstellers
d) Schriftstelle

16. Der Fund des ______ ist für die weiteren Ermittlungen von großer Bedeutung.
a) Fluchtfahrzeugs
b) Flucht Fahrzeugs
c) Fluchtfahrzeug
d) Flucht-Fahrzeug

17. Bevor man sich ein neues Auto zulegt, ist es ratsam, eine ________ zu machen.
a) Probe Fahrt
b) Probefahrt
c) probefahrt
d) probe Fahrt

18. Am Abend werden ______ die Ampeln ausgeschaltet.
a) überlicherweise
b) üblicherweise
c) üblichweise
d) üblicher Weise

19. Der Vorname meiner ______ ist Anna.
a) Lehrer
b) Lehrers
c) Lehrern
d) Lehrerin

20. Wenn du jetzt _____, ist alles vorbei.
a) gingst
b) gehen
c) geht
d) gehst

21. Das _____ von Alkohol ist während der Dienstzeit nicht erlaubt.
a) trinken
b) Getränk
c) Trinken
d) Getrinke

22. Wenn man etwas investiert, erwartet man, etwas ________.
a) zurückzuerhalten
b) zurück zu erhalten
c) zurück erhalten
d) zurückerhalten

23. Ein Verbrechen ist ein Verstoß gegen die Rechtsordnung _____ Staates.
a) ein
b) einer
c) eines
d) einem

24. Diese Frage sollten Sie mit Ihrem ____ besprechen.
a) Ärzten
b) Arzt
c) Ärztin
d) Arztes

25. Das Dschungelbuch ist eine Sammlung von Erzählungen und Gedichten des britischen ___ Rudyard Kipling.
a) Autor
b) Autorin
c) Autoren
d) Autors

26. Häufig folgt auf einen Putsch eine Militärdiktatur oder die Herrschaft eines autoritären ___.
a) regime
b) Regime
c) Regimes
d) regimes

27. Die Karrieremessen werden von Hochschulen, professionellen ___ und den Industrie- und Handelskammern organisiert.
a) Dienstleister
b) Dienstleistern
c) Dienstleisters
d) Dienstleisterin

28. Non-Profit-Organisationen nehmen bestimmte ___ der Bedarfsdeckung, Förderung oder Interessenvertretung bzw. Beeinflussung für ihre Mitglieder oder Dritte wahr.
a) Zwecke
b) Zweck
c) Zwecks
d) Zwecken

29. Ziele von Frauenvereinen sind häufig soziale Anliegen im ___ oder Frauenthemen und Frauenfragen im Besonderen.
a) allgemein
b) Allgemein
c) Allgemeinen
d) allgemeinen

30. Die Kriegsküche war im Ersten Weltkrieg eine Suppenküche zur Versorgung weiter ___ der Zivilbevölkerung.
a) Kreis
b) Kreise
c) Kreisen
d) Kreises

## Lösungen: Deutscher Lückentext

| | | |
|---|---|---|
| 1. a) | 11. a) | 21. c) |
| 2. c) | 12. b) | 22. a) |
| 3. d) | 13. d) | 23. c) |
| 4. a) | 14. b) | 24. b) |
| 5. b) | 15. c) | 25. d) |
| 6. c) | 16. a) | 26. c) |
| 7. b) | 17. b) | 27. b) |
| 8. c) | 18. b) | 28. a) |
| 9. b) | 19. d) | 29. c) |
| 10. a) | 20. d) | 30. b) |

Zu 22.: a) Für die Getrennt- oder Zusammenschreibung bei Erweiterungen von Infinitiven mit „zu" gibt es eine einfache Regel: Wird das Verb in seiner Grundform bereits zusammengeschrieben, so wird auch die Erweiterung mit „zu" zusammengeschrieben. Wird die Verb-Verbindung allerdings auseinander geschrieben, wird auch die Erweiterung getrennt geschrieben.

**Tipp:** Mehr als 200 weitere Aufgaben zu Lückentexten findest du in unserer kostenlosen Testtrainer App. Eine Anleitung, wie du die App herunterladen und aktivieren kannst, steht auf Seite 23.

## Konjunktionen

Konjunktionen werden auch Bindewörter genannt. Vereinfacht gesagt ist ihre Aufgabe, einzelne Satzteile zu verbinden. So verbinden sie entweder zwei Haupt-sätze, zwei Nebensätze oder einen Hauptsatz und einen Nebensatz durch ein Komma miteinander. Der Vollständigkeit halber sei erwähnt, dass sie auch einzelne Wörter, Satzglieder oder Satzgruppen verbinden können. In diesem Unterkapitel wollen wir uns aber auf die Haupt- und Nebensätze konzentrieren.

Ein Hauptsatz ist immer ein vollständiger Satz, der für sich allein stehen kann. Beispiel: Ein Hund läuft auf der Straße. Einen Nebensatz erkennst du daran, dass er für sich allein keinen Sinn ergibt, zum Beispiel: ein Hund auf der Straße läuft. Je nachdem, welche Satzteile die Konjunktionen miteinander verbinden, unterscheidet man zwischen nebenordnenden Konjunktionen und unterordnenden Konjunktionen.

**Nebenordnende Konjunktionen**
Diese verbinden Satzteile, Hauptsätze und/oder Nebensätze miteinander. Beispiel: Sie kam zu spät, denn sie hatte den Bus verpasst. Die Konjunktion ist hier das Wort „denn". Weitere nebenordnende Konjunktionen sind unter anderem: aber, oder, außer, wie, denn, sondern.

**Unterordnende Konjunktionen**
Diese verbinden einen Hauptsatz mit einem Nebensatz. Ein solcher Satz könnte wie folgt lauten: Wasche den Apfel ab, bevor du ihn isst. Der Hauptsatz beginnt mit dem Wort „Wasche" und der Nebensatz wird mit der Konjunktion „bevor" eingeleitet. Ein weiteres Beispiel ist: Sie war noch sehr jung, als sie heiratete. Unterordnende Konjunktionen sind außerdem: dass, sodass, bis, von dem etc.

Setze die zur Verfügung stehende Konjunktion so in den Satz ein, dass ein grammatikalisch korrekter Satz entsteht.

Zeit: **5 Minuten**

1. **Weil, Da, Ob, Obwohl**
__________ Kinder von Natur aus neugierig sind, gibt es viele Möglichkeiten der Wissensvermittlung.

2. **ob, weil, wenn, als**
Kinder wünschen sich unterhaltsamen Schulunterricht, __________ sie diese Form des Unterrichts durch die Sesamstraße gewöhnt sind.

3. **wenn, weil, zumal, während**
Die Eltern begrüßen solche Fernsehsendungen, __________ sie ihnen die Rechtfertigung liefern, Kinder stundenlang vor dem Fernsehgerät sitzen zu lassen.

4. **Falls, Weil, Wenn, Während**
__________ Eltern sehr beschäftigt sind, verbringen Kinder oft unbeaufsichtigt Zeit vor dem Fernseher.

5. **indem, weil, es sei denn, obwohl**
Sesamstraße ist nicht als Unterricht zu bezeichnen, __________, dass grundlegende bildungstheoretische Bedingungen berücksichtigt werden.

6. **haben, sollen, wollen, um**
Kinder __________ kein falsches Bild vom Schulunterricht bekommen.

7. **sollen, um, haben, wollen**
Eltern __________ den Kindern kein falsches Bild von Schule vermitteln.

8. **Während, Auch wenn, Indem, Falls**
__________ Kinder sich vom Fernsehen angezogen fühlen, verschließen sie sich doch nicht den Angeboten ihrer Mitschüler.

9. **Egal, Wobei, Je nachdem, Sondern auch**
__________, was Kinder bevorzugen, wird ihr Lernverhalten beeinflusst.

10. **Als, Wie, Wo, Was**
__________ Bildungstheoretiker herausfanden, muss Lernen auch mit einem gewissen Maß an Disziplin verbunden sein.

## Lösungen: Konjunktionen

Zu 1.: ***Da*** Kinder von Natur aus neugierig sind, gibt es viele Möglichkeiten der Wissensvermittlung.

Zwischen den Konjunktionen „da" und „weil" bestehen feine Unterschiede im Gebrauch. „Da" wird meist verwendet, wenn das Geschehen im Nebensatz ohne besonderes Gewicht ist, vor allem wenn es bereits bekannt ist. Dann ist der Nebensatz meist Vordersatz.

Zu 2.: Kinder wünschen sich unterhaltsamen Schulunterricht, ***weil*** sie diese Form des Unterrichts durch die Sesamstraße gewöhnt sind.

„Weil" wird vor allem verwendet, wenn das Geschehen wichtig und neu ist. Der Nebensatz ist dann meist Nachsatz.

Zu 3.: Die Eltern begrüßen solche Fernsehsendungen, ***zumal*** sie ihnen die Rechtfertigung liefern, Kinder stundenlang vor dem Fernsehgerät sitzen zu lassen.

Die Konjunktion „zumal" benennt einen zusätzlichen Grund, der auch zumeist verstärkende Bedeutung hat.

Zu 4.: ***Wenn*** Eltern sehr beschäftigt sind, verbringen Kinder oft unbeaufsichtigt Zeit vor dem Fernseher.

Die Konjunktionen „wenn" und „falls" unterscheiden sich insofern, als „wenn" auch immer eine temporale Bedeutung hat. „Falls/sofern" haben ausschließlich konditionale Bedeutung.

Zu 5.: Sesamstraße ist nicht als Unterricht zu bezeichnen, ***es sei denn***, dass grundlegende bildungstheoretische Bedingungen berücksichtigt werden.

Ein Satz, der mit „es sei denn" eingeleitet wird, hat ausschließlich konditionale Bedeutung.

Zu 6.: Kinder ***sollen*** kein falsches Bild vom Schulunterricht bekommen.

„Sollen" und „wollen" sind Modalverben, die Wunsch, Zwang oder Möglichkeit bezeichnen. Die passende modale Konjunktion lautet „sollen".

Zu 7.: Eltern ***wollen*** den Kindern kein falsches Bild von Schule vermitteln.

Auch hier gilt, „sollen“ und „wollen“ sind Modalverben, die Wunsch, Zwang oder Möglichkeit bezeichnen. Die passende modale Konjunktion lautet „wollen“.

Zu 8.: ***Auch wenn*** Kinder sich vom Fernsehen angezogen fühlen, verschließen sie sich doch nicht den Angeboten ihrer Mitschüler.

Die Konjunktionen „wenn auch“, „auch wenn“, „selbst wenn“ betonen den Sachverhalt des Nebensatzes.

Zu 9.: ***Je nachdem***, was Kinder bevorzugen, wird ihr Lernverhalten beeinflusst.

Mit der Konjunktion „je nachdem“ werden Kriterien bezeichnet, die darüber entscheiden, was im vorhergehenden Hauptsatz zutreffen kann. Die Konjunktion wird immer in Verbindung mit einem Interrogativpronomen verwendet.

Zu 10.: **Wie**

***Wie*** Bildungstheoretiker herausfanden, muss Lernen auch mit einem gewissen Maß an Disziplin verbunden sein.

Mit der Konjunktion „wie“ wird die Quelle einer Information gekennzeichnet.

## Präpositionen

Setze das richtige Vorwort in die Lücke ein, damit sich ein grammatikalisch richtiger Satz ergibt.

Zeit: **8 Minuten**

1. **über, wegen, mit**
Ich freue mich __________ deinen Anruf!

2. **Laut, Trotz, Neben**
__________ des Regens war es ein schöner Ausflug!

3. **In, Seit, Während**
__________ sie kochte fiel plötzlich der Strom aus.

4. **außer, ohne, mit**
Onkel Ralf kam __________ seinen Hund.

5. **In, An, Auf**
__________ dem Moment hatte ich wirklich Angst!

6. **statt, während, vor**
Ich werde __________ der Autofahrt eine Stunde ausruhen.

7. **in, am, neben**
Sie hat __________ Fluss ihren Schlüssel verloren.

8. **in, außer, bei**
Er war vor Wut __________ sich!

9. **an, zu, durch**
Sie liebt alles __________ mir.

10. **mit, laut, zu**
Ich möchte __________ dem Thema noch etwas sagen!

11. **an, mit, ab**
Nur noch zehn Minuten bis zum __________ fang.

12. **Auf, Ab, Ein**
Beim Tennis ist ein guter __________ schlag sehr wichtig.

13. **Ein, Vor, Gegen**
Nach dem __________ wurf wurde der Ball gleich wieder ins Aus geschossen.

14. **im, ins, am**
Am Wochenende war ich __________ Kino.

15. **ins, zum, nach**
Ich fühle mich nicht wohl, ich muss __________ Krankenhaus fahren.

16. **auf, über, im zwischen**
Die Fernbedienung liegt __________ dem Sofa.

17. **in, zu, nach**
Am Wochenende fahren wir __________ Wien.

18. **in den, in der, im**
Die Milch ist __________ Kühlschrank.

19. **über, gegen, unter, zum**
Kater Bert schläft __________ dem Apfelbaum und schnarcht.

20. **fürs, beim, ans, ins**
Am Abend gehen wir __________ Kino, um einen spannenden Film zu sehen.

**Lösungen: Präpositionen**

Zu 1.: Ich freue mich ***über*** deinen Anruf!

Zu 2.: ***Trotz*** des Regens war es ein schöner Ausflug!

Zu 3.: ***Während*** sie kochte fiel plötzlich der Strom aus.

Zu 4.: Onkel Ralf kam ***ohne*** seinen Hund.

Zu 5.: ***In*** dem Moment hatte ich wirklich Angst!

Zu 6.: Ich werde ***vor*** der Autofahrt eine Stunde ausruhen.

Zu 7.: Sie hat ***am*** Fluss ihren Schlüssel verloren.

Zu 8.: Er war vor Wut ***außer*** sich!

Zu 9.: Sie liebt alles ***an*** mir.

Zu 10.: Ich möchte ***zu*** dem Thema noch etwas sagen!

Zu 11.: Nur noch zehn Minuten bis zum ***An***fang.

Zu 12.: Beim Tennis ist ein guter ***Auf***schlag sehr wichtig.

Zu 13.: Nach dem ***Ein***wurf wurde der Ball gleich wieder ins Aus geschossen.

Zu 14.: Am Wochenende war ich ***im*** Kino.

Zu 15.: Ich fühle mich nicht wohl, ich muss ***ins*** Krankenhaus fahren.

Zu 16.: Die Fernbedienung liegt ***auf*** dem Sofa.

Zu 17.: Am Wochenende fahren wir ***nach*** Wien.

Zu 18.: Die Milch ist ***im*** Kühlschrank.

Zu 19.: Kater Bert schläft ***unter*** dem Apfelbaum und schnarcht.

Zu 20.: Am Abend gehen wir ***ins*** Kino, um einen spannenden Film zu sehen.

## Kommasetzung

Kommata oder Beistriche treten in verschiedenen Satzkonstellationen auf. Hier sind einige Grundregeln, die du beachten solltest.

**Regeln**

1. Ein Komma kann bei Aufzählungen genutzt werden.
Beispiel: Ich bin eine fleißige, strebsame, ordentliche Schülerin. Oder: Ich bin eine fleißige, strebsame und ordentliche Schülerin. Hier wurde das Komma durch ein „und" ersetzt. Statt „und" könnte auch „oder" oder „sowie" das Komma ersetzen.

2. Ein Komma steht vor Konjunktionen wie aber, allerdings, jedoch, sondern etc.
Beispiel: Ihre Mutter ist eine liebevolle, aber strenge Frau. Nicht nur der Bus, sondern auch der Zug ist sehr pünktlich.

3. Wird das Subjekt in einem Satz genauer beschrieben, wird die nähere Beschreibung (Apposition) durch Kommas eingeschlossen.
Beispiel: Herr Schneider, der Nachbar, ist genervt von den Kindern.

4. Ein Komma trennt den Hauptsatz vom Nebensatz ab. Weil es schneit, dürfen die Kinder im Klassenraum bleiben.
Beispiel: Die Kinder dürfen im Klassenraum bleiben, weil es schneit. Der Mann, der jeden Sonntag joggen geht, ist krank.

Zeit: **10 Minuten**

1. In welchem Satz sind alle Kommas richtig gesetzt?
a) Der Kriminalstatistik 2014, die Schleswig-Holstein im März 2015 veröffentlichte, ist zu entnehmen, dass die Anzahl der Kriminalfälle um 1,2 Prozent auf 202.301 Delikte anstieg, nachdem in den vier Kalenderjahren zuvor eine rückläufige Kriminalität verzeichnet wurde.
b) Der Kriminalstatistik 2014 die Schleswig-Holstein im März 2015 veröffentlichte ist zu entnehmen, dass die Anzahl der Kriminalfälle um 1,2 Prozent auf 202.301 Delikte anstieg nachdem in den vier Kalenderjahren zuvor eine rückläufige Kriminalität verzeichnet wurde.

c) Der Kriminalstatistik 2014, die Schleswig-Holstein im März 2015 veröffentlichte, ist zu entnehmen dass die Anzahl der Kriminalfälle um 1,2 Prozent auf 202.301 Delikte anstieg, nachdem in den vier Kalenderjahren zuvor eine rückläufige Kriminalität verzeichnet wurde.
d) Der Kriminalstatistik 2014, die Schleswig-Holstein im März 2015 veröffentlichte, ist zu entnehmen, dass die Anzahl der Kriminalfälle um 1,2 Prozent, auf 202.301 Delikte anstieg, nachdem in den vier Kalenderjahren zuvor eine rückläufige Kriminalität verzeichnet wurde.

2. In welchem Satz sind alle Kommas richtig gesetzt?
a) „Da die Aufklärungsquote auf 51,2 Prozent angestiegen ist bleibt Schleswig-Holstein ein sicheres Bundesland" erklärte Stefan Studt der Landesinnenminister stolz, „zumal dies der beste Wert des letzten Jahrzehnts ist."
b) „Da die Aufklärungsquote auf 51,2 Prozent angestiegen ist, bleibt Schleswig-Holstein ein sicheres Bundesland", erklärte Stefan Studt, der Landesinnenminister stolz, „zumal dies der beste Wert des letzten Jahrzehnts ist."
c) „Da die Aufklärungsquote, auf 51,2 Prozent angestiegen ist, bleibt Schleswig-Holstein ein sicheres Bundesland", erklärte Stefan Studt, der Landesinnenminister stolz, „zumal dies der beste Wert, des letzten Jahrzehnts ist."
d) „Da die Aufklärungsquote auf 51,2 Prozent angestiegen ist, bleibt Schleswig-Holstein ein sicheres Bundesland", erklärte Stefan Studt, der Landesinnenminister stolz „zumal dies der beste Wert des letzten Jahrzehnts ist."

3. In welchem Satz sind alle Kommas richtig gesetzt?
a) Die Häufigkeitszahl die angibt, wie viele Straftaten auf 100.000 Einwohner entfallen erhöhte sich leicht auf 7.184.
b) Die Häufigkeitszahl die angibt, wie viele Straftaten auf 100.000 Einwohner entfallen, erhöhte sich leicht auf 7.184.
c) Die Häufigkeitszahl, die angibt, wie viele Straftaten, auf 100.000 Einwohner entfallen, erhöhte sich leicht auf 7.184.
d) Die Häufigkeitszahl, die angibt, wie viele Straftaten auf 100.000 Einwohner entfallen, erhöhte sich leicht auf 7.184.

4. In welchem Satz sind alle Kommas richtig gesetzt?
a) Der Kriminalitätsanstieg gegenüber 2013, verlautbarte der Innenminister, beruhe im Wesentlichen auf Verstößen gegen das Asylverfahrens-, das Aufenthalts- und das EU-Freizügigkeitsgesetz.
b) Der Kriminalitätsanstieg gegenüber 2013 verlautbarte der Innenminister, beruhe im Wesentlichen auf Verstößen gegen das Asylverfahrens-, das Aufenthalts- und das EU-Freizügigkeitsgesetz.
c) Der Kriminalitätsanstieg gegenüber 2013 verlautbarte der Innenminister beruhe im Wesentlichen auf Verstößen gegen das Asylverfahrens-, das Aufenthalts- und das EU-Freizügigkeitsgesetz.
d) Der Kriminalitätsanstieg, gegenüber 2013, verlautbarte der Innenminister, beruhe im Wesentlichen auf Verstößen, gegen das Asylverfahrens-, das Aufenthalts- und das EU-Freizügigkeitsgesetz.

5. In welchem Satz sind alle Kommas richtig gesetzt?
a) Während in 2014 noch 4.309 derartige Delikte verzeichnet wurden kam es 2015 zu einer Erhöhung um 3.463 Fälle auf 7.772 was einem Anstieg von 80,4 Prozent entspricht.
b) Während in 2014 noch 4.309 derartige Delikte verzeichnet wurden, kam es 2015 zu einer Erhöhung um 3.463 Fälle auf 7.772 was einem Anstieg von 80,4 Prozent entspricht.
c) Während in 2014 noch 4.309 derartige Delikte verzeichnet wurden, kam es 2015 zu einer Erhöhung, um 3.463 Fälle auf 7.772, was einem Anstieg von 80,4 Prozent entspricht.
d) Während in 2014 noch 4.309 derartige Delikte verzeichnet wurden, kam es 2015 zu einer Erhöhung um 3.463 Fälle auf 7.772, was einem Anstieg von 80,4 Prozent entspricht.

6. In welchem Satz sind alle Kommas richtig gesetzt?
a) Dies liege, so Studt, an einem vermehrten Zuzug, von Flüchtlingen, nicht nur aus weltweiten Kriegs-, sondern auch Armutsregionen.
b) Dies liege, so Studt, an einem vermehrten Zuzug von Flüchtlingen nicht nur aus weltweiten Kriegs-, sondern auch Armutsregionen.
c) Dies liege so Studt, an einem vermehrten Zuzug von Flüchtlingen nicht nur aus weltweiten Kriegs-, sondern auch Armutsregionen.
d) Dies liege so Studt an einem vermehrten Zuzug von Flüchtlingen nicht nur aus weltweiten Kriegs-, sondern auch Armutsregionen.

7. In welchem Satz sind alle Kommas richtig gesetzt?
a) Im Übrigen berichtete der Innenminister von rückläufigen Zahlen, musste aber eine Zunahme bei Raub und Brandstiftung einräumen.
b) Im Übrigen, berichtete der Innenminister von rückläufigen Zahlen, musste aber eine Zunahme bei Raub und Brandstiftung einräumen.
c) Im Übrigen berichtete der Innenminister von rückläufigen Zahlen musste aber eine Zunahme bei Raub und Brandstiftung einräumen.
d) Im Übrigen berichtete der Innenminister, von rückläufigen Zahlen, musste aber eine Zunahme bei Raub und Brandstiftung einräumen.

8. In welchem Satz sind alle Kommas richtig gesetzt?
a) Während die Gewaltkriminalität um ein Prozent zurückging vermin-derte sich die Zahl der Diebstähle um 0,3 Prozent der Sachbeschädigungen um 1,7 Prozent und der Vermögensdelikte um 2,9 Prozent wohingegen 78 vorsätzliche Brandstiftungen mithin 13,4 Prozent mehr als im Vorjahr registriert wurden.
b) Während die Gewaltkriminalität um ein Prozent zurückging, verminderte sich die Zahl der Diebstähle um 0,3 Prozent, der Sachbeschädigungen, um 1,7 Prozent und der Vermögensdelikte, um 2,9 Prozent, wohingegen 78 vorsätzliche Brandstiftungen, mithin 13,4 Prozent mehr als im Vorjahr registriert wurden.
c) Während die Gewaltkriminalität um ein Prozent zurückging, verminderte sich die Zahl der Diebstähle um 0,3 Prozent, der Sachbeschädigungen um 1,7 Prozent und der Vermögensdelikte um 2,9 Prozent, wohingegen 78 vorsätzliche Brandstiftungen, mithin 13,4 Prozent mehr als im Vorjahr registriert wurden.
d) Während die Gewaltkriminalität, um ein Prozent zurückging, verminderte sich die Zahl der Diebstähle um 0,3 Prozent, der Sachbeschädigungen um 1,7 Prozent und der Vermögensdelikte, um 2,9 Prozent, wohingegen 78 vorsätzliche Brandstiftungen, mithin 13,4 Prozent mehr als im Vorjahr registriert wurden.

9. In welchem Satz sind alle Kommas richtig gesetzt?
a) Stefan Studt betonte ferner dass die Jugendkriminalität auch gemessen am Anteil Tatverdächtiger unter 21 Jahren von 23,1 auf 22,7 Prozent gesunken sei.

b) Stefan Studt betonte ferner, dass die Jugendkriminalität auch gemessen am Anteil Tatverdächtiger unter 21 Jahren, von 23,1 auf 22,7 Prozent gesunken sei.
c) Stefan Studt betonte, ferner dass die Jugendkriminalität, auch gemessen am Anteil Tatverdächtiger unter 21 Jahren, von 23,1 auf 22,7 Prozent gesunken sei.
d) Stefan Studt betonte ferner, dass die Jugendkriminalität, auch gemessen am Anteil Tatverdächtiger unter 21 Jahren, von 23,1 auf 22,7 Prozent gesunken sei.

10. In welchem Satz sind alle Kommas richtig gesetzt?
a) Die diesbezüglichen Landeskonzepte, die insbesondere auf die Prävention von Kriminalität bei jugendlichen Intensivtätern zielten, trügen wohl, so scheine es jedenfalls, zu der positiven Entwicklung bei, meinte der Innenminister.
b) Die diesbezüglichen Landeskonzepte die insbesondere auf die Prävention von Kriminalität bei jugendlichen Intensivtätern zielten, trügen wohl, so scheine es jedenfalls, zu der positiven Entwicklung bei, meinte der Innenminister.
c) Die diesbezüglichen Landeskonzepte, die insbesondere auf die Prävention von Kriminalität bei jugendlichen Intensivtätern zielten trügen wohl so scheine es jedenfalls, zu der positiven Entwicklung bei, meinte der Innenminister.
d) Die diesbezüglichen Landeskonzepte, die insbesondere auf die Prävention von Kriminalität bei jugendlichen Intensivtätern zielten, trügen wohl so scheine es jedenfalls zu der positiven Entwicklung bei, meinte der Innenminister.

## Lösungen: Deutsche Kommasetzung

| | | |
|---|---|---|
| 1. a) | 5. d) | 9. d) |
| 2. b) | 6. b) | 10. a) |
| 3. d) | 7. a) | |
| 4. a) | 8. c) | |

## S-Schreibweise: s, ss oder ß

Setze in die folgenden Worte ein „ss", ein „ß" oder ein „s" ein.

Zeit: **5 Minuten**

1. gena__
2. bö__e
3. die Mei__e
4. bü__en
5. gro__
6. der Hu__ten
7. der Rei__
8. bla__en
9. er lie__
10. mi__glücken
11. hei__en
12. es fra__
13. der Be__en
14. der Kä__e
15. er i__t hier
16. die Flü__e
17. mü__en
18. die Pri__e
19. die Ö__e
20. Va__e

## Lösungen: S-Schreibweise

Zu 1.: genas

Zu 2.: böse

Zu 3.: die Meise

Zu 4.: büßen

Zu 5.: groß

Zu 6.: der Husten

Zu 7.: der Reis

Zu 8.: blasen

Zu 9.: er ließ

Zu 10.: missglücken

Zu 11.: heißen

Zu 12.: es fraß

Zu 13.: der Besen

Zu 14.: der Käse

Zu 15.: er isst hier

Zu 16.: die Flüsse

Zu 17.: müssen

Zu 18.: die Prise

Zu 19.: die Öse

Zu 20.: Vase

## Plural bilden

Bilde den Plural der folgenden Sätze.

Zeit: **5 Minuten**

1. Der Bruder schreibt ein Diktat.
2. Das Kind macht ein Experiment.
3. Der Student schreibt ein Märchen.
4. Der Vater repariert das Fenster.
5. Bernie schreibt ein Buch.
6. Der Vater braucht ein Auto.
7. Der Mechaniker repariert ein Auto.
8. Mario braucht ein Geschenk.
9. Der Wagen ist nicht hier.
10. Der Urlauber fotografiert die Kirche.
11. Der Autor hat eine Katze.
12. Dort kommt der Prüfer.
13. Der Chef repariert kein Fenster.
14. Der Zug ist in Linz.
15. Der Bewerber schreibt eine Prüfung.
16. Bernie hat ein gutes Argument.
17. Die Mutter braucht Freiraum.
18. Der Chef geht in das Restaurant.

**Lösungen: Plural bilden**

Zu 1.: Die Brüder schreiben Diktate.

Zu 2.: Die Kinder machen Experimente.

Zu 3.: Die Studenten schreiben Märchen.

Zu 4.: Die Väter reparieren die Fenster.

Zu 5.: Bernie schreibt Bücher.

Zu 6.: Die Väter brauchen Autos.

Zu 7.: Die Mechaniker reparieren Autos.

Zu 8.: Mario braucht Geschenke.

Zu 9.: Die Wagen sind nicht hier.

Zu 10.: Die Urlauber fotografieren die Kirchen.

Zu 11.: Die Autoren haben Katzen.

Zu 12.: Dort kommen die Prüfer.

Zu 13.: Die Chefs reparieren keine Fenster.

Zu 14.: Die Züge sind in Linz.

Zu 15.: Die Bewerber schreiben Prüfungen.

Zu 16.: Bernie hat gute Argumente.

Zu 17.: Die Mütter brauchen Freiräume.

Zu 18.: Die Chefs gehen in die Restaurants.

## Rechtschreibfehler

Die folgenden Wörter enthalten je einen oder mehrere Fehler. Schreibe die Wörter in der korrekten Schreibweise auf ein extra Blatt Papier.

Zeit: **5 Minuten**

1. Parrtere
2. representativ
3. häußlich
4. Vorwandt
5. pennibel
6. Chemiekalie
7. apropo
8. Kathastrophe
9. Kolektiv
10. symphatisch
11. Karrussell
12. spatzieren
13. Rabarber
14. skurill
15. Aparat
16. krakehlen
17. Billiard
18. Kuß
19. nähmlich
20. Kuveer
21. Tymian
22. wiederkeuen
23. Trielogie
24. übrigends
25. vorrausichtlich
26. Verwandschaft
27. paralell
28. Mozarrella
29. Kenntniss
30. Schlammassel
31. narzistisch
32. adequat
33. Bagattele
34. akredietieren
35. Kabarret
36. Gallionsfigur
37. Kreissaal
38. kollosal

## Lösungen: Rechtschreibfehler

| 1. Parterre | 14. skurril | 27. parallel |
|---|---|---|
| 2. repräsentativ | 15. Apparat | 28. Mozzarella |
| 3. häuslich | 16. krakeelen | 29. Kenntnis |
| 4. Vorwand | 17. Billard | 30. Schlamassel |
| 5. penibel | 18. Kuss | 31. narzisstisch |
| 6. Chemikalie | 19. nämlich | 32. adäquat |
| 7. apropos | 20. Kuvert | 33. Bagatelle |
| 8. Katastrophe | 21. Thymian | 34. akkreditieren |
| 9. Kollektiv | 22. wiederkäuen | 35. Kabarett |
| 10. sympathisch | 23. Trilogie | 36. Galionsfigur |
| 11. Karussell | 24. übrigens | 37. Kreißsaal |
| 12. spazieren | 25. voraussichtlich | 38. kolossal |
| 13. Rhabarber | 26. Verwandtschaft | |

## Infinitive bilden

Bilde von den folgenden 20 konjugierten Verben jeweils den Infinitiv Präsens (Grundform). Schreibe die korrekten Infinitive auf ein extra Blatt Papier.

Zeit: **3 Minuten**

1. sieht
2. trifft
3. lässt
4. darf
5. erklärt
6. brach
7. geschieht
8. nimmst
9. mag
10. befiehlt
11. gabst
12. fingen
13. rieten
14. hielt
15. gerät
16. trat
17. stieß
18. flöge
19. grübe
20. vorgeworfen

**Lösungen: Infinitive bilden**

| | | |
|---|---|---|
| 1. sehen | 8. nehmen | 15. geraten |
| 2. treffen | 9. mögen | 16. treten |
| 3. lassen | 10. befehlen | 17. stoßen |
| 4. dürfen | 11. geben | 18. fliegen |
| 5. erklären | 12. fangen | 19. graben |
| 6. brechen | 13. raten | 20. vorwerfen |
| 7. geschehen | 14. halten | |

## Fremdwörter zuordnen

Das Beherrschen von Fremdwörtern ist vor allem im Vorstellungsgespräch sehr wichtig. Ist dir ein Fremdwort jedoch nicht geläufig, ist es sicherlich ratsam, nachzufragen, als durch eine falsche Deutung ein Missverständnis zu riskieren.

Markiere bei der folgenden Aufgabe die jeweils richtige Bedeutung des Fremdwortes.

Zeit: **5 Minuten**

1. sich echauffieren
a) zusammenarbeiten
b) erstaunt sein
c) arrogant sein
d) sich erregen

2. Dementi
a) Erstellung eines Gesetzes
b) Widerruf einer Behauptung
c) Rücktritt
d) Grenzberichtigung

3. Kasserolle
a) Schmorgefäß
b) einfacher Visierhelm
c) kleines Rhythmusinstrument
d) militärische Befestigungsanlage

4. diametral
a) teuflisch
b) völlig entgegengesetzt
c) zuckerkrank
d) schräg verlaufend

5. Altruismus
a) Eigenliebe
b) Möglichkeit
c) Stolz
d) Selbstlosigkeit

6. opportun
a) unterdrückend
b) prinzipienlos
c) passend, angebracht
d) nicht zweckmäßig

7. Dissens
a) Abschreckung
b) Ausbreitung einer Seuche
c) Meinungsverschiedenheit
d) Missklang

8. Ovation
a) Beifall
b) Eröffnung
c) ovale Form
d) Übertreibung

9. prekär
a) gekünstelt
b) vorhersehbar
c) vorzeitig
d) schwierig, misslich

10. Suggestion
a) Umsturz
b) Beeinflussung
c) Befragung
d) Leid

11. rigide
a) streng
b) lächerlich
c) schnell
d) zögernd

12. kolportieren
a) körperlich verfallen
b) zeugen
c) Gerüchte verbreiten
d) zusammenarbeiten

13. Eloquenz
a) Aufmerksamkeit
b) Lobrede
c) Entrüstung
d) Redegewandtheit

14. reüssieren
a) zusammenfassen
b) entscheiden
c) sich versammeln
d) Erfolg haben

15. prätentiös
a) vorherrschend
b) anmaßend
c) verlässlich
d) genau

16. Konzession
a) Zusammenfassung
b) Dichtigkeit
c) Zugeständnis
d) Glaubensgemeinschaft

17. Resolution
a) Widerruf
b) Beschluss
c) Auflösung
d) Wiederaufnahme

18. parieren
a) befehlen
b) verteilen
c) plaudern
d) ohne Widerspruch gehorchen

19. ambitioniert
a) zwiespältig
b) aufopfernd
c) ehrgeizig
d) förmlich

20. rekapitulieren
a) zusammenfassen, wiederholen
b) zurückfordern
c) nachbilden
d) aufgeben

## Lösungen: Fremdwörter zuordnen

| | | |
|---|---|---|
| 1. d) | 8. a) | 15. b) |
| 2. b) | 9. d) | 16. c) |
| 3. a) | 10. b) | 17. b) |
| 4. b) | 11. a) | 18. d) |
| 5. d) | 12. c) | 19. c) |
| 6. c) | 13. d) | 20. a) |
| 7. c) | 14. d) | |

## Synonyme

Finde zu einem vorgegebenen Wort ein zweites aus einer Auswahl von vier vorgegebenen Wörtern, das die gleiche oder eine sehr ähnliche Bedeutung hat.

Zeit: **5 Minuten**

1. bescheiden
a) natürlich
b) anspruchsvoll
c) genügsam
d) unaufhaltsam

2. gutmütig
a) furchtlos
b) lieb
c) realitätsfern
d) gehässig

3. verderben
a) verkommen
b) gedeihen
c) verbringen
d) verschwinden

4. langsam
a) rasant
b) unbedacht
c) gemächlich
d) tröpfelnd

5. fest
a) Feierlichkeit
b) hart
c) dick
d) flüssig

6. Vorurteil
a) Aufgeschlossenheit
b) richtend
c) verurteilend
d) Stereotyp

7. Mortalität
a) Sterblichkeit
b) Unwissenheit
c) Ausstattung
d) Muskelbewegungen

8. schlafen
a) liegen
b) träumen
c) schlummern
d) abwesend

9. schimpfen
a) verurteilen
b) verdonnern
c) loben
d) tadeln

10. Anweisung
a) Instruktion
b) Durchsage
c) Plan
d) Urteil

11. einsam
a) traurig
b) allein
c) selten
d) gemeinsam

12. initiieren
a) etwas nachahmen
b) etwas anstoßen
c) etwas anmachen
d) etwas verfolgen

13. Spur
a) Intuition
b) Trick
c) Fährte
d) Hinterhalt

14. taumeln
a) tanzen
b) hektisch sein
c) stolpern
d) schwanken

15. Tatsache
a) Fakt
b) Vermutung
c) Gegebenheit
d) Annahme

16. willkürlich
a) herrisch
b) absichtlich
c) beliebig
d) unerlaubt

17. zerstören
a) ruinieren
b) sabotieren
c) durchstreichen
d) aufbauen

18. Zurückhaltung
a) Anstand
b) Willenskraft
c) Bescheidenheit
d) Protest

19. Disput
a) Anordnung
b) Streit
c) Vorschlag
d) Gebet

20. beschaulich
a) vergessen
b) klein
c) freundlich
d) auffallend

21. Lärm
a) Aufregung
b) Durcheinander
c) Stille
d) Krach

22. fleißig
a) tüchtig
b) schnell
c) hartnäckig
d) träge

23. lethargisch
a) todkrank
b) angepasst
c) skandalös
d) träge

24. Attrappe
a) Angriff
b) Gutachten
c) Nachbildung
d) Vorbeugung

25. Effizienz
a) Zahlungsunfähigkeit
b) Redegewandtheit
c) Wirksamkeit
d) Ausdauer

## Lösungen: Synonyme

| | | | |
|---|---|---|---|
| 1. c) | | 10. a) | 19. b) |
| 2. b) | | 11. b) | 20. b) |
| 3. a) | | 12. b) | 21. d) |
| 4. c) | | 13. c) | 22. a) |
| 5. b) | | 14. d) | 23. d) |
| 6. d) | | 15. a) | 24. c) |
| 7. a) | | 16. c) | 25. c) |
| 8. c) | | 17. a) | |
| 9. d) | | 18. c) | |

Zu 5.: b) Hier ist die Groß- und Kleinschreibung zu beachten. Gesucht ist ein Synonym für das Adjektiv „fest“.

## Gegenteile

Finde zu einem vorgegebenen Begriff das entsprechende Gegenteil.

Zeit: **4 Minuten**

1. euphorisch
a) sauer
b) traurig
c) mürrisch
d) lustlos

2. oberflächlich
a) tiefgründig
b) ungenau
c) präzise
d) exakt

3. feige
a) waghalsig
b) mutig
c) unerschrocken
d) riskant

4. Lösung
a) Konflikt
b) Streit
c) Problem
d) Auseinandersetzung

5. leichtsinnig
a) besonnen
b) rücksichtsvoll
c) sorgfältig
d) bedacht

6. selten
a) regulär
b) typisch
c) alltäglich
d) häufig

7. fleißig
a) faul
b) träge
c) lustlos
d) demotiviert

8. Wahrheit
a) Illusion
b) Lüge
c) Ausrede
d) Betrug

9. Demut
a) Missmut
b) Ehre
c) Überheblichkeit
d) Stolz

10. radikal
a) ruhig
b) tolerant
c) moderat
d) gelassen

11. kaufen
a) schenken
b) feilschen
c) leihen
d) stehlen

12. nachlässig
a) gewissenhaft
b) genau
c) bedacht
d) folgsam

13. pragmatisch
a) kreativ
b) idealistisch
c) träumerisch
d) egoistisch

14. gierig
a) zurückhaltend
b) gelassen
c) bescheiden
d) schüchtern

15. Misstrauen
a) Zuversicht
b) Vertrauen
c) Glaube
d) Verständnis

16. Mitleid
a) Gleichgültigkeit
b) Verständnis
c) Verachtung
d) Bedeutungslosigkeit

17. ungenügend
a) maßgeblich
b) erwartungsvoll
c) ausreichend
d) zufriedenstellend

18. ernst
a) glücklich
b) erfreut
c) unseriös
d) vergnügt

19. Gegner
a) Freund
b) Gefährte
c) Gleichgesinnter
d) Befürworter

20. Mangel
a) Wohlstand
b) Überschuss
c) ausreichend
d) Sicherheit

## Lösungen: Gegenteile

| | | |
|---|---|---|
| 1. d) | 8. b) | 15. b) |
| 2. a) | 9. c) | 16. a) |
| 3. b) | 10. c) | 17. c) |
| 4. c) | 11. d) | 18. d) |
| 5. a) | 12. a) | 19. d) |
| 6. d) | 13. b) | 20. b) |
| 7. a) | 14. c) | |

## Sprichwörter ergänzen

Setze für die jeweiligen Sprichwörter das passende Wort ein.

Zeit: **10 Minuten**

1. Jedes Wort auf die _____________ legen.
a) Lappen
b) Bahre
c) Goldwaage
d) Münze

2. Morgenstund hat _____________ im Mund.
a) Silber
b) Gold
c) Brei
d) Kaffee

3. Seine ___________ davonschwimmen sehen.
a) Pantoffeln
b) Wäsche
c) Felle
d) Güter

4. Es ist Jacke wie _______
a) Hemd.
b) Schuhe.
c) Mantel.
d) Hose.

5. Die Kuh vom ______ holen.
a) Eis
b) Feld
c) Gras
d) Berg

6. Der Fisch stinkt vom __ her.
a) Prinzip
b) Bauch
c) Schwanz
d) Kopf

7. Alles über einen ________ scheren.
a) Rechen
b) Schädel
c) Kamm
d) Kopf

8. Auch ein blindes Huhn findet mal ein _____________.
a) Ei.
b) Küken.
c) Wurm.
d) Korn.

9. Der __________ macht die Musik.
a) Geiger
b) Ton
c) Chor
d) Sänger

10. Lieber den ____________
in der Hand als die Taube auf dem Dach.
a) Spatz
b) Sperling
c) Vogel
d) Ziegel

11. ____________ kommt vor dem Fall.
a) Gleichmut
b) Neid
c) Hochmut
d) Arroganz

12. Steter ____________
höhlt den Stein.
a) Erfolg
b) Strom
c) Tropfen
d) Widerstand

13. Die ____________
im Sack kaufen.
a) Hühner
b) Katze
c) Äpfel
d) Lorbeeren

14. ____________ macht auch Mist.
a) Kleinvieh
b) Gemüse
c) Stroh
d) Viehhaltung

15. Stille ______ sind tief.
a) Ozeane
b) Teiche
c) Bäche
d) Wasser

16. Etwas übers __________ brechen.
a) Knie
b) Kerbholz
c) Schienbein
d) Feuer

17. Für jemanden die Hand ins ____________ legen.
a) Wasser
b) Trockene
c) Feuer
d) Öl

18. Vom Regen in die _______ kommen.
a) Dunkelheit
b) Traufe
c) Scheune
d) Flut

19. Wer im ____________
sitzt, soll nicht mit Steinen werfen.
a) Gewächshaus
b) Trockenen
c) Regen
d) Glashaus

20. Sich mit fremden ________ schmücken.
a) Lorbeeren
b) Kleidern
c) Federn
d) Kränzen

21. Sein Licht unter den ______________ stellen.
a) Schatten
b) Schirm
c) Scheffel
d) Baum

22. Sich auf den _________ getreten fühlen.
a) Fuß
b) Schlips
c) Schuh
d) Zeh

23. Die Nadel im __________ suchen.
a) Heuhaufen
b) Stroh
c) Gras
d) Gestrüpp

24. Die ______________ im Dorf lassen.
a) Familie
b) Bäckerei
c) Eiche
d) Kirche

25. Den Wald vor lauter ______________ nicht sehen.
a) Tannen
b) Wild
c) Bäumen
d) Leuten

26. Mit jemandem ist nicht gut ______________ essen.
a) Kuchen
b) Kirschen
c) Äpfel
d) Erdbeeren

27. Mit ______________ auf Spatzen schießen.
a) Schrot
b) Kanonen
c) Luftgewehren
d) Pistolen

## Lösungen: Sprichwörter ergänzen

| | | |
|---|---|---|
| 1. c) | 10. a) | 19. d) |
| 2. b) | 11. c) | 20. c) |
| 3. c) | 12. c) | 21. c) |
| 4. d) | 13. b) | 22. b) |
| 5. a) | 14. a) | 23. a) |
| 6. d) | 15. d) | 24. d) |
| 7. c) | 16. a) | 25. c) |
| 8. d) | 17. c) | 26. b) |
| 9. b) | 18. b) | 27. b) |

## Kreative Sätze bilden

In dieser Aufgabe musst du aus drei vorgegebenen Wörtern einen kreativen Satz bilden. Hier wird dein gedanklicher und sprachlicher Einfallsreichtum getestet. Jedes Wort darf nur einmal im Satz vorkommen, die Reihenfolge spielt dabei keine Rolle.

Beispiel: **Frisbee – Australien – Hausfrau**

Musterantworten:
In Australien verbringen die Hausfrauen viel Zeit mit dem Frisbee spielen.
Die Frisbee wurde von Hausfrauen in Australien erfunden.
In Australien wird jährlich die schönste Hausfrau gewählt, die Siegerin erhält eine goldene Frisbee.

Zeit: **10 Minuten**

1. **Polizei – Fahrrad – Dieb**

___

2. **Kühlschrank – Bett – Apotheke**

___

3. **Kinder – Schokolade – Schule**

___

4. **Zimmer – Schuhe – Buch**

___

5. **Hausaufgaben – Bowling – Auto**

___

6. **Kaufhalle – LKW – Ampel**

___

7. **Glück – Geld – Großeltern**

---

8. **Stau – Geburtstag – Freund**

---

9. **Regen – Internet – Telefon**

---

10. **Kaffee – Hose – Tasse**

---

## Musterantworten

Zu 1.: **Polizei – Fahrrad – Dieb**
Ein Dieb hatte mein Fahrrad gestohlen, ich rief sofort die Polizei an.
Mit dem Fahrrad verfolgte die Polizei einen Dieb, der auf der Flucht war.
Ein Dieb der Schmuck in Millionenhöhe raubte, flüchtete mit einem Fahrrad vor der Polizei.

Zu 2.: **Kühlschrank – Bett – Apotheke**
Bevor ich ins Möbelhaus fuhr, um ein neues Bett und einen größeren Kühlschrank zu kaufen, ging ich noch schnell in die Apotheke, um Lutschbonbons zu holen.
Meine Medikamente von der Apotheke bewahre ich jetzt immer im Kühlschrank auf, früher lagen sie immer neben meinem Bett auf dem Nachttisch.
Mein Kühlschrank steht neben mein Bett und von dort aus kann man direkt die Apotheke auf der gegenüberliegenden Straßenseite sehen.

Zu 3.: **Kinder – Schokolade – Schule**
Schokolade ist für Kinder in der Schule verboten.
Kinder wollen nach der Schule am liebsten gleich Schokolade essen.
In der Schule lernen die Kinder wie man Schokolade selbst herstellt.

Zu 4.: **Zimmer – Schuhe – Buch**
Das Buch über schöne Schuhe liegt in meinem Zimmer auf den Schreibtisch.
Da ich kein einziges Buch besitze, kann ich all meine Schuhe im Zimmer aufbewahren.
Das Buch für Mathe und meine Schuhe für die Sporthalle habe ich in meinem Zimmer liegen gelassen.

Zu 5.: **Hausaufgaben – Bowling – Auto**
Als ich mit den Hausaufgaben fertig war, fuhren wir mit dem Auto zum Bowling.
Beim Bowling fiel mir ein das ich noch Hausaufgaben über das Thema Auto schreiben muss.
Auf den Weg zum Bowling hatte ich meine Hausaufgaben noch schnell im Auto erledigt.

Zu 6.: **Kaufhalle – LKW – Ampel**
Auf den Weg zur Kaufhalle versperrte mir ein LKW die Sicht auf eine Ampel.
Ein LKW überfuhr mit überhöhter Geschwindigkeit eine rote Ampel und krachte ungebremst in eine Kaufhalle.
Genau vor der Ampel, die für den Fußgängerüberweg der Kaufhalle da ist, parkte ein LKW.

Zu 7.: **Glück – Geld – Großeltern**
Zum Glück habe ich großzügige Großeltern, die mir immer viel Geld zu Ostern schenken.
Glück ist, wenn man noch Großeltern hat und viel Geld besitzt.
Meine Großeltern sagen immer, Geld ist zum Glück nicht alles.

Zu 8.: **Stau – Geburtstag – Freund**
Ausgerechnet zum Geburtstag von Martin stand ich mit meinem Freund im Stau.
Zum dreißigsten Geburtstag stand Sandra mit ihrem Freund im Stau.
Der Geburtstag fand ohne meinen Freund statt, weil er auf der Autobahn im Stau stand.

Zu 9.: **Regen – Internet – Telefon**
Der Regen war so stark, dass sogar das Internet und das Telefon ausfielen.
Da es den ganzen Tag Regen gab, surfte ich aus Langeweile im Internet und kaufte gleich ein neues Telefon.
Im Internet erkundigte ich mich nach dem Wetter, ob es heute noch Regen geben soll, dabei klingelte ständig das Telefon.

Zu 10.: **Kaffee – Hose – Tasse**
Die ganze Tasse mit dem heißen Kaffee fiel mir auf die Hose.
Bevor ich auf die Suche nach einer neuen Hose gehe, brauch ich erstmal eine Tasse Kaffee.
Im Internet kann man von der Hose bis zur Tasse alles kaufen, sogar Kaffee bekommt man online.

## Englisch-Vokabeln

Übersetze die Vokabeln sowohl ins Englische als auch ins Deutsche.

Zeit: **3 Minuten**

1. fear
a) fangen
b) fallen
c) Angst
d) Nähe

2. Tür
a) door
b) blank
c) gap
d) hole

3. patient
a) müde
b) geduldig
c) tolerant
d) beharrlich

4. impression
a) Täuschung
b) Anreiz
c) Eindruck
d) Ausdruck

5. Schuhe
a) boot
b) traipse
c) shoo
d) shoes

6. Fahrer
a) driver
b) priest
c) leader
d) handlebars

7. Fahrzeug
a) car
b) engine
c) device
d) vehicle

8. Mauer
a) blanket
b) block
c) well
d) wall

9. Werkzeug
a) steel
b) mean
c) tool
d) screwdriver

10. tomorrow
a) gerade
b) heute
c) gestern
d) morgen

11. Gefängnis
a) institute
b) prison
c) kitchen
d) detention

12. direction
a) Entwicklung
b) Ausweg
c) Richtung
d) Perspektive

13. turn off
a) rausziehen
b) ausschalten
c) beseitigen
d) stilllegen

14. knife
a) Schere
b) Gabel
c) Messer
d) schneiden

15. Boden
a) place
b) country
c) shore
d) ground

16. handcuffs
a) Handschellen
b) Handgeld
c) Handschuhe
d) Handgelenk

17.Zug
a) train
b) tug
c) draft
d) drag

18. böse
a) berserk
b) rabid
c) nasty
d) penance

19. to visit
a) warten
b) kommen
c) besuchen
d) beschaffen

20. Gift
a) poison
b) topic
c) means
d) evil

21. investigation
a) Investition
b) Maßnahme
c) Untersuchung
d) Unterlagen

22. luggage
a) Gepäck
b) Besitz
c) Sprache
d) Koffer

23. thief
a) Einbrecher
b) Räuber
c) Dieb
d) Ermittler

24. shut
a) Schuss
b) geschlossen
c) durchdacht
d) erschossen

25. fair
a) gerecht
b) hart
c) fahren
d) ehrlich

26. Brücke
a) bridge
b) floor
c) gangway
d) connection

27. assumption
a) Vermutung
b) Panik
c) Empfinden
d) Glaube

28. höflich
a) helpful
b) nice
c) pretty
d) polite

29. Strafe
a) sentence
b) crime
c) punishment
d) felony

30. drinnen
a) chamber
b) scope
c) inside
d) during

**Lösungen: Englisch-Vokabeln**

| | | |
|---|---|---|
| 1. c) | 11. b) | 21. c) |
| 2. a) | 12. c) | 22. a) |
| 3. b) | 13. b) | 23. c) |
| 4. c) | 14. c) | 24. b) |
| 5. d) | 15. d) | 25. a) |
| 6. a) | 16. a) | 26. a) |
| 7. d) | 17. a) | 27. a) |
| 8. d) | 18. c) | 28. d) |
| 9. c) | 19. c) | 29. c) |
| 10. d) | 20. a) | 30. c) |

## Englischer Lückentext

1. Jonas and his friend Marcus want to ___ on a three-day boys trip to Munich.
a) went
b) gone
c) go
d) going

2. Before leaving, they have to make plans on what to ___ in Munich.
a) doesn't
b) does
c) do
d) done

3. Marcus ___ that he really wants to visit the famous Marienplatz.
a) decides
b) decide
c) decided
d) have decided

4. Jonas ___ going to the 'Englischer Garten' because he really
enjoys nature.
a) suggest
b) suggests
c) suggesting
d) has suggested

5. With the Oktoberfest in full swing, Jonas and Marcus ___ on whether to go there or not.
a) contemplate
b) are contemplating
c) contemplated
d) contemplating

6. Some of their friends have already been there and they really ___ it.
a) like
b) likes
c) liking
d) liked

7. However, Marcus and Jonas are not sure because they are both not so much into folk festivals. "Why don't we ___ whether we want to go to the Oktoberfest or not spontaneously?" asks Marcus.
a) decided
b) decide
c) decides
d) deciding

8. “Good idea!” - ___ Jonas. Now they are both ready to enjoy their trip to Munich!
a) say
b) said
c) saying
d) says

9. The Munich Oktoberfest originally ______ in the 16-day period leading up to the first Sunday in October.
a) take place
b) taken place
c) has taken place
d) took place

10. The Oktoberfest ____ as the largest Volksfest (people's fair) in the world.
a) know
b) has known
c) is known
d) is knowing

**Lösungen: Englischer Lückentext**

| | | |
|---|---|---|
| 1. c) | 5. b) | 9. d) |
| 2. c) | 6. d) | 10. c) |
| 3. a) | 7. b) | |
| 4. b) | 8. d) | |

## Englische Sätze verbinden

In den nachfolgenden Aufgaben sollen die Satzanfänge mit den logisch richtigen Satzenden verbunden werden.

1. Today, Amy went to the doctor's office because ...
a) it was very late and her favorite TV show was on.
b) her brother locked her into the kitchen.
c) she wasn't feeling very well and wanted to get some medicine.
d) Leo took out the trash.

2. James bought a new car ....
a) at his local grocery store.
b) at the farm.
c) at his friend's car dealership.
d) at the zoo.

3. Yesterday, Lydia went to the cinema ...
a) to watch a movie with her friend Leanne.
b) to buy a dress for prom.
c) because she really needed a massage.
d) to take a cooking class.

4. Maria and Jordan are getting married ...
a) in outer space.
b) at a beautiful chapel in the New England countryside.
c) in the kitchen.
d) at the supermarket.

5. At the presidential election in November ...
a) Mickey Mouse is going to be president.
b) Mariah Carey lost 5 kg.
c) I want to have a donut.
d) he would have to draw many non-aligned voters.

6. The policemen ...
a) is going to explode.
b) are talking to the suspects.
c) painting their nails with pink nail polish.
d) has to stop.

7. Janice wants to become a police officer ...
a) because she likes helping people.
b) when she was a baby.
c) at her neighbor's house.
d) because it is Saturday.

8. Marc works as a mechanic
a) in order to feed all the animals.
b) because he likes to swim.
c) because he has loved working on cars ever since he was a little boy.
d) just to eat ice cream.

9. The local soup kitchen ...
a) provides free food for the homeless.
b) has to wash the car.
c) wants to eat a sandwich.
d) can leave early today.

10. Tomorrow, Sina has a dance performance ...
a) because she is tired.
b) while she is sleeping.
c) on the moon.
d) and she is very nervous because her friends will watch her.

11. Nina and Jack are playing hide and seek ...
a) to clean out the basement.
b) but they can't seem to find each other.
c) in class.
d) because Nina is ill.

12. In the town hall ...
a) couples can get married.
b) you can buy groceries.
c) it is raining.
d) dad is hiking.

13. The kettle is whistling ...
a) for donuts.
b) in the ground.
c) because Jason fell and hit his knee.
d) because the water is boiling.

14. Mia doesn't like mathematics ...
a) because she is tall.
b) in order to sit down.
c) because most of the time she doesn't understand the exercises.
d) after going to the doctor's office.

15. Jamie loves cooking Italian
a) to the cinema.
b) because he loves Pizza and Pasta.
c) in the shower.
d) while driving to work.

16. Michael works as a lawyer
a) at the local court.
b) for rainy days.
c) because he likes swimming.
d) after work.

17. Gingerbread cookies ...
a) are a popular treat in the summer.
b) speak Chinese.
c) are a popular treat around Christmas.
d) can dance hip-hop.

18. Lisa is eighteen years old,
a) after work.
b) forever.
c) a lot since she was little.
d) which makes her an adult.

19. At midnight ...
a) the clock strikes 10.
b) the clock strikes 12.
c) the clock strikes 9.
d) the clock strikes 15.

20. Because I am an employee, ...
a) I can do whatever I want.
b) I have to obey my boss.
c) I love cooking.
d) I can come to work and leave at any time I like.

Lösungen: Englische Sätze verbinden

| | | |
|---|---|---|
| 1. c) | 8. c) | 15. b) |
| 2. c) | 9. a) | 16. a) |
| 3. a) | 10. d) | 17. c) |
| 4. b) | 11. b) | 18. d) |
| 5. d) | 12. a) | 19. b) |
| 6. b) | 13. d) | 20. b) |
| 7. a) | 14. c) | |

# Bonus: Informative Online-Inhalte und Communities

**Hunderte kostenlose Online-Tests**
www.plakos.de

**Online-Trainings und weitere Informationen**
www.plakos-akademie.de

Polizei Österreich
www.aufnahme-polizei.at

**Facebook-Gruppe**
Polizei-Einstellungstest
www.facebook.com/groups/polizeieinstellungstest